古代マヤ 石器の都市文明

［増補版］

青山和夫

学術選書 059
諸文明の起源 11
京都大学学術出版会
KYOTO UNIVERSITY PRESS

口絵1●ティカル遺跡の「神殿1」（筆者撮影）

マヤ低地南部の古典期最大級の大都市ティカルは、先古典期中期から古典期終末期まで2千年近く居住された。292-869年の長期暦の日付が石碑に刻まれ、少なくとも33人の王が君臨した。高さ47メートルの「神殿1」や高さ70メートルの「神殿4」をはじめとする神殿ピラミッド群、「北のアクロポリス」、「中央のアクロポリス」、「南のアクロポリス」、5つの球技場などが立ち並び、幅80メートルにおよぶサクベ（舗装堤道）が張り巡らされた威容は、まさに古典期の「マヤ低地の摩天楼」といえよう。古代マヤ遺跡としては最初にユネスコ世界遺産に指定された（1979年、以下、口絵の遺跡は6を除いてすべて世界遺産に指定されている）。

口絵2●カラクムル遺跡の「建造物2」（筆者撮影）

カラクムルは、メキシコのカンペチェ州にある先古典期後期から古典期終末期にかけてのマヤ低地南部で最大の都市のひとつである。古典期には、ライバルのティカルと並ぶ大都市として繁栄し、70平方キロメートルの範囲には約5万人の人口が推定される。メソアメリカ最多の120の石碑を数え、15のサクベ（舗装堤道）が都市内外に張り巡らされていた。高さ55メートル、底辺140メートルの「建造物2」、高さ50メートルの「建造物1」など巨大な神殿ピラミッドがそびえる。

口絵3●コパン遺跡の「大広場」の石碑と祭壇(上、筆者撮影)

ホンジュラス西端にある、マヤ低地南東部の大都市コパンは、1980 年にユネスコ世界遺産に指定されている。石碑や祭壇が立ち並び、3 万点以上のモザイク石彫が、神殿ピラミッド、王宮、貴族の邸宅を飾る、古典期の「マヤ低地の東の芸術の都」であった。

口絵4●パレンケ遺跡の「宮殿」(下、筆者撮影)

メキシコのチアパス州にある。マヤ文明ではまれな四重の塔が立つ「宮殿」を中心に、傾斜のある屋根、穴の開いた屋根飾り、外壁を飾る漆喰の美しい浮き彫りをもつ建物や球技場が立ち並ぶ。パレンケは、古典期の「マヤ低地の西の芸術の都」といえよう。

口絵5●ウシュマル遺跡の「尼僧院」（上、筆者撮影）

ウシュマルは、マヤ低地北部で土壌がもっとも肥沃なプウク地方最大の都市として、古典期後期・終末期に繁栄した。750年頃から発展し始め、中心部は石壁で防御されていた。とりわけ「尼僧院」とよばれる建築群は、プウク様式の建築の傑作として有名である。

口絵6●エツナ遺跡の「5層のピラミッド」（下、筆者撮影）

メキシコのカンペチェ州にあるエツナは、先古典期後期・古典期の都市として栄えた。前600年頃に居住されはじめ、前150年頃までに全長31キロメートル、幅50メートルにおよぶマヤ低地最大の水路網や貯水池が建設された。底辺160×148メートルの「大アクロポリス」のうえに、高さ31メートルの「5層のピラミッド」がそびえ立つ。

古代マヤ　石器の都市文明［増補版］◉目　次

口絵

目次　i

はじめに　vii

第3章……古典期マヤ文明の王権と初期国家群の発達……67

はじめに――異文化理解としてのマヤ文明

メキシコや中央アメリカ諸国は、日本人にとってまだ親近感の薄い遠い地域かとおもわれる。マヤ文明をはじめとする同地域で興亡した先コロンブス期（一四九二年以前）のメソアメリカの大文明にいたっては、現代社会とはつながりのない「神秘的で謎の文明」というイメージをもつ方が大多数かもしれない。じつはそうしたイメージは、二〇世紀半ばまでのマヤ文明を「世界史上まれにみる神秘的でユニークな、謎の文明」とみなす見方に由来している。[＊巻末文献1] それは、一九世紀から二〇世紀前半までの調査成果や多くの憶測にもとづいて編み出された、ロマンチックで神秘的なマヤ文明観であった。

マヤ文明は、古典期初頭（二五〇年頃）に熱帯雨林でとつぜん興り、周辺地域から孤立して発展した「戦争のない平和な文明」とされた。古典期マヤ文明は「都市なき文明」であり、一握りの神官支配層が、人口が希薄な「空白の儀式センター」で、天文学、暦の計算や宗教活動に没頭したと解釈された。農民は儀式センター周辺に散在した村落に住み、一様に農業に適さないマヤ低地においてトウモロコシを主作物とする焼畑農業だけを行ったと考えられた。そしてマヤ文明は、古典期末の九世紀にとつぜん「崩壊」し、「退廃」していったと論じられたのである。

マヤ文明は、一六世紀のスペイン人侵略者による「発見」につづき、一九世紀から欧米の探検家や考古学者によって「再発見」されていった。そして、熱帯雨林に覆われた遺跡の神秘性、マヤ文字が刻まれた石彫や神殿の美しさなどのために、多くの研究者と一般の人々の関心を集めてきた。主に熱帯雨林に覆われたマヤ低地南部では広範囲にわたる調査が困難なこと、マヤ文明最大の神殿ピラミッドを有するエル・ミラドール遺跡や最古の都市のひとつナクベ遺跡といった、熱帯雨林の奥深くにある遺跡には最寄りの町から二日がかりで歩いて行かなければならないこと、マヤ文字の解読の難しさなどのため、マヤ文明の調査研究は容易ではない。しかし、マヤ文明は、先コロンブス期のメソアメリカ諸文明のなかでもっとも集中的に調査されてきた。その結果、現在にいたるまで、よりいっそう現実的でより客観的な新しいマヤ文明観が構築されつづけている。

一九世紀以来、マヤ文明の調査を中心的に行ってきたのは、アメリカ合衆国の研究者である。日本におけるマヤ文明研究の伝統は浅く、日本人による最初の組織的な現地調査は一九八〇年代にホンジュラスで開始された。アメリカの大部分の大学では、考古学を人類学部の一分野として学ぶ伝統があり、一般的に考古学が歴史学の一部をなす日本の学問伝統とは対照的といえよう。現在、遺跡の踏査、測量、発掘調査、遺物の分析などの考古学調査に、マヤ文字の解読、図像学、形質人類学、生態学、古植物学、土壌学、民族史、民族学、その他の関連諸科学を組みあわせた学際的な研究を行い、多種多様なデータを相互に検証する総合的アプローチによって、マヤ文明の調査研究が展開されている。総体的に、以前はマヤ文明の神秘性や特殊性が強調されたのにたいして、新しいマヤ文明観では世界の他の古代文明との共通性や比較しうる特徴も強く認識されている。いっぽう、マヤ文明の概要にかんしては研究者のあいだでコンセンサスがあるものの、その詳細については意見が分かれる。

本書では、筆者自身のマヤ文明観を提示したい。これまで筆者が執筆してきた日本語、スペイン語、英語の著書や論文を修正加筆するとともに、最新の調査研究の諸成果を書きおろして、マヤ文明の起源と発展、およびその特徴を論じる。さらに、筆者の一九八六年以来のホンジュラスのコパン遺跡と近隣のラ・エントラーダ地域、およびグアテマラのアグアテカ遺跡における調査の成果、とくに筆者の専門であり、従来のマヤ考古学で軽視されてきた石器研究の成果もふんだんに盛り込む。

近年の調査研究によって、マヤ文明観は大きく変化しているにもかかわらず、マヤ文明にかんするテレビ番組や一般書・雑誌のなかには、いまだに神秘・謎・不思議のイメージを強調したものが少なくない。一部の非良心的なマスメディアは、「マヤ＝宇宙人起源説」やそれに類似した興味本位の言説まで流布している始末なのである。こうした傾向は、中学・高校の教科書において、マヤ文明をはじめとする先コロンブス期の南北アメリカ大陸の文化や歴史にかんする記述が、旧大陸のそれとくらべてきわめて少ないことと無関係ではないだろう。

マヤ文明は、われわれ「人類」の歴史の重要な一部であるだけでなく、現代からも隔絶したものではない。一六世紀にスペイン人が侵略するまで、マヤ文明は発展しつづけた。八百万人を超えるマヤ系先住民は、今日にいたるまで形を変えながらマヤ文化を創造し、力強く生きつづけている。マヤは、地球の反対側で現在進行形の生きている文化伝統なのである。本書が、一人でも多くの方にマヤ文明や現代マヤ人の豊かな歴史・文化伝統に興味をもっていただくきっかけになれば、筆者の大きな喜びである。

筆者の研究生活をいつも温かく支えてくれるホンジュラス生まれの妻ビルマと長女さくら、アメリカ生まれの二女美智子に、本書を捧げる。

本書の初版は、マヤ文明の全容を通史として描き出す本邦初の選書として二〇〇五年に出版された。それは多様な読者に読まれ、茨城大学の講義、山形大学、北海道大学、東北大学の集中講義、ひたちなか市民大学などで教科書として用いられた。本書は、筆者が日本学術振興会賞（二〇〇七年）と日本学士院学術奨励賞（二〇〇八年）を受賞するきっかけを与えてくれた。両賞とも、アメリカ大陸を研究する考古学者として初の受賞であり、特にマヤ文明研究の領域が日本で公式な学術的認知を受けたことが重要といえよう。増補版のために、必要に応じて改訂し、新しい情報や参考文献を追加した。とくに筆者を共同調査団長とする国際調査団が、グアテマラのセイバル遺跡の調査を二〇〇五年に開始して、マヤ文明の起源が、従来の学説よりも数百年古く紀元前一〇〇〇年頃にさかのぼることが明らかになった（第2章参照）。次々と生み出される刺激的な研究成果が、マヤ文明の大きな魅力なのである。

古代マヤ　石器の都市文明　増補版

第1章 ……………「都市なき文明」から「石器の都市文明」へ

中米グアテマラ市の空港を飛び立った飛行機は、一時間ほどでマヤ低地南部にあるフローレス空港に着いた。かつてマヤ高地最大の都市カミナルフユが栄えていた、海抜一五〇〇メートルのグアテマラ市の常春のすごしやすい気候とは違って、あたり一面に熱帯雨林がうっそうと茂り、とにかく蒸し暑い。車に乗って、ジャングルのなかをほぼまっすぐに伸びる道路を一時間以上進むと、ユネスコ世界遺産のティカル遺跡公園が見えてくる。高さ七〇メートルの「神殿四」をはじめとする神殿ピラミッド群が、ジャングルのうえにそびえ立つ様子は、まさに古典期（二五〇―一〇〇〇年）の「マヤ低地の摩天楼」といえよう。

マヤ地域の自然環境は、じつに変化に富んでいる。大部分が熱帯雨林のマヤ低地南部、比較的乾燥したマヤ低地北部、低地にくらべると冷涼なマヤ高地に大きく三つに区分される。

こうした多様な自然環境に刺激されて、古代マヤでは、原材料、特産作物や製品などの物資、および宗教体系や美術・建築様式などの知識の交換といった地域間交流が発達した。マヤの諸都市は、多くの文化要素を共有したが、大きな地域差もあり、マヤ地域が政治的に統一されることはなかった。さらにマヤ文明は、メソアメリカの周辺地域との交流を通して発展し、たえず変化しつづけた動態的な文明であった。先古典期後期（前四〇〇―二五〇年）は階層化した都市文明社会であり、一六世紀にスペイン人が侵略するまで、各王朝間では戦争や権力闘争が繰り広げられ、さまざまな都市が盛衰を繰りかえした。マヤ地域は、過去から現在まで言語学的にも多様である。共通語の「マヤ語」は存在せず、三〇のマヤ諸語が、八百万人以上の現代マヤ人によって話されている。

1 メソアメリカのなかのマヤ文明

「最初のアメリカ人」は、モンゴロイドであった。先史モンゴロイド先住民が、いまから一万二千年以上前の氷河期にベーリング海峡が陸つづきになった頃、アジア大陸から陸橋ベーリンジアを越えて、無人のアメリカ大陸に渡ったのである。七百万年以上の長い人類史のなかではかなり最近の出来事であり、「新大陸」という呼称は人類史的な意味において適切といえよう。その後、南北アメリカ

図1● 1492年の中南米（上、国本 2001：図4)。
図2●メソアメリカの自然地形（下、青山・猪俣 1997：図1)。

チチェン・イツァ
コバー
ウシュマル
プウク地方
マヤ低地北部
ユカタン半島
カラクムル
ベリーズ
エル・ミラドール
パレンケ
ティカル
カリブ海
マヤ低地南部
カラコル
グアテマラ
アグアテカ
ペテシュバトゥン地域
マヤ高地
サン・マルティン・ヒロテペケ
サン・ルイス
エル・チャヤル
タフムルコ
コパン
ホンジュラス
イシュテペケ
タカリク・アバフ
カミナルフユ
ラ・エスペランサ
エル・バウル
グイノペ
平洋岸低地
ホヤ・デ・セレン
エルサルバドル

図3●メソアメリカ（ がマヤ地域、下線はユネスコ世界遺産）

大陸では数多くの先住民文化が盛衰した。コロンブスがアメリカ大陸を「発見」した一四九二年には、中米のメソアメリカと南米の中央アンデスにおいて「高度な文化」、つまり文明が栄えていた（図1）。

メソアメリカやメソポタミアの「メソ」とは、「中央の、中間の」という意味であり、メソアメリカは文字どおり、アメリカ大陸の中央部を指す。中部アメリカ（Middle America：メキシコ、中央アメリカおよび西インド諸島）が地理的概念、中央アメリカ（Central America：グアテマラ、ベリーズ、ホンジュラス、エルサルバドル、ニカラグア、コスタリカ、パナマ）が政治的概念であるのにたいして、メソアメリカは、南米の中央アンデスと並んで、一六世紀にスペイン人が侵略するまでさまざまな古代文明が栄え、その豊かな歴史・文化伝統が創造されつづけている文化史的領域である。[*巻末文献2] 一般的に、メキシコ北部から中央アメリカ北部（グアテマラ、ベリーズ、エルサルバドル、ホンジュラスの西半分）を範囲とする。中央アンデスほどではないが、高度差による自然環境の変化が顕著で、冷涼で乾燥した高地と、高温で多湿な低地に大きく分けることができる（図2）。

メキシコ湾岸低地南部のサン・ロレンソやラ・ベンタでは、高さ三メートルにおよぶ巨石人頭像で有名なメソアメリカ最古のオルメカ文明（前一二〇〇―前四〇〇年）が栄えた。マヤ高地とマヤ低地では、マヤ文明（前一〇〇〇年―一六世紀）が、先スペイン期（一六世紀以前）の南北アメリカ大陸でもっとも発達した文字体系、算術、暦、天文学を築きあげた。メキシコ高地南部のオアハカ盆地では、メソアメリカ最古の都市のひとつモンテ・アルバンを中心にサポテカ文明（前五〇〇―七五〇年）やミシュテカ文明（九〇〇―一五二二年）が繁栄した。黒曜石産地が集中するメキシコ中央高地では、古典期（二五〇―一〇〇〇年）最大の都市テオティワカンを中心にテオティワカン文明（前一〇〇―六〇〇年）、トゥーラを首都としたトルテカ文明（九〇〇―一一五〇年）、および人口二五万人の首都テノチティトランを擁したアステカ文明（一三二五―一五二一年）が興亡した（図3）。メキシコ西部では、最大の都市ツィンツンツァンを中心に、後古典期後期（一二〇〇年―一六世紀）のメソアメリカで二番目に大きなタラスコ王国が栄えた。これらの文明は、コロンブスがアメリカ大陸を「発見」するまで、旧大陸の諸文明と交流することなく、独自に発展したモンゴロイド先住民の土着文明だったのである。

多様な自然環境に刺激されて、原材料、特産作物、製品などの物資、および宗教体系や美術・建築様式などの知識の交換といった地域間交流が発達した。中央アンデスがインカ帝国によって究極的に統合されたのにたいして、メソアメリカが政治・経済的に統一されることはなかった。＊巻末文献3 メソアメリカの人々は、社会、政治、経済、宗教的に密接に交流して、文明を築きあげていった。その結果、先スペイン期の数多くの集団が、文字体系、二六〇日暦や三六五日暦、天文学、絵文書、球技場で行われた球技と関連祭器、神殿ピラミッド、石彫や多彩色土器などにみられる美術様式、雨の神、羽毛の生えた蛇神、太陽神などの宗教体系、黒曜石製石刃、翡翠製品、国家的な政治組織、王墓、トウモロコシ、マメ類、カボチャ、トウガラシ他の植物を栽培する農業体系など、多くの文化要素を共有したのである。

2 石器の都市文明

マヤ文明は、他のメソアメリカ諸文明や南米のアンデス文明とともに、コロンブスがアメリカ大陸を「発見」するまで、旧大陸の諸文明と交流することなくアメリカ大陸中央部で独自に発展した、モンゴロイド先住民の土着文明のひとつであった。それは、メソアメリカ南東部、現在のメキシコ南東部から中央アメリカ北西部（ベリーズ、太平洋岸低地以外のグアテマラ、およびホンジュラス西部）に興隆した（図4）。時代区分でいえば、日本の縄文時代晩期から室町時代とほぼ同時期にあたる。しかし、この文明に、石器時代、青銅器時代、鉄器時代という順で発展した旧大陸の先史時代の時代区分を適用することはできない。なぜなら、マヤ文明では旧大陸の四大文明のように金属利器が実用化されず、アンデス文明と同様に、鉄はいっさい使用されなかったからである。金、銀、銅製の装飾品・儀式器が他地域から搬入されはじめたのは、九世紀以降であった。主要利器は石器であり、その他の日常生活の道具は、木、骨、角などで製作された。

古代マヤ人は、世界の他の古代文明と同様に農耕を生業の基盤としながらも、利器としての金属器、荷車、人や重い物を運ぶ大型の家畜を必要としなかった。彼らは、石器を主要利器として不自由なく生活し、あえて旧大陸の歴史観でいえば、「新石器段階」の技術と人力エネルギーによって都市文明を築きあげた。そして、先コロンブス期のメソアメリカだけでなく、南北アメリカ大陸で文字、算術、暦、天文学をもっとも発達させたのである。さらに古代マヤ人は、六世紀の古代インドに先立ちゼロの概念を独自に発明した。マヤ文字の発達は、同じくアメリカ大陸のモンゴロイド土着文明でありながら、文字のなかったインカ帝国をはじめとする南米のアンデス文明と好対照をなす。金属利器の欠如は、マヤ文明が旧大陸の四大文明よりも「遅れた文明」であったことを必ずしも意味しない。マヤ文明は、人類史のなかでもっとも洗練された「石器の都市文明」だったのである。

3 マヤ地域——多様な自然環境

マヤ地域の自然環境は、きわめて多様である。起伏の激しいマヤ高地、大部分が熱帯雨林のマヤ低地南部、比較的乾燥したマヤ低地北部に大きく三つに区分される（図4）。マヤ地域は、熱帯・亜熱帯地域に属し、雨季と乾季がある。マヤ文明は、多くの文化要素を共有しながらも、大きな地域差を有した文明であった。＊巻末文献4

図4●マヤ地域の主要遺跡。

マヤ高地は、メキシコのチアパス高地とグアテマラ高地を中心とする海抜八百メートル以上の高地である。中央アメリカの最高峰タフムルコ山（海抜四二二〇メートル）をはじめとする火山や山脈が、グリハルバ川、モタグア川、ウスマシンタ川の支流チショイ川などによって分断され、大小さまざまな盆地が分布する。海抜約一五〇〇メートルのグアテマラ盆地では、マヤ高地最大の都市カミナルフユが栄えた。同盆地の年間降水量は、一三一六ミリメートルである。海抜一五〇〇メートルから三五〇〇メートルくらいまで松をはじめとする針葉樹林が広がり、その一部で雲霧林が形成される。雲霧林は、雨ではなく、雲と霧によって森林に水分が与えられるのが特徴である。マヤ低地とくらべると冷涼であり、半乾燥地域のメキシコ中央高地やオアハカ盆地よりは湿潤といえる。海抜九〇〇―二五〇〇メートルでは、先スペイン期のメソアメリカで神聖な鳥として崇拝されたケツァルが生息する。先スペイン期には、支配層の威信財であったケツァル鳥の羽根や翡翠、黒曜石、磁鉄鉱、黄鉄鉱などのさまざまな鉱石のようなマヤ高地の特産品が、マヤ低地に遠距離交換された。

マヤ低地南部は、ユカタン半島南部を中心にしたメキシコのタバスコ州、カンペチェ州南部、チアパス州、グアテマラ北部、ベリーズからホンジュラス西部である。平均年間降水量は二〇〇〇―三〇〇〇ミリメートルだが、一部では四〇〇〇ミリメートルにおよび、ウスマシンタ川やその支流のパシオン川といった豊かな水をたたえた川が流れる。熱帯雨林では、スペイン語でセイバとよばれるパンヤの木やマホガニーのような高さ四〇―七〇メートルにおよぶ巨木がそそり立つ。セイバは、先スペ

図5●パレンケ遺跡の「十字の神殿」の石板に、双頭の蛇の儀式棒によって、十字状に表象された世界樹（上、Martin and Grube 2008：169）。そのうえには、天上界の鳥が止まっている。両側には、子供と成人の姿のキニッチ・カン・バフラム王。

図6●チチェン・イツァ遺跡の「戦士の神殿」。背後に広大な低木林が広がる（下、筆者撮影）。

イン期から現在まで、マヤ人にとって世界の中心にそそり立つ神聖な木である。古代マヤ人にとって、世界は、天上界、大地と地下界の三層から成っていた。古典期の石彫などに十字状に表象されるセイバは、天上界と地下界をつなぐ世界樹、つまり世界の中心軸だったのである（図5）。アカテツ科の常緑樹サポジラは、ティカルをはじめとする諸都市で建築材として利用され、二十世紀前半には樹液からチューインガムがさかんに製造された。

マヤ低地北部は、ユカタン半島北部の比較的乾燥した地域で、メキシコのユカタン州、キンタナロー州とカンペチェ州の大部分を含む。南は年間降水量一〇〇〇ミリメートル以上の熱帯サバンナで、乾季に落葉する低木林が広がる（図6）。最北西端では年間降水量五〇〇ミリメートル未満で、ステップになる。岩盤は浸食されやすい石灰岩であり、石器の石材のチャート（珪石）が豊富である。川や湖沼がほとんどなく、北では石灰岩の岩盤が陥没して地下水が現れた天然の泉セノーテが、貴重な水源である。その深さは、五—四〇メートル以上に達する。地形は全体的に平坦であるが、ユカタン半島北西部のプウク（ユカタン語で「丘陵地」を意味する）地方では、高低差が一〇〇メートル以上ある。セノーテやバホ（雨季の低湿地）はないが、マヤ低地北部でもっとも肥沃な土壌が広がる。北部沿岸部は、マヤ地域でもっとも質の高い塩の生産地であった。

4　時代区分

先スペイン期（一六世紀以前）は、「石期」、「古期」、「先古典期」、「古典期」、「後古典期」の大きく五期に分けられる[*巻末文献5]（表1）。

前一万年以前に、現代マヤ人の祖先である先史モンゴロイド先住民がアジア大陸からアメリカ大陸へ進出し、狩猟採集に依存した「石期」（前八〇〇〇年頃まで）および植物の栽培化が開始された「古期」（前一八〇〇年頃まで）は、先土器時代であった。「先古典期」（二五〇年頃まで）には、土器が出現し、農耕を基盤にした定住村落が確立し、マヤ低地南部のエル・ミラドールやマヤ高地のカミナルフユなどで神殿ピラミッドをもつ都市文明が興亡した。先古典期は、前期（前一八〇〇―前一〇〇〇年）、中期（前一〇〇〇―前四〇〇年）、後期（前四〇〇―二五〇年）に三分される。

「古典期」（一〇〇〇年頃まで）には、マヤ低地

表1　マヤ編年表

年　代	時　代
前 10000 ―前 8000 年	石期
前 8000 ―前 1800 年	古期
前 1800 ―前 1000 年	先古典期前期
前 1000 ―前 400 年	先古典期中期
前 400 ― 250 年	先古典期後期
250 ― 600 年	古典期前期
600 ― 800 年	古典期後期
800 ― 1000 年	古典期終末期
1000 ― 1200 年	後古典期前期
1200 年― 16 世紀	後古典期後期
16 世紀― 1821 年	植民地時代
1821 年―現在	独立国家時代

を中心にマヤ文字の碑文が刻まれた石碑や多彩色土器などを伴う宮廷文化が栄え、都市を中心とする初期国家群が興亡した。古典期は、前期（二五〇―六〇〇年）、後期（六〇〇―八〇〇年）、終末期（八〇〇―一〇〇〇年）に細分される。古典期終末期の終了時期については地域差があり、マヤ低地北部ではマヤ低地南部よりも長くつづいた。古典期終末期にマヤ低地南部の多くの都市が衰退し、マヤ文明の中心がマヤ低地北部とマヤ高地に移った。それから一六世紀のスペイン人の侵略までが「後古典期」である。後古典期は、前期（一〇〇〇―一二〇〇年）と後期（一二〇〇年―一六世紀）に二分される。その後、スペインの植民地時代（一八二一年まで）を経て、現在（独立国家時代）にいたっている。

マヤ文明の起源は先古典期中期にさかのぼり、後古典期後期までの先スペイン期にさまざまな都市が盛衰を繰りかえした。時期的には、日本列島の縄文時代晩期から室町時代に相当する。現代マヤ人にたいして、先スペイン期のマヤ人を古代マヤ人（ancient Maya）と総称するが、旧大陸の歴史学で用いられる「古代」とは時期が異なるので、注意が必要である。

5　マヤ人とは？　多様な言語集団

マヤ地域は、過去から現在まで文化的、言語学的に多様である。共通語の「マヤ語」は存在せず、言語学者がマヤ諸語と分類する言語は三〇ある。マヤ低地では、ユカタン語群とチョル語群が歴史的に重要であった。現在、ユカタン語を話すマヤ人が約八六万人いる。マヤ高地では、キチェ語、マム語、カクチケル語を話す人はそれぞれ百万人を超え、他にケクチ語、ポコムチ語、カンホバル語、ツトゥヒル語、イシル語、ポコマム語をはじめとするマヤ諸語が話されている。近隣言語を除くと、会話がほとんど、あるいはまったく通じない。したがって、「マヤ民族」という単一民族は存在しないし、過去にも存在しなかった。民族学者によれば、現代マヤ人の個々の帰属意識は、言語集団よりもむしろ生まれ育った村落にある場合が多い。そして考古学者が、古代マヤ人というのは、マヤ文字が刻まれた石彫などをもとに、マヤ諸語を話していたと考えられる人々を指す。*巻末文献6

重要なことは、マヤ諸語が、遠く離れたメキシコのベラクルス州北部を中心とするワステカ語を除いて、地理的にマヤ文明が発達した地域とほぼ同じ場所で、現在でも八百万人以上の人々によって話されているという事実である。マヤの文化伝統は、旧大陸文化の影響を受け、メキシコ・中央アメリカ北西部の近代国家の文化形成に影響を与えつつ、今日にいたるまで形を変えながら、現代マヤ人によって力強く創造されつづけている。

6 二〇世紀半ばまでのマヤ文明観

マヤ文明を「世界史上まれにみる神秘的でユニークな、謎の文明」とみなす見方は、困難な野外条件に立ち向かった、一九世紀から二〇世紀前半までの欧米の探検家や考古学者の先駆的な調査研究にもとづいて構築された。*巻末文献7 とくに、マヤ暦、天文学や宗教の研究、そして土器や建築の基礎的な編年の確立が、重要な学術的成果といえよう。二〇世紀半ばまでのマヤ文明観の特徴のひとつは、「都市なき文明」であった（表2）。古典期マヤ文明の大遺跡は人口が希薄な「空白の儀式センター」であり、ひと握りの神秘的な神官支配層が、天文学、暦の計算、予言、占いや宗教活動に没頭していたと解釈された。彼らが書き残したマヤ文字の碑文は、天文学、暦や宗教だけに関連したと考えられた。いっぽう、農民は儀式センターの周囲に散在した村落に住み、一様に農業に適さないマヤ低地において、トウモロコシを主作物とする焼畑農業だけを行ったと論じられたのである。

マヤ文明は、古典期初頭に熱帯雨林でとつぜん興り、周辺地域から孤立して発展した、変化の少ない静態的で均質な文明と捉えられていた。古典期は、マヤ文明の最盛期と位置づけられた。それに先立つ先古典期中期・後期には社会階層が未発達な農耕定住村落が散在したにすぎず、古典期終末期の九世紀にとつぜん「崩壊」した後から、スペイン人の侵略にいたるまでの後古典期は「退廃期」とみ

表2　マヤ文明観の変遷

20 世紀半ばまでのマヤ文明観	新しいマヤ文明観
①マヤ文明は、古典期（250–1000 年）にとつぜん興った	①マヤ文明の起源は、先古典期中期（前 1000–前 400 年）にさかのぼる
②先古典期（前 1000–後 250 年）は、社会階層が未発達な農耕村落社会	②先古典期後期（前 400–後 250 年）は、階層化した都市文明社会
③周辺地域から孤立して発展	③周辺地域との交流を通して発展
④静態的で均質な文明	④動態的で大きな地域差を有した文明
⑤「都市なき文明」、人口が希薄な「空白の儀式センター」	⑤大きな人口を擁し、政治・経済・宗教の中心地であった都市
⑥碑文の内容は、天文学、暦や宗教だけに関連	⑥碑文には、支配層の歴史や個人の偉業も含まれる
⑦戦争のない平和な社会	⑦実在した王たちが戦争や権力闘争を繰り広げていた、決して平和ではない社会
⑧神秘的な神官支配層が、天文学、暦の計算や宗教活動に没頭していた	⑧支配層は、美術品や工芸品の製作、戦争、天文観測、暦の計算、他の行政・宗教的な業務といった、複数の社会的役割を担って権威・権力を強化した
⑨トウモロコシを主作物とする焼畑農業のみ	⑨焼畑農業と中小河川や湧水を利用した灌漑農業、盛土畑、段々畑、家庭菜園などの集約農業を組みあわせて多彩な食料資源を活用
⑩古典期マヤ文明の衰退は突然で全体的	⑩ 1 世紀以上にわたって部分的に衰退
⑪後古典期（1000 年–16 世紀）は「退廃期」	⑪後古典期は社会全体としては発展
⑫世界史上まれに見る神秘的でユニークな、謎の文明	⑫世界の他の古代文明と比較しうる特徴をもった文明

なされた。そして、後古典期にマヤ低地の西からの異民族の侵攻や「悪影響」によって、マヤ人が世俗化・軍事化するまで、古典期マヤ文明は人類史のなかで唯一の「戦争のない平和な文明」であったとされていた。

マヤ考古学は、一九世紀末から本格的に開始された。マヤ文明の調査を推し進めた初期の欧米マヤ学者の関心は、古典期のマヤ低地南部の大遺跡中心部にあった。ハーバード大学ピーボディー博物館、ワシントンのカーネギー研究所、大英博物館などによる調査は、とりわけ神殿ピラミッドなどの大建造物、マヤ文字が刻まれた石碑や祭壇といった石造記念碑などの支配層文化に集中した。とくに古典期のマヤ低地南部が強調されたのは、マヤ文字の碑文が多いからである。二〇世紀半ばまでマヤ考古学は、主に上流階級に属した欧米マヤ学者だけの特権・趣味であった。また、男性が圧倒的多数を占めた。彼らがみずからの価値観を投影して考古資料を主観的に解釈する傾向があったことは、特筆に値する。被支配層の文化、マヤ低地南部以外のマヤ地域、および先古典期と後古典期が軽視され、古代マヤ社会全体を復元するうえで大きな偏りが存在したのである。これは、たとえるならば、三三世紀の考古学者が都心の高層ビルや皇居の主要建造物だけを調査して、二一世紀の東京都の文化を復元するようなものであった。

さらに筆者は、（1）当時のマヤ考古学の重要な役割のひとつが美術品の博物館への提供であったこと、（2）マヤ文字の解読力不足、（3）考古資料の解釈において民族史料の記述を「歴史的事実」

として無批判に利用したこと、（4）考古学方法論の未発達、（5）二〇世紀前半のアメリカ人類学を支配したボアズ学派（文化の規範的・静態的見方、文化変化における生態環境の役割の否定や極端な歴史的個別主義による比較研究の軽視）がマヤ考古学にも強い影響を与えていたことなども、「神秘的でユニークな、謎の」マヤ文明観の形成を助長したと考える。

7 新しいマヤ文明観

二〇世紀後半からは、より現実的で、より客観的なマヤ文明観が構築されてきている。それによれば、マヤ文明とは、先古典期中期から後古典期まで、メソアメリカの周辺地域との交流を通して発展し、たえず変化しつづけた動態的な文明であった。とくに、チアパス州・グアテマラ太平洋岸などの近隣地域、さらに遠隔のメキシコ中央高地の古典期最大の都市テオティワカンとの交流は、マヤ文明の形成・発展において重要だった。また、マヤ文明は、多様な環境に臨機応変に適応して大きな地域差を有した文明でもあった。主に熱帯雨林低地のマヤ低地南部だけでなく、川や湖がほとんどなく比較的乾燥しているマヤ低地北部や、高低差が激しく湿潤なマヤ高地にも展開したからである。

新しいマヤ文明観の形成には、（1）第二次世界大戦後の調査研究の積み重ね、（2）マヤ文字の解読の進展、（3）第二次世界大戦後の自由な時代の雰囲気のなかで、米国科学財団（NSF）が創設されたこと、および（4）アメリカの大学における人類学部の急増に伴って教員ポストが大幅に増加したことなどが重要であった。その結果、上流階級以外のマヤ研究者が大幅に増加し、マヤ文明の研究に多様な社会経験や幅広い視点がもたらされるようになったのである。

さらに、一九六〇年代以降のアメリカ考古学は、人類学の基本である比較研究を重視し、より客観的でより科学的な学問の構築を目指している。それに伴い、マヤ考古学では、「なにが」、「どこで」、「いつ」という従来からの研究視点、すなわち遺跡や遺物の編年の確立にくわえて、「なぜ」、「どのように」過去の個別の文化が変化したのかという、長期間にわたる文化変化の過程（プロセス）の説明を目指す姿勢をつらぬきつづけている。そして、放射性炭素にもとづく年代測定法などの自然科学年代測定法、人工衛星を利用したリモートセンシング（遠隔探査）による遺跡踏査や光波距離計を搭載したハイテクの測量器具による遺跡測量、中性子放射化分析などの遺物の原産地同定をはじめとする理化学分析、コンピュータによる考古学データの統計処理など、新しい科学技術が導入された。一九八〇年代以降は、物質文化の象徴的な意味の検討、文化変化における観念体系（イデオロギー）や個人の役割、ジェンダーの研究なども重視されるようになっている。*巻末文献8

また、アメリカ考古学に生態環境の視点が復活し、文化と環境の相互関係が包括的かつ体系的に研究されるようになった。なかでも、もっとも革新的な方法論のひとつである、セトルメント・パター

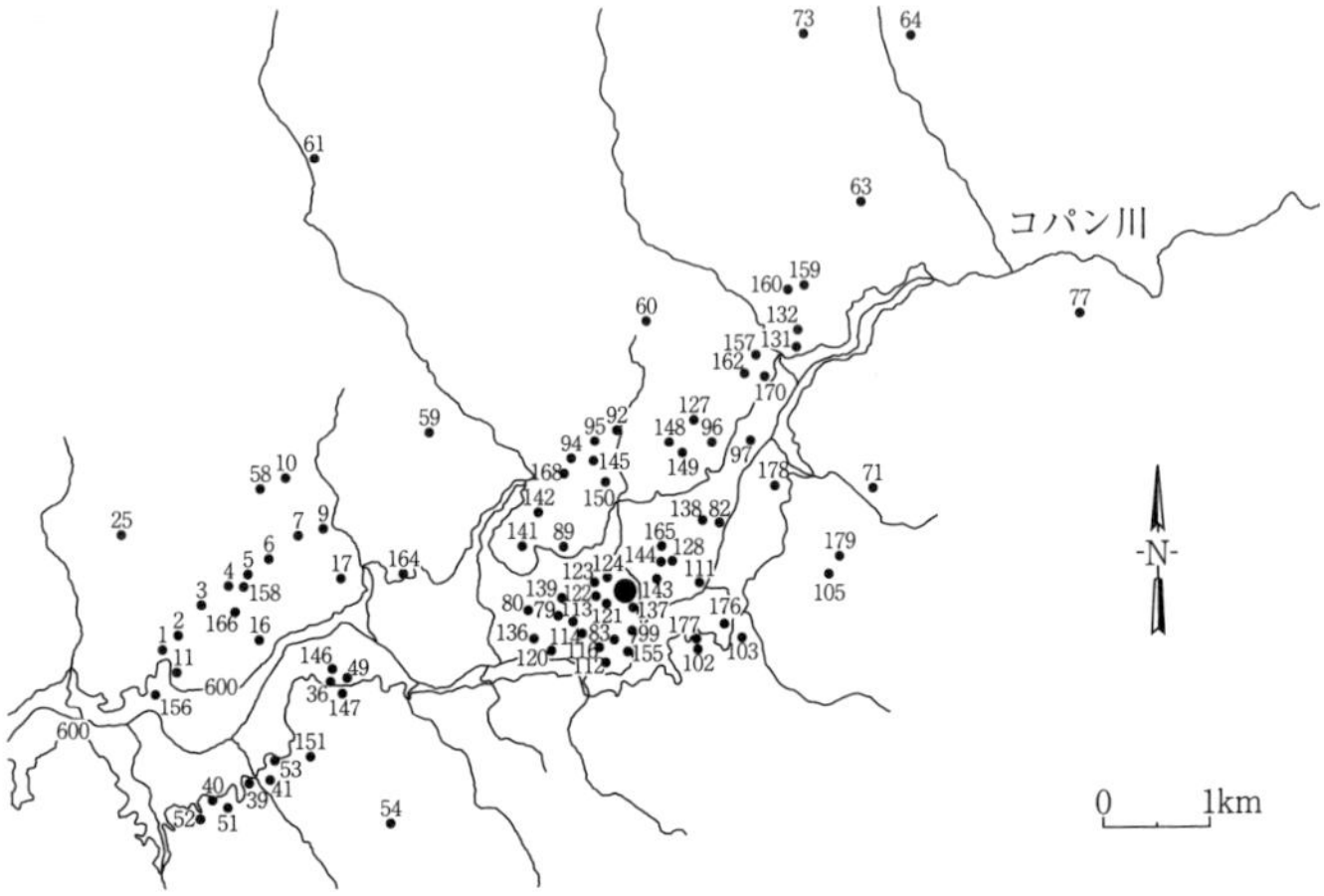

図 7 ●古典期後期、コパン谷の面の考古学調査（Aoyama 1999：図 8.1 より作成）。中央の大きな●が、中心グループ。数字は、発掘調査の番号。

ンの研究（人々が景観上に残した遺構や遺物の配置パターンの研究）が一九五〇年代にマヤ考古学に導入され、その結果「都市なき文明」説が否定された。マヤ考古学は、「点の考古学」から「面の考古学」へと発展をとげたのである（図7）。いまでは大遺跡の中心部だけでなく、大遺跡全体、さらに中小遺跡を含む広い地域において、踏査、測量、発掘調査が体系的に行われてきている。つまり、支配層と被支配層の両方の全社会階層に関連したすべての遺構や遺物に焦点をあてた、より代表的なサンプリングが行われるようになったのである。

その結果、ティカル、カラクムル、ツィビルチャルトゥン、コバー、カラコル、コパンをはじめとする数多くのマヤの大遺跡が数万人の大人口を擁した都市であり、そこでは、国家的な宗教儀礼のほか、さまざまな政治・経済活動も行なわれていたことが明らかになった。こうした大人口を支えるために、古代マヤ人が焼畑農業とさまざまな集約農業を組みあわせて多様な作物を生産したこともわかってきた。金属利器、大型の家畜や荷車を必要とせずに、「新石器段階」の手作業の技術と人力エネルギーだけで都市文明を築きあげたマヤ文明は、まさに「石器の都市文明」だったのである。

マヤ文明の起源は、先古典期中期にさかのぼることも明らかにされた。先古典期後期には、すでに階層化した都市文明社会が成立していた。マヤ文字解読の飛躍的な進歩によって、碑文には歴史上実在した王をはじめとする、支配層の個人の偉業に関連した生誕、即位、戦争、大建造物の落成、崩御などの歴史的情報も記録されていたことが判明した。さらにエル・ミラドール、ティカル、ベカン、アグアテカ、ドス・ピラスなどの都市で確認された防御壁などの防御遺構は、戦争に関連する碑文や図像資料とともに、先古典期後期や古典期でも戦争や権力闘争が繰りかえされ、マヤ文明がけっして平和な社会ではなかったことを示している。世界各地で農耕を生業の基盤とした定住生活が確立すると、集団間で戦争が起こった。旧大陸の四大文明と同様に、マヤ文明も例外ではなかったのである。

マヤ低地南部の諸都市は、九世紀にとつぜん「崩壊」したのではなく、一世紀以上にわたって衰退した。ただマヤ地域全体が衰退したのではなく、それは部分的な衰退であった。古典期終末期にはマヤ低地南部の一部の都市が繁栄しつづけ、マヤ低地北部の多くの都市が全盛期を迎えたのである。後古典期の芸術や建築には、たしかに古典期の壮麗さはなかった。しかし、遠距離交換網が発達し、複雑な政治経済組織は活気にあふれていた。マヤ文明は、一六世紀にスペイン人が侵略するまで、社会全体としては発展しつづけたのである。

8 政治的に統一されなかったマヤ文明

モンゴロイド先住民が、前一〇〇〇年前後にマヤ低地とマヤ高地の各地でトウモロコシ農耕を基盤とする定住村落と土器の製作を開始した。先古典期中期（前一〇〇〇―前四〇〇年）には、マヤ低地南部のセイバルやナクベ、マヤ低地北部のショクナセフなどで神殿ピラミッドが建設された。先古典期後期の前半（前四〇〇—後一〇〇年）には、マヤ低地南部では先古典期後期のマヤ低地最大の都市エル・ミラドール、ナクベ、ティカル、カラクムル、セイバルやラマナイ、マヤ低地北部ではエツナやベカン、マヤ高地ではカミナルフユやエル・ポルトンなどが発展した。

先古典期後期の後半（後一〇〇—二五〇年）は、マヤ地域の大変動期であった。マヤ低地南部のエル・ミラドールやナクベ、マヤ低地北部のエツナ、マヤ高地のカミナルフユやエル・ポルトンなどが衰退した。この大変動のなかで、ティカルとカラクムルは、古典期の大都市として発展していった。マヤ文明は、たえず変化しつづけた動態的な文明だったのである。

古典期前期（二五〇—六〇〇年）には、マヤ低地南部のティカル、カラクムル、コパンやヤシュチラン、マヤ低地北部のオシュキントックやイサマルをはじめとする都市が、神聖王を頂点に政治・経済・宗教の中心地として発展した。都市を中心に初期国家群が発達し、戦争や権力闘争が繰り広げられ、遠く離れた王朝間でも戦争が行われた。有力な王朝と同盟関係を結ぶために、政略結婚や訪問が行われることもあった。戦争では王がしばしば捕獲・人身供犠《じんしんくぎ》にされ、戦争の勝敗は、都市の盛衰に大きく影響した。たとえば、カラクムル王が五六二年にティカル王を捕獲・殺害し、その後カラクムルは、さらなる発展を遂げていった。いっぽうティカルでは、六九二年までの一三〇年間、石碑や大建造物の建造が中断し、ティカル王朝の支配下あるいは同盟関係にあったと考えられる近隣都市とともに、「停滞期」に陥った。しかし、旧大陸の古代文明でしばしばみられるように、カラクムル王朝がティカル王朝を征服して、乗っ取ることはなかったのである。

すべての王朝が対等の関係にあったのではなく、ティカルやカラクムルのような強大な都市の王朝は、他の都市の王朝に内政干渉を行い、さまざまな影響を及ぼした。しかし、マヤ王朝間の上下関係は支配層内でのことにとどまり、各都市の経済基盤は、基本的に都市周辺の比較的小さな領域に限られていた可能性が高い。大型の家畜や荷車を必要としなかったマヤ文明では、カヌーが使用可能な一部の地域を除いて、さまざまな物資の輸送や人の移動は、すべて徒歩に頼っていた。そのために、重くかさばる食料や大部分の生活必需品の移動距離は短かったとおもわれる。先スペイン期を通してマヤ地域はおろか、マヤ低地が政治的に統一されることはなかった。複数の広域国家が形成された時期と、数多くの小都市国家が林立した時期とが繰りかえされたのである。マヤ低地だけで、その面積は三九万平方キロメートルもある。古代マヤ人の輸送・移動手段の制約を考慮に入れれば、文化的、生態的に大きな地域差を有した。マヤ地域が政治的に統一されなかったことの方が当然かもしれない。

古典期後期には、マヤ低地南部では、ティカル、カラクムル、ナランホ、ヤシュハ、ドス・ピラス、アグアテカ、ヤシュチラン、ピエドラス・ネグラス、パレンケ、コパンやキリグアなどの多くの都市が、戦争や政略結婚によって盛衰を繰りかえした。「停滞期」を経て、ティカル王朝を復興したのは、六九五年に宿敵カラクムル王との戦争に勝利した、二六代目ハサウ・チャン・カウィール王（六八二

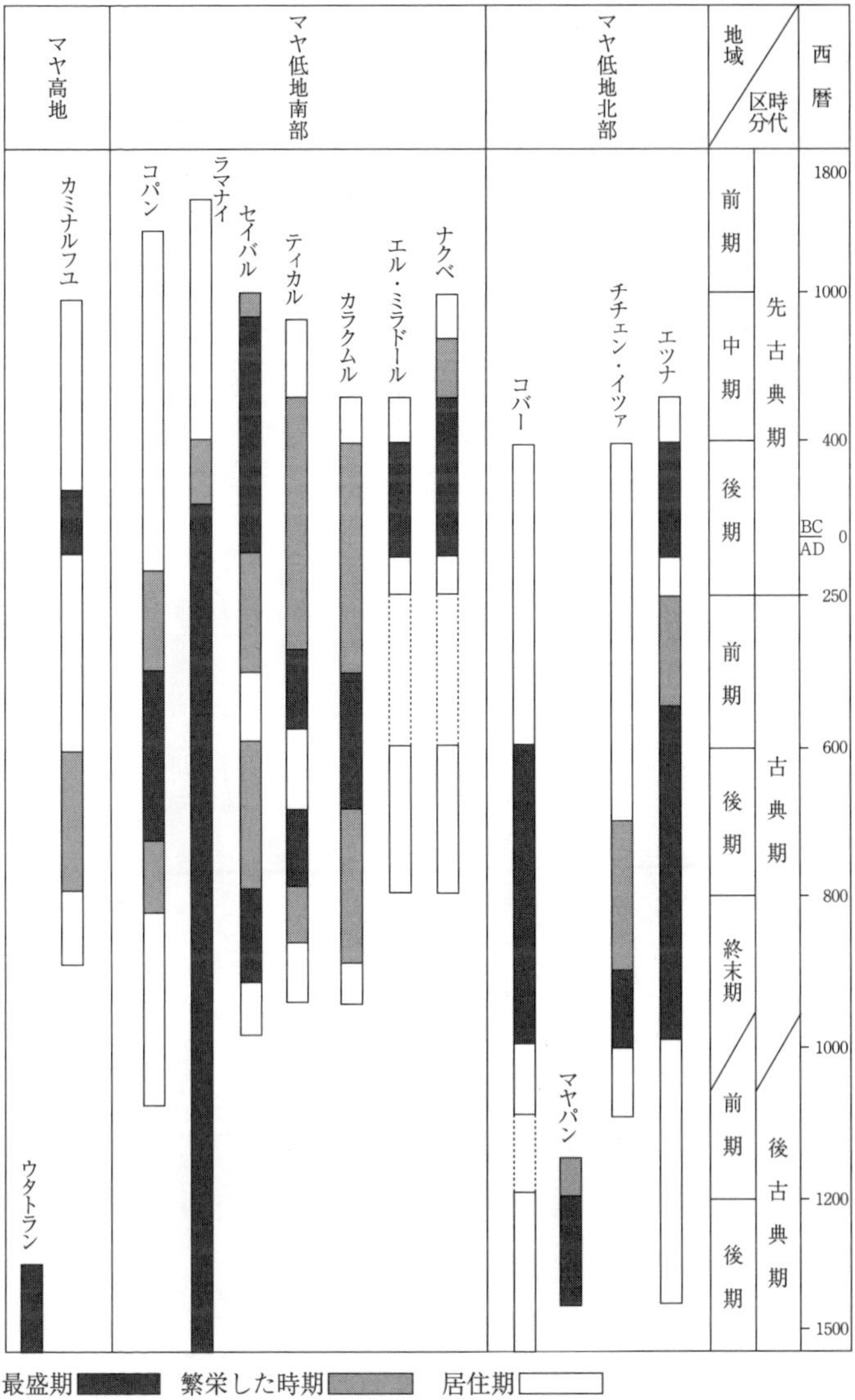
マヤ高地
マヤ低地南部
マヤ低地北部
地域
時代区分
西暦
カミナルフユ
ウタトラン
コパン
ラマナイ
セイバル
ティカル
カラクムル
エル・ミラドール
ナクベ
コバー
チチェン・イツァ
エツナ
マヤパン
先古典期
前期
中期
後期
古典期
前期
後期
終末期
後古典期
前期
後期
1800
1000
400
BC/AD 0
250
600
800
1000
1200
1500
最盛期
繁栄した時期
居住期

マヤ地域の主要遺跡の盛衰

―七三四年統治）であった。ティカルは、古典期後期最大の都市として発展していったが、カラクムル王朝は、その後しだいに衰退していった。また七三八年には、それまでコパンに政治的に従属していたキリグアのカフク・ティリウ・チャン・ヨパート王（七二四―八五年統治）が、コパン一三代目王を捕獲し殺害する。それ以降にキリグアは全盛期を迎え、コパン王朝はしだいに衰退していった。マヤ低地南部の古典期マヤ文明は、とつぜん、一様に衰退したのではなく、八世紀から一〇世紀にかけて徐々に衰退した。さらに、マヤ低地南部全域が衰退したのではなく、セイバルやラマナイのように、九世紀を通じて高い人口を維持しつづけた都市もあった。

マヤ低地北部では、古典期後期に、チチェン・イツァ、コバー、エツナ、ウシュマル、ツィビルチャルトゥンなどが栄え、マヤ低地南部の多くの都市が衰退した古典期終末期（八〇〇―一〇〇〇年）に全盛期に達した。マヤ文明の中心は、マヤ低地南部からマヤ低地北部に移った。つまり、マヤ低地北部の大部分の都市では、九世紀の古典期マヤ文明の衰退はなかったのである。コバーは、古典期後期・終末期に栄華を誇った。一一〇〇年頃に放棄されたが、後古典期後期に再居住された。チチェン・イツァでは、七〇〇年頃から都市化が進み、最盛期は九〇〇―一〇〇〇年である。チチェン・イツァは、マヤ低地北部で最大の広域国家の中心地として繁栄した、屈指の国際都市であった。一〇〇〇年頃から衰退したが、その居住は後古典期前期の一一〇〇年頃まで継続したとおもわれる。

マヤ高地のカミナルフユでは、古典期後期に人口がふたたび増加した。しかし、先古典期後期のような中央集権的な政治経済組織は復興せず、後古典期前期（一〇〇〇―一二〇〇年）に放棄された。チンクルティクをはじめとする、マヤ高地のグリハルバ川上流域に立地する小都市群は、古典期・後古典期前期に栄えた。

後古典期前期のマヤ低地北部では、中小都市が林立したが、一一五〇年頃にマヤパンが勃興した。後古典期後期（一二〇〇年―一六世紀）には、大都市マヤパンを中心とするユカタン地方の諸都市、ユカタン半島東部のトゥルム、コスメル島のサン・ヘルバシオ、マヤ低地南部のラマナイやサンタ・リタ・コロサルなどのマヤ人が広範な海上遠距離交換網に参加した。なかでもラマナイは、植民地時代の一七世紀まで繁栄しつづけた。一五世紀半ばにマヤパンが衰退した後、マヤ低地北部は小王国によって割拠された。後古典期後期のマヤ高地も、ウタトラン、イシムチェ、サクレウ、ミシュコ・ビエホなどによって、同様に割拠されていた。スペイン人侵略者が、一六世紀初頭に「発見」したのは、この群雄割拠の社会だったのである。

第2章 マヤ文明の起源——先古典期マヤ文明

本章では、先古典期マヤ文明の起源と盛衰について、最新の研究結果にもとづいて迫っていこう。かつてマヤ文明は、「古典期（二五〇―一〇〇〇年）にとつぜん興った」と考えられていたが、マヤ文明の起源は、先古典期中期（前一〇〇〇―前四〇〇年）までさかのぼる。いまから一万二千年以上前の氷河期に、アジア大陸からアメリカ大陸に移住した「最初のアメリカ人」先史モンゴロイド先住民の末裔の一部が、前一〇〇〇年頃のマヤ低地とマヤ高地の各地でトウモロコシ農耕を基盤とする定住村落と土器の製作を開始した。さらにマヤ低地南部のセイバルでは前一〇〇〇年頃から、その後ナクベやその近隣のワクナやシュルナル、マヤ低地北部のショクナセフやポシラなどで公共建築が建設された。先古典期中期の後半（前七〇〇―前四〇〇年）には、農耕定住文化がマヤ低地全域に拡散して、土器の型式の地域差がなくなった。先古典期後期の前半（前四〇〇―後一〇〇年）に、マヤ低地南部では先古典期後期のマヤ低地最大の都市エル・ミラドール、ナクベ、ティカル、カラクムル、セイバル、ラマナイやセロス、マヤ低地北部ではコムチェン、ヤシュナ、エツナやベカン、マヤ高地ではカミナルフユやエル・ポルトンなどが発展した。

1　石期・古期（先土器時代）

マヤ人の祖先は、いまから一万二千年以上前の氷河期にベーリング海峡が陸つづきになった頃、アジア大陸から陸橋ベーリンジアを越えてアメリカ大陸に渡ってきた先史モンゴロイド先住民である。先土器時代の石期・古期には、マヤ地域の人口密度は非常に低く、小集団が季節的に移動していたとおもわれる。グアテマラ高地のロス・タピアーレスは、狩猟採集民の小集団の石期の野営地跡である。有溝尖頭器（基部を溝状に薄く加工して柄に装着する石期独特の尖頭器）などの石器や炉跡が見つかっており、放射性炭素にもとづく年代測定法により、前八七六〇年という年代が報告されている。同様な有溝尖頭器は、グアテマラ高地のサン・ラファエルやベリーズのレイディィービル一などの遺跡の地表面で採集されている。二一世紀初頭の大発見としては、マヤ低地北部のキンタナロー州沿岸部における水中考古学の調査成果が特筆に値する。海面が上昇する前の石期に地上に点在した一連の洞窟から、アメリカ大陸で最古級の人骨、炉跡、石器、ゾウなどの絶滅動物の骨が見つかったのである。

マヤ地域では、狩猟採集中心の食料獲得経済から農耕を生業の基盤にした食料生産経済へ移行していく過程は、数千年にわたる長いものであった。その要因のひとつが、トウモロコシの品種改良であったと考えられる。メソアメリカ原産のトウモロコシは、乾燥・貯蔵が容易であり、その余剰生産は、先スペイン期のメソアメリカで都市文明社会を生み出した原動力のひとつであった。メキシコ高地のオアハカ盆地ギラ・ナキツ岩陰遺跡出土のトウモロコシ遺存体は、前四三〇〇年頃のメソアメリカ最古と解析されている。しかし、その穂軸の長さは、わずか二センチメートルほどときわめて小さく、穀粒は五〇粒ほどにすぎない。トウモロコシは、数千年にわたって品種改良が重ねられた結果、穂軸と穀粒が大きくなって生産性が高まり、やがて主食になっていった。そして、何枚もの苞葉に包まれ、穂軸に数百の穀粒をつけるトウモロコシは、人の手なしには生存できない植物になったのである。

発掘調査と花粉分析によれば、ベリーズ北部のコブ沼沢地では、トウモロコシの栽培が古期後期の前三四〇〇年頃に開始された。しかし栽培植物が食料全体に占める割合は低く、狩猟採集の比重が高かった。トウモロコシの花粉は、現代のトウモロコシのそれよりも小さく形態的にも異なる。人々は季節的に移住しつづけたのである。近隣の良質なチャート（珪石）の産地コルハでは、古期後期の前三〇〇〇年頃にチャートの採掘が開始され、前一五〇〇―前一三〇〇年の野営地跡から、チャート製石器、鹿や亀の骨が見つかっている。同じくベリーズのラマナイでは、前一五〇〇年頃のトウモロコシの花粉が集中して出土している。花粉分析によれば、前二〇〇〇―前一〇〇〇年に、グアテマラのエル・ペテン県南西部のペテシュバトゥン地域やペテン・イツァ湖周辺、およびベリーズのアルビオン島などで、トウモロコシが焼畑で栽培された。定住生活は植物の栽培化から短期間に導かれたのではなく、人口は長期間にわたって徐々に増加した。逆にいえばマヤ地域では、「農耕革命」(農耕による急速な社会変化)は起こらなかったのである。

2　先古典期の土器と農耕定住村落

ホンジュラス西部のコパン谷やラ・エントラーダ地域のロス・イゴスでは、先古典期前期のラーヨ期(前一四〇〇—前一二〇〇年)に土器の使用が開始されたが、そこにはその頃、マヤ人以外の先住民集団が居住していたとおもわれる。トウモロコシ農耕を基盤とする定住村落と土器は、メキシコ、グアテマラやベリーズのマヤ低地では先古典期中期初頭の前一〇〇〇年頃あるいはそれ以降に現れる。その後、マヤ人はほぼ同じ場所に住みつづけ、周辺地域の文化と交流しながら、マヤ文明を創造していった。対照的に、たとえばメキシコ中央高地では、多様な先住民集団が交錯して、テオティワカン文明、トルテカ文明、アステカ文明といった諸文明が盛衰したのである。

先古典期中期の前半(前一〇〇〇—前七〇〇年)のマヤ低地最古の土器群としては、グアテマラのアルタル・デ・サクリフィシオスとセイバルのシェ土器、ティカルのエブ土器、ナクベのオシュ土器、ベリーズのブラックマン・エディーのカノチャ土器とカハル・ペッチのクニル土器、およびクエジョのスウェイジー土器、メキシコのコムチェンのエック土器などがあり、地域ごとの型式差が大きい。マヤ低地の土器の起源地は複数あり、ほぼ同時期に異なる土器群が生産されはじめたのである。セイバルでは、前一〇〇〇年頃に公共建築の基壇や公共広場が建設された。クエジョでは、トウモロコシの花粉およびトウモロコシなどを挽くための磨製石器のメタテ（製粉用の石盤）とマノ（製粉用の石棒）が出土している[*巻末文献9]。そこでは農民は、漆喰で覆われた低い楕円形の基壇のうえに、木材など有機質の材料で建てられた家屋で生活していた。

先古典期中期の後半（前七〇〇―前四〇〇年）には、マモム土器がマヤ低地南部だけでなくマヤ低地北部にも広がり、土器の型式の地域差がなくなる。この時期に、土器を有する農耕定住文化がマヤ低地全域に拡散していったのである。さらにマヤ低地南部のセイバル、ティカル、ナクベやその近隣のワクナやシュルナル、マヤ低地北部のショクナセフやポシラなどでは、神殿ピラミッドが建設された。マヤ低地では、定住村落が出現した後に、複雑な社会政治組織が急速に発展した。その要因のひとつとして、トウモロコシの品種改良の過程で大きな転換点があった可能性が高い。突然変異によって、大きな穂軸と穀粒を有するトウモロコシが生産されはじめ、生業における農耕の比率が高くなったと考えられる。つまり、マヤ低地では、生産性の高いトウモロコシ農耕を基盤とする定住生活による急速な社会変化、つまり「定住革命」が起こり、文明が開花していったのである。

3　先古典期のマヤ低地南部

セイバル遺跡におけるマヤ文明の起源

セイバル遺跡は、グアテマラを代表する国宝級の大都市遺跡であり、国立遺跡公園に指定されている。ちなみにセイバルは、「セイバの木が生える場所」を意味する。この都市は、グアテマラ北西部のジャングルの真っただなかに流れるパシオン川を望む、比高一〇〇メートルの丘陵上に立地した。セイバルの支配層は、先古典期中期から古典期終末期まで、マヤ低地の他地域、メキシコ湾岸低地南部、メキシコのチアパス高地やグアテマラ高地などの支配層と広範に交流していた。

セイバル遺跡は、マヤ考古学の研究史においても世界的に名を馳せる。なぜならば、ハーバード大学の調査団が、一九六四年から一九六八年まで重要な調査を実施したからである。調査団は、都市中心部と周辺部の建造物跡の分布を調べて遺跡の平面図を作成し、編年を確立するためにさまざまな場所で試掘調査を実施した。その結果、セイバルが二〇〇〇年にわたって居住され、マヤ低地南部の多くの都市が古典期終末期の九世紀頃に衰退するいっぽうで、パシオン川流域で最大の都市として一〇世紀まで繁栄したことがわかった。ハーバード大学による広い区域の発掘調査では、古典期マヤ文明の研究に重点が置かれた。古典期に先立つ先古典期の遺物は、二メートル四方の試掘調査を通して主に収集されたので総体的に出土量が少なく、詳細な出土状況や遺構の性格がよくわからなかった。そのために、セイバルにおける先古典期マヤ文明の盛衰に関するデータが不足していた。

共同調査団長の筆者は、団長の猪俣健（アリゾナ大学教授）、グアテマラ、アメリカ、スイス、フランス、カナダ、ドイツ、ロシアの研究者とともに多国籍チームを編成して、二〇〇五年からセイバル遺跡で学際的な調査を実施している。ハーバード大学に続き、約四〇年ぶりに調査を再開したのである。調査の目的としては、二〇〇〇年にわたるマヤ文明の盛衰の通時的研究、すなわち、マヤ文明の起源、王権や都市の盛衰、マヤ文明の盛衰と環境の変化などが挙げられる。私たちは、ハーバード大学の試掘調査によって先古典期の遺物が出土した大基壇、神殿ピラミッド、「中央広場」、王宮などに広い発掘区を設定した。そして地表面から一〇メートル以上も下にある自然の地盤まで三年から四年かけて掘り下げるという、多大な労力と時間を要する大規模で層位的な発掘調査に挑んだ。

マヤ文明の王権は、どのように形成されていったのだろうか。マヤの諸王は、ときには生ける太陽神でもあった。諸都市では太陽が運行する東西の軸が重要であり、諸王は公共建築群を小宇宙として配置して、王権を正当化するために利用した。また神殿ピラミッドや王宮などの公共建築は、あたかも玉ねぎの皮のように、古い公共建築のうえを包み込んで新たな公共建築が造られることが多かった。セイバルの一〇世紀の「中央広場」では、東側に細長い基壇、西側に神殿ピラミッドがそびえ、太陽の運行と関連した公共建築群を構成した。ここでは都市の住民が集まり、王や貴族がさまざまな国家儀礼を劇場的パフォーマンスとして執行した。これは、ワシャクトゥン遺跡の「グループE」で最初に確認されたので「Eグループ」と呼ばれ、その後、数多くのマヤ遺跡で見つかっている(第3章参照)。

私たちの層位的な発掘調査によって、自然の地盤のうえに先古典期中期の前半の前一〇〇〇年頃に建造された公共広場と、その東と西に面する土製の公共建築の基壇が出土した。これは、マヤ低地で最古の「Eグループ」である。つまり、セイバル創設の最初から「神聖な文化的景観」が造り出され、王権が形成されていったことが明らかになったのである。「中央広場」に面する二つの公共建築は増改築され続け、前九世紀には西側の公共建築は神殿ピラミッドを構成した。前八世紀には東側の基壇の長さは五〇メートルを超え、石造の壁や階段が設けられた(図8)。基壇内から出土した男性支配層の骨には、四点の土器が副葬されていた。特筆すべきことに、この男性には、幼少時に板をあてがって頭蓋骨を人為的に変形する頭蓋変形が認められる。これは古典期の支配層のあいだで広く行われたが、この習慣が先古典期中期の前半までさかのぼることが実証されたのである。

「中央広場」の最初の床面の下にある自然の地盤のなかからは、翡翠《ひすい》を含む計一二点の硬質の緑色石製磨製石斧の供物が出土した。磨製石斧は、水平に並べて配置され、前一〇〇〇年頃に「神聖な文化的景観」を創設する儀礼の一部として埋納されたことがわかる。これもマヤ低地で最古の出土例で

図8●先古典期中期のセイバル遺跡の「E グループ」(東側の公共建築、筆者撮影)。

ある。翡翠は、緑色の硬い玉であり、メソアメリカではグアテマラ高地だけで産出する。マヤ人にとって、緑と青は世界の中心の神聖な色であり、水、植生、生命を象徴したが、こうした観念がすでにこの頃から存在したことがわかる。翡翠は、その神聖な色、希少性、硬さゆえに、支配層の間で威信財（個人の権威や地位、つまり威信を高めるための財物）として金よりも貴重であった。

緑色石製磨製石斧の供物は、先古典期中期の前半（前一〇〇〇―前七〇〇年）から先古典期中期の後半（前七〇〇―前四〇〇年）にかけて、「中央広場」の東と西の公共建築を結ぶ軸線上などに埋納されつづけた。セイバルの住民が「中央広場」に集まり、支配層がさまざまな宗教儀礼を行ったことがわかる。埋納された磨製石斧の数は、四方位を示す四点、古代マヤ人が使っていた二十進法で基本となる二〇の四分の一の五点、七日周期と同じ七点、四の倍数の八点や一二点など、マヤの重要な数字に対応し、東西南北に十字型に埋納されたものも見つかった。アメリカ人碑文学者スチュワートの図像研究によれば、緑色の磨製石斧は、神殿ピラミッドや公共広場の神聖性を更新する、マヤ人のあいだで神聖な植物のトウモロコシの穂あるいは種を象徴した。同様な緑色の磨製石斧の供物は、マヤ低地の西隣のメキシコ湾岸低地に栄えたオルメカ文明（前一二〇〇―前四〇〇年）やチアパス高地の諸遺跡でも埋納された。

セイバル遺跡の「中央広場」に面する東と西の公共建築の内部から、オルメカ文明をはじめ先古典期中期のメソアメリカの諸地域で共有された美術様式の翡翠製胸飾りの供物が出土した。この時期の支配層は、緑色の磨製石斧や翡翠製装飾品を埋納する儀礼を共有していたのである。さらに先古典期中期には、打製石器の材料の黒曜石が、グアテマラ高地からセイバルに遠距離交換された。

「中央広場」の東西の軸線上の西側では、支配層の間でもっとも重宝された海産貝のウミギクガイ製装飾品の供物が見つかった。この先古典期中期の前半の海産貝製品には、目を閉じ、口を開けた人間の生首が彫刻されている。これは、マヤ低地で最古の生首を彫刻した貝製装飾品であるが、古典期後期のボナンパック遺跡の有名な壁画に描かれた、戦争に勝利した王が装着する生首を彫刻した胸飾りと酷似する。さらに、セイバルの貝製品の図像は、古典期後期のトニナ遺跡に聳える「アクロポリス」の壁を装飾する「四つの時代の漆喰彫刻」に刻まれた、羽毛の生えた枠に吊るされた生首とも良く似ている（第5章参照）。いずれにしても、打ち首の習慣は、先古典期中期の前半にさかのぼる可能性が高い。

私たちの発掘調査によって、高さ二四メートルを誇るセイバル最大の神殿ピラミッドを頂く大基壇が、二〇〇〇年にわたって三〇回以上も増改築されたことが明らかになった。自然の地盤のうえからは、マヤ低地で最古のシェ土器が出土し、幅が三四メートルを超える土製の大きな基壇が検出された。セイバルの初期の建設活動は、従来考えられていたよりも活発だったのである。この基壇においても、三点の緑色石製磨製石斧が、立てた状態で埋納されていた。三は、古代マヤ人のあいだで神聖な数字のひとつであり現在までマヤ人が炉石として置く石の数に相当する。また緑色石製磨製石斧を製作途中の未完成品が出土しており、セイバルで磨製石斧が製作されていたことがわかる。

従来は、マヤ低地の農民が土器を使い、主食のトウモロコシ農耕を基盤にした定住村落を前一〇〇〇年頃に営み始めてからマヤ文明が徐々に発展し、その後ティカル遺跡などで前八〇〇年以降に最初の公共建築が建てられたと考えられていた。セイバル遺跡の調査の結果、マヤ文明の起源は、従来の学説よりも少なくとも二〇〇年ほど早く、前一〇〇〇年頃にさかのぼることが明らかになった。セイバルの支配層は、公共建築と公共広場からなる「神聖な文化的景観」を増改築しつづけた。支配層は、遠距離交換ネットワークに参加してグアテマラ高地産の翡翠や黒曜石のような重要な物資を搬入するだけでなく、観念体系や美術・建築様式などの知識を交換した。さらにセイバルでは、黒曜石製石刃核の流通と石刃の生産を可能にする複雑な社会が確立されていた。これらの貴重な新データは、トウモロコシ農耕を基盤とする定住生活の開始に伴って、王権が形成されたことを示している。

先古典期中期の後半のセイバルでは、神殿ピラミッドをはじめとする石造の公共建築がそびえ立ち、公共建築に漆喰が使われた。「中央広場」で検出された前五世紀の男性貴族の墓には、土器、翡翠製品や赤の顔料が付着した貝製品、一三点の黒曜石製石刃、および石刃を剥離し終えた石刃核が副葬されていた。貝製品は、古典期の書記が使用したインク入れに酷似しており、この時期からマヤ文字や図像が描かれていた可能性がある。副葬された石刃は、メソアメリカ最古の一三点の石刃であり、この時期にすでにマヤ人のあいだで一三層の天上界を表象する「一三」の数字が重要であったことがわかる。石刃核は、その長さが五センチメートル、幅が一センチメートルほどの極めて小さな残核である。そこには、幅が一センチメートル未満という小さな石刃を失敗することなく一一点も連続して剥離した痕跡があり、先古典期中期における石刃製作の高度な技術がうかがわれる。

マヤ低地南部で最古の都市ナクベ

グアテマラ北部のエル・ペテン県の熱帯雨林にあるナクベは、マヤ低地南部で先古典期中期のセンター（都市ほど人口が多くない、政治・経済・宗教の中心地）のひとつとして栄えた。前一〇〇〇年頃に居住が開始され、前八〇〇—前六〇〇年には、重さ百キログラムに達する石灰岩の切石のブロックを使った基壇が建設されはじめる。また、グアテマラ高地産の翡翠や海産貝製品といった威信財の遠距離交換品をはじめとして、富や地位の差異が顕著になった。グアテマラ高地からは黒曜石も搬入された。

前六〇〇—前四〇〇年には、マヤ低地南部で最古の球技場や無彫刻の石造祭壇が建造された。古典期の王権のシンボルであった筵《むしろ》の文様をもつ土器も出現した。「東グループ」には、高さ三—八メートル、総床面積四万平方メートルにおよぶ大基壇群が築かれ、そのうえに高さ二四メートルの神殿ピラミッド「建造物四七」や高さ一三メートルの「建造物五一」のような大建造物が建設された（考古学者は、建造物、石彫、墓などを番号やアルファベットで登録する）。この二つの建造物は、広場の西側の神殿ピラミッド、東側の三つの小神殿を頂く基壇からなる儀式建築群「Eグループ」を構成した。*巻末文献10

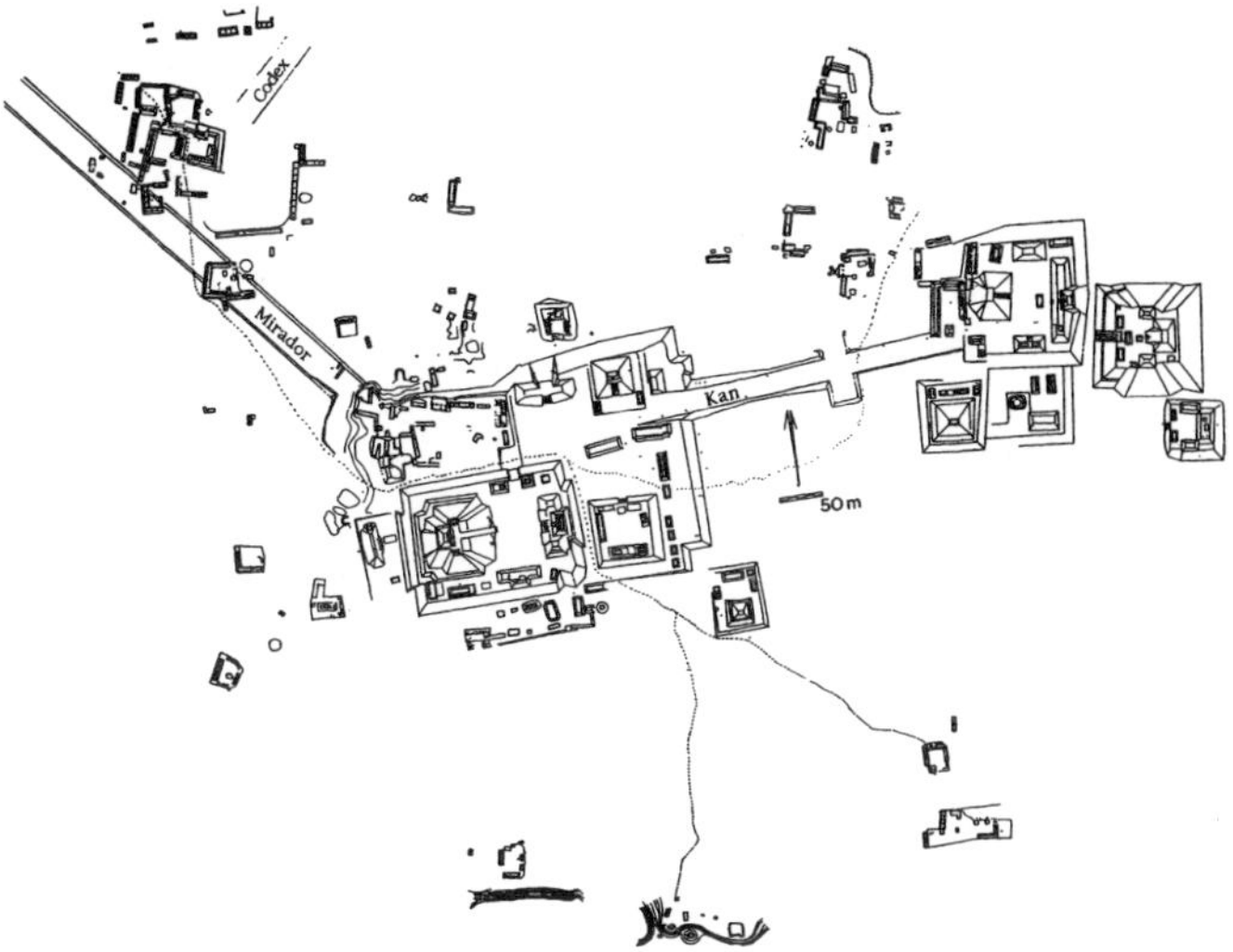

図9●先古典期後期のナクベ遺跡中心部の平面図（上、Hansen 1998：図15）。サクベ（舗装堤道）が都市内の主要建造物群だけでなく、都市間を結んでいた。

図10●ナクベ遺跡の「石碑1」（下、Hansen 1991：14）。2人の人物が向きあっているが、マヤ文字は刻まれていない。高さ3.5メートル。

ティカルの「ムンド・ペルディード地区」でも、前七〇〇年頃に同様な建築群が建造された。ナクベの近隣のワクナやティンタル、シュルナル（ティンタルの西一〇キロメートル）などでも、先古典期中期に神殿ピラミッドが建設されはじめた。

先古典期中期末にナクベで建設がはじまったサクベ（舗装堤道）は、先古典期後期に完成した。サクベは、ユカタン語で「白い道」を意味する。大きめの石や土をあたかも堤防や高速道路のように盛り、小石や漆喰で舗装した。「東グループ」と「西グループ」を結ぶ「カン・サクベ」は、高さ四メートル、幅二四メートルに達する（図9）。サクベは、バホ（雨季の低湿地）のうえにも通り、ナクベとエル・ミラドール（一三キロメートル）やエル・ミラドールとティンタル（二五キロメートル）などを結び、物資の輸送、歩道、儀式の行進、政治領域の維持などに利用されたと考えられる。

先古典期後期の前半のチカネル期（前四〇〇―後一〇〇年）に、ナクベは全盛期を迎え、高さ四五メートルや三二メートルの大神殿ピラミッドを有する都市へと発展した。これらの大神殿ピラミッドの外壁は、神々の顔の多彩色の漆喰彫刻で装飾されていた。とくに「建造物一」の外壁を飾った「鳥の主神」は、幅一一メートル、高さ五メートルのマヤ文明最大の漆喰彫刻であった。興味深いことに、漆喰彫刻に挟まれた階段は計一三段で、マヤの天上界の一三層の概念と同数である。高さ三・五メートルの「石碑一」にはマヤ文字はないが、向きあった二人の人物（王または神）が刻まれている（図10）。

先古典期後期の最大の都市エル・ミラドール

先古典期後期のマヤ低地最大の都市エル・ミラドールは、メキシコ国境の南七キロメートルのグアテマラ北端、ナクベの北西一三キロメートルの広大なバホの近くに立地する[*巻末文献11]。その面積は少なくとも三〇平方キロメートル以上だが、まだ全容はわかっていない。高さ七二メートルの「ダンタ・ピラミッド」、高さ五五メートル、底辺一四〇メートルの「ティグレ・ピラミッド」、高さ四八メートルの「モノス・ピラミッド」、長さ四〇〇メートル、幅九〇メートルの大建築群「中央のアクロポリス」、高さ四メートル、幅五〇メートルにおよぶサクベなどが建造された（図11）。「ダンタ・ピラミッド」はその高さにくわえて、底辺六二〇メートル×三一四メートルという巨大な基壇を有し、後世のいかなる神殿ピラミッドをもはるかにしのぐ。これは、古代マヤ史だけでなく先スペイン期のメソアメリカ最大の建造物であった。こうした大建造物の建設には、重さが一四〇〇キログラムにおよぶ石灰岩の切石のブロックが切り出されて積みあげられた。

「石碑二」はかなり風化しているが、先古典期後期のマヤ文字が刻まれた。また、先古典期後期の土器にもマヤ文字が描かれている。エル・ミラドールの南側、東側、北東部に高さ四メートルの防御壁が築かれ、北側と西側は高さ二〇―三〇メートルの断崖によって防御されていた。

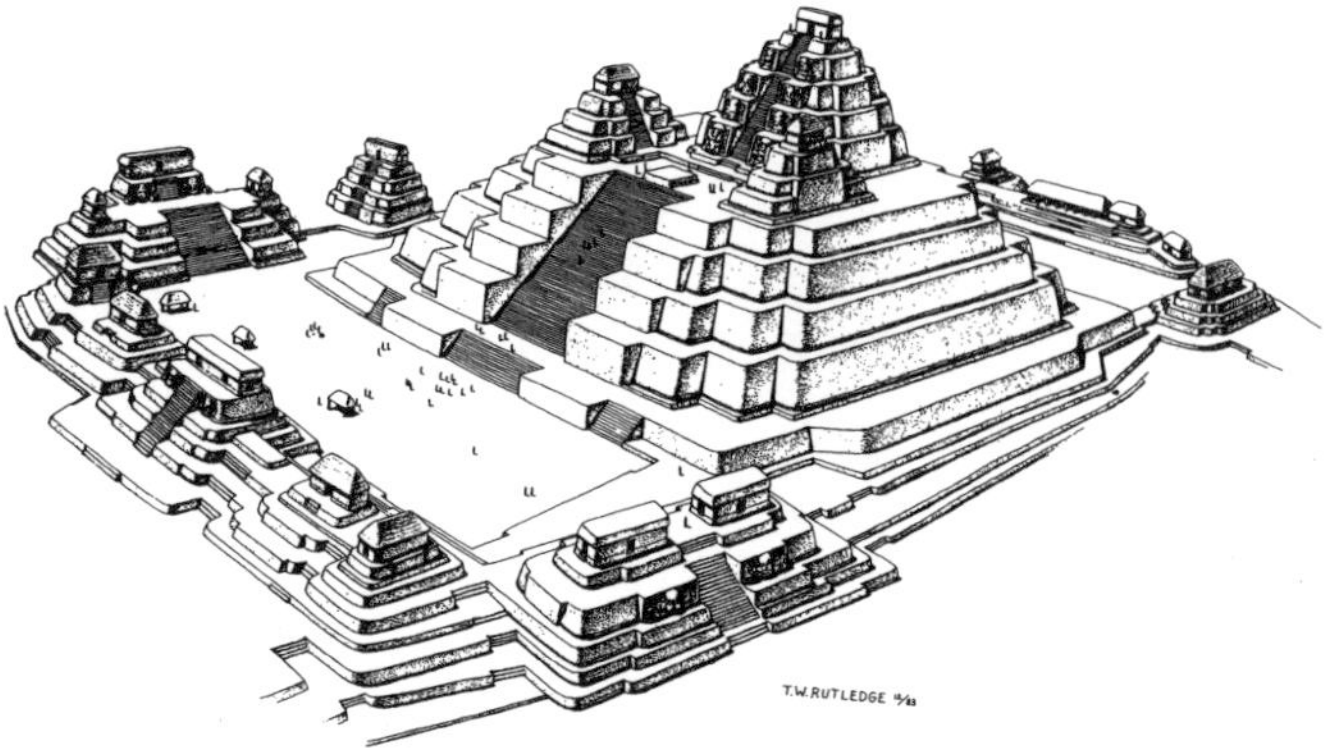

図11●エル・ミラドール遺跡の「ティグレ・ピラミッド」の復元図（Hansen 1990：ii）。中央に主神殿、その両側により小さな神殿の計 3 つの神殿を大基壇のうえに頂く。高さ 55 メートル。

グアテマラ北部の先古典期の諸遺跡

グアテマラ北部のエル・ペテン県では、ナクベやエル・ミラドール以外にも、多くの都市が先古典期後期に発達した。ティンタルでは高さ五〇メートルの神殿ピラミッドや防御濠、ワクナでは高さ三〇メートル以上の神殿ピラミッドが建設された。ワクナの「建造物三」は、高さ一七メートルの神殿ピラミッドである。その内部の「墓一」は、幅一・六メートル、長さ二・三メートル、高さ一・九メートルの持ち送り式アーチを有する石室墓であった。大量の翡翠製品や土器が副葬され、王墓であった可能性が高い。

持ち送り式アーチとは、石造建造物、石室墓や門などの逆V字形の天井のアーチである（図12）。真（ローマ式）の半円形アーチではなく、石が壁に持ち送り式に嵌め込まれた擬似アーチなので、天井は高く狭い。マヤ地域で多用されたため、マヤ・アーチともよばれる。以前は古典期マヤ文明の建築の特徴のひとつとされていたが、一九八〇年代のグアテマラ人類学歴史学研究所の発掘調査によって、ワシャクトゥンの「グループH」の神殿ピラミッド群が、先古典期後期の持ち送り式アーチを有することがわかった。*巻末文献12

エル・ペテン県北東部にあるティカル遺跡中心部の主要建造物の集中発掘調査や土器研究によって、同遺跡の先古典期におけるマヤ文明の起源が明らかにされた。先古典期後期には、高さ二〇メートル、底辺八〇メートルの神殿ピラミッド「ムンド・ペルディード・ピラミッド」が建設された。「北のアクロポリス」の発掘調査では、古典期の五つの床面の下から、一二の先古典期の床面および豊かな副葬品とともに持ち送り式アーチを有する一連の墓が見つかり、すでに階層化されていた先古典期マヤ社会の一面が解明されたのである（図13）。とくに「墓八五」は、目や歯の部分に貝を埋め込んだ硬質の緑色石製仮面、王族が放血儀礼（自らの血を神々や神聖王の先祖に捧げる自己犠牲）に用いたアカエイの尾骨、海産貝、二六点の土器など副葬品が豊富であり、後一世紀の王墓であったと考えられる。

エル・ペテン県北東部、ベリーズ国境近くに立地するホルムルでは、先古典期後期末に王墓を内蔵する神殿ピラミッドが建造され、古典期終末期まで継続的に居住された。近隣のシバルでは、先古典期中期から神殿ピラミッドの建造が開始された。二〇〇三年の発掘調査によって、前七五〇年頃に十字型に埋納された五つの土器の供物が見つかった。そして四つの土器の中心に置かれた土器の下から、翡翠を含む五つの硬質の緑色石製石斧が立てた状態で十字型に埋納され、一一四点の翡翠の小石に囲まれていた。同様な翡翠の十字型の供物の埋納は、前述のように先古典期中期のセイバルでも見つかっており、オルメカ文明やチアパス高地との交流が示唆される。

先古典期後期のシバルでは、三つの神殿を頂く、高さ三三メートルの大神殿ピラミッドが増改築された。「神殿一」の外壁は、三×五メートルの太陽神の顔の多彩色の漆喰彫刻で装飾された。「Eグループ」は、高さ一七メートルの神殿ピラミッドと長さ一二九メートルの長い基壇によって構成された。

図12●ラブナ遺跡の「アーチ」は持ち送り式アーチの傑作（上、筆者撮影)。
図13●ティカル遺跡の「北のアクロポリス」(中、筆者撮影)。
図14●サン・バルトロ遺跡の「壁画の神殿」の壁画の一部（下、Saturno. 2009：図1より作成)。21世紀初頭のマヤ考古学最大の発見。

二〇〇二年に出土した、先古典期後期の「石碑二」の破片には人物像が彫刻されており、現在のところマヤ低地最古の王の彫像の可能性がある。また、リオ・アスルでは、前八〇〇年頃に居住が開始され、先古典期後期に高さ一五メートルの神殿ピラミッドが建設された。

先古典期後期には壁画も描かれた。ティカルの北東四二キロメートルにあるサン・バルトロの「壁画の神殿」の壁画は、二〇〇一年に確認されたが、二一世紀初頭のマヤ考古学最大の発見といえる。トウモロコシの神、超自然的な動物の形をした山から出現する羽毛の生えた蛇、トウモロコシの蒸し団子タマルを捧げる女性、玉座に座って王冠を受け取る王、「王」を意味するアハウなどのマヤ文字の碑文などが多彩色で描かれている（図14）。年代は前一世紀と推定される。羽毛の生えた蛇の図像は、二〇〇年頃に建てられたメキシコ中央高地のテオティワカンの「羽毛の生えた蛇の神殿」よりも古く、現在のところメソアメリカ最古といえる。さらに二〇〇五年の「壁画の神殿」の下層の発掘調査によって、前三世紀という最古の壁画が出土した。壁画には、現在のところマヤ低地で最古のアハウなどのマヤ文字やトウモロコシの神が描かれている。古典期マヤの王権にはトウモロコシのシンボリズムが強いが、こうした宗教観念は先古典期後期にすでに形成されていた。サン・バルトロでは先古典期中期に居住が開始され、最盛期は先古典期後期であった。バホに囲まれた一平方キロメートルの小都市だが、神殿ピラミッドのほかに、球技場、サクベや貯水池もあった。またティカルやワシャクトゥンでも、先古典期後期の建造物の壁に漆喰が塗られ、壁画が描かれた。この時期のマヤ低地南部では、すでに古典期につながる基本的な美術様式が創造されていたのである。

カラクムル、ラマナイ、セロス、ノフムル

カラクムルは、メキシコのカンペチェ州にある先古典期後期から古典期終末期にかけてのマヤ低地南部で最大の都市のひとつである。広大なバホの東端より三五メートルほど高い石灰岩の岩盤上に立地する。[*巻末文献13] エル・ラベリントというもっとも大きなバホでは、胎土（土器製作用の粘土）や石器の石材のチャートが採掘された。巨大な神殿ピラミッド「建造物二」の高さは、先古典期後期に五〇メートルほどに達し、その外壁は漆喰彫刻で装飾された。「サクベ六」は、南西三八キロメートルのエル・ミラドールや南三〇キロメートルのティンタルを結んだ。

ラマナイにある高さ三三メートルの「建造物N一〇—四三」は、三つの神殿を頂き、先古典期後期の前一〇〇年頃、ベリーズ最大の神殿ピラミッドであった。ベリーズのセロスの神殿ピラミッド「建造物五C—二」と同様に、マヤの神々の顔の漆喰彫刻が正面階段両脇の外壁を飾った。交易都市セロスは、ニュー川河口に面する戦略的な地点に立地する。前三〇〇年頃に居住が開始され、前五〇年頃から翡翠、黒曜石、綿、カカオなどの交易の中間港として繁栄した。波止場、高さ二二メートルの神殿ピラミッド、三つの球技場、サクベなどがあり、その南側は長さ一二〇〇メートルの水路によって防御されていた。ノフムルでは、先古典期中期の前九〇〇年頃に居住が開始され、先古典期後期には、

高さ二〇メートルの神殿ピラミッド、長さ四〇〇メートルのサクベや「アクロポリス」が建造された。

4 先古典期のマヤ低地北部

マヤ低地北部は、先古典期中期から発展していった。以前は、土器がマヤ低地北部で先古典期中期の後半に製作されはじめたと考えられていた。アメリカ人考古学者W・アンドリュースらの最新の研究によって、ユカタン州のコムチェンでは、マヤ低地南部と同様に、先古典期中期の前半からエック土器という型式の土器が製作されていたことが明らかになった。

メキシコ国立人類学歴史学研究所のロブレスとアメリカ人考古学者A・アンドリュースらによる二〇〇〇年以来のユカタン州北西部の調査によって、同時期のマヤ低地北部で最古の球技場を有する二〇以上の中小遺跡群が確認されている。とくにシュトボ一には、高さ七・五メートルの基壇があり、三つの神殿を頂く小神殿ピラミッドと球技場が、長さ百メートルのサクベで結ばれていた。さらにユカタン州の州都メリダ市南西のポシラではより大きな神殿ピラミッドが、プウク地方北東端のショクナセフでは先古典期中期のマヤ低地北部で最大を誇る、底辺の長さ一五〇メートル、高さ八・五メートルという巨大な基壇のうえに神殿ピラミッドが建設された。マヤ低地北部では、マヤ低地南部と同様に、先古典期中期から巨大な公共建築と公共広場が建造されたのである。

先古典期後期（前四〇〇―二五〇年）には、ユカタン州のコムチェンやヤシュナ、カンペチェ州のエツナ、ベカンやチャンポトンなどが発展した。コムチェンは、先古典期中期・後期の小都市遺跡である。海岸から二〇キロメートルの地点に立地し、ツィビルチャルトゥンと隣接する。全盛期の先古典期後期には、二平方キロメートルの範囲に千以上の住居建築が広がった。高さ八メートルの神殿ピラミッドなど五つの主要建造物が四ヘクタールの中央広場を囲み、長さ二三五メートルのサクベが別の大きな建造物を結んだ。

ヤシュナは、先古典期・古典期の小都市であった。中心部には、少なくとも三つの大きなセノーテ（地下水が湧出した天然の泉）がある。先古典期中期の前五〇〇年頃に最初の神殿ピラミッドが建設され、先古典期後期には長さ一二八メートル、高さ一八メートルに達した。また、ユカタン州プウク地方にあるロルトゥン洞窟では、マヤ低地南部の先古典期後期の様式と類似する男性人物像や、ユカタン半島北部で最古のマヤ文字の浅浮き彫りがある（図15）。

要塞都市ベカンは、リオ・ベック地方最大の先古典期後期・古典期の都市として栄えた。前六〇〇年頃に居住が開始され、後五〇年頃に主要建造物が建設されはじめた。高さ五メートルの土塁および幅一六メートル、深さ六メートルの壕が一五〇年頃に建設された。都市の周囲一・九キロメートルを防御し、七つのサクベから出入りした。エツナでは、前六〇〇年頃に居住が開始され、先古典期後期

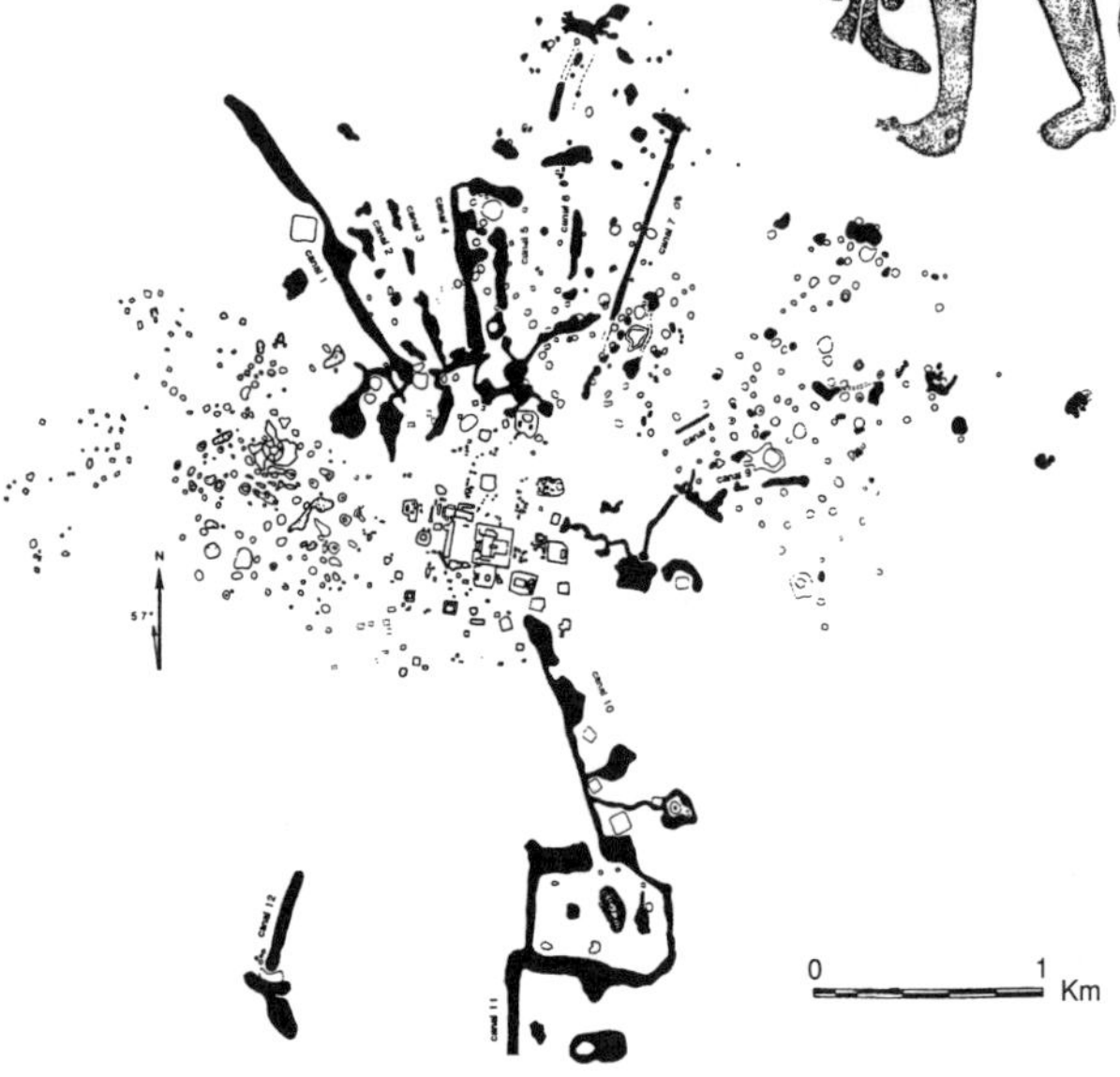

図15●ロルトゥン洞窟遺跡の男性人物像とマヤ文字の拓本(上、Sharer 2006：図6.23)。

図16●エツナ遺跡の水路網（下、Matheny *et al.* 1983：図2より作成)。

に全長三一キロメートル、幅五〇メートルにおよぶマヤ低地最大の水路網や貯水池が建設された（図16）。水路網は前一五〇年頃までに建設され、中心部から放射状に延びた。防御のほかに、灌漑農業、カヌーによる輸送や排水などの目的にも利用された可能性がある。水路と連結して水を満たした二キロメートルの防御濠が、「要塞」グループを囲んだ。メキシコ湾岸に面するチャンポトンでは、先古典期中期から居住が開始され、先古典期後期には、巨大な切石を積みあげた底辺五四メートル、高さ三メートルの基壇のうえに、ナクベやエル・ミラドールのようなマヤ低地南部の諸都市と同様に、三つの神殿が建造された。

5　先古典期のマヤ高地

カミナルフユ

カミナルフユは、先古典期中期から古典期末まで（前一〇〇〇―九〇〇年）居住され、先古典期後期からマヤ高地最大の都市として栄えた。現在のグアテマラ市の南西部に位置し、開発に伴ってその九〇パーセント以上が破壊された。住宅地に囲まれた「アクロポリス」と「ラ・パランガーナ地区」

図17●カミナルフユ遺跡の「ラ・パランガーナ地区」(筆者撮影)。

が、国立遺跡公園になっている（図17）。日本の「たばこと塩の博物館」は、隣接する「モンゴイ地区」を一九九〇年代に発掘・修復した。

最盛期は先古典期後期の前二〇〇―後一〇〇年で、高さ二〇メートルのアドベ（日干しレンガ）製の神殿ピラミッド、一二の球技場、住居など二百以上の建造物が五平方キロメートルにわたって林立した。「墓一」と「墓二」は、増改築されて高さが一八メートルにおよんだ神殿ピラミッド「建造物E―III―三」のなかから出土した。大量の土器、翡翠製品などの副葬品と複数の人身犠牲が埋葬された王墓であり、強大な権力をもった王の存在が示唆される。石碑、ヒキガエル形の祭壇や玉座を含む三百以上の石造記念碑が彫刻された。「石碑一〇」には、三体の神あるいは人物像とともに、二六〇日暦の日付の文字を含む比較的長い碑文が刻まれた。「石彫六五」には、玉座に座った王の前後に、腕を縛られ裸にされた捕虜が彫刻されており、王権が戦争と強く結びついていたことを示唆する。前五〇〇年頃からグアテマラ盆地の湖から灌漑水路が通り、灌漑農業が行われた。また、カミナルフユは、良質な黒曜石産地エル・チャヤルから二〇キロメートルに立地し、黒曜石製石刃の生産・流通の中心地であった。

ナランホ

ナランホは、先古典期中期（前八〇〇―前四〇〇年）の重要な儀式センターであり、カミナルフユの北三キロメートルに立地する。グアテマラ人考古学者アロヨらの調査（二〇〇五―〇七年）によって、先古典期中期のマヤ遺跡としては例外的に多い、全部で三五の無彫刻の石碑や祭壇などの玄武岩製の石造記念碑が登録されている。ナランホの中心部では、南北の軸線上に土製の公共建築が増改築されつづけ、高さが七メートルの「マウンド一」の南と北には「南の基壇」と「北の基壇」があった。それらに面する公共広場では、石碑や祭壇が南北に三つの列をなして配置された。無彫刻の石碑は前七五〇年頃から建立されたが、メソアメリカ最古であり、その高さは三・五メートルに達する。石碑と祭壇の組みあわせは、以前は先古典期後期にはじまったとされていたが、先古典期中期にさかのぼることがわかった。ナランホは、先古典期中期末に放棄されたが、古典期後期に再居住され、宗教儀礼が執行された。

エル・ポルトン

エル・ポルトンは、グアテマラのサラマ盆地の先古典期中期・後期のセンターであった。海抜は九八五メートルである。前一二〇〇年頃に居住が開始され、前五〇〇年頃から、盛り土によって人工的に変形された台地上に土の建造物が建造された。最盛期は、先古典期後期である。「石彫一」には文字が彫刻されており、長方形の窪みのある石造祭壇と組みあわされた。放射性炭素にもとづく年代測定法によって前四〇〇年という年代が報告されており、最古のマヤ文字の可能性がある。しかし炭素資料が一点であることにくわえて、炭素年代がそのまま石碑の製作年代にあてはまるかは疑わしい。

6 初期王権の発達

遠距離交換と周辺地域との交流

マヤ低地の初期王権の起源は、先古典期中期までさかのぼる。海産貝や翡翠のような威信財や黒曜石などの遠距離交換、および周辺地域との美術・建築様式、文字、暦などの知識の交換が、社会の階層化を刺激し、先古典期マヤ文明が形成される要因のひとつであったと考えられる。たとえば、持ち送り式アーチは、マヤ地域起源ではない。メキシコ西部のゲレロ州のチルパンシンゴなどのセンターでは、この建築様式は先古典期中期の前六〇〇年以前にさかのぼる。また先古典期のマヤ低地の石碑などの石彫様式の発展には、イサパ文化との交流がとくに重要であった。イサパ文化とは、グアテマラとメキシコのチアパス州の高地や太平洋岸低地に先古典期後期に発達した浅浮き彫りの石彫様式に代表される文化である。チアパス州太平洋岸低地にある標識遺跡の（特定の文化、時代、型式、様式の基準となる遺跡）イサパ、グアテマラ高地のカミナルフユ、グアテマラ太平洋岸低地のタカリク・アバフやエル・バウルなどに広がった。神話的な場面と歴史的な場面が入り組んだ叙述的な図像が特徴であり、古典期マヤ文明と同様に、石碑の多くは祭壇と対になって配置された。イサパ遺跡の八九の石碑のうち三八が彫刻されているが、文字は刻まれていない。タカリク・アバフの二つの石碑には、前三九年―前一九年と後一二五年に相当する長期暦の日付や碑文、エル・バウルの石碑には後三七年に相当する長期暦の日付や碑文が刻まれている。

暦の文字は、メキシコ高地南部のオアハカ盆地、チアパス高地、グアテマラ高地、グアテマラ太平洋岸低地、メキシコ湾岸低地南部などで先古典期に用いられ、古典期のマヤ低地でもっとも発達した。古代マヤ人は、中国文明が発明した漢字を受け入れて日本語を表記し、また仮名文字を発達させた日本人と似ている。低地マヤ文明は、以前に考えられていたように、熱帯雨林のなかに孤立していたのではけっしてなかったのである。

低地マヤ文明が、先古典期のメソアメリカで石造神殿ピラミッドをもっとも発達させたことは重要である、と筆者は考える。オルメカ文明の先古典期中期のラ・ベンタや先古典期中期・後期のイサパやチアパ・デ・コルソの神殿ピラミッドは土製であり、マヤ高地のカミナルフユではアドベ製の神殿ピラミッドが建造された。換言すれば、古典期の王権の概念の基盤が、先古典期に周辺地域との交流を通して、外来の文化要素を取捨選択しながら、独自かつ徐々に形成されていったのである。

内的要因

エル・ミラドール、ナクベ、カラクムルやティカルといった先古典期の代表的な都市が大河川流域ではなく、バホ（雨季の低湿地）の近くに建設されたことは注目に値する。少なくとも一部のバホが先古典期に沼沢地であった可能性が示唆されている。*巻末文献14 飲料水の確保、その周辺の肥沃な土壌や豊富な水陸資源が、都市形成の要因のひとつであった。

先古典期マヤ文明発展の他の要因としては、宗教や価値観を含む観念体系の変化が挙げられよう。ナクベ、エル・ミラドール、ワクナ、ティンタル、ティカル、ワシャクトゥン、セイバル、シバル、ラマナイ、セロス、ヤシュナなどの先古典期後期の大神殿ピラミッドは、中央に主神殿、その両側により小さな神殿の計三つの神殿を基壇のうえに頂くという文化要素を共有した。この配置は、古典期のティカル、ワシャクトゥン、カラコルなどの建築に継承された。こうした巨大な神殿ピラミッドの階段の両脇の外壁を飾る神々の顔の多彩色の漆喰彫刻は、王権の象徴ともなる宗教観念の表現として重要であった。巨大な神殿ピラミッドの建設・維持は、王の強制力によってのみ実現されたのではない。巨大な宗教建造物の必要性を人々に納得させる王権や、宗教などの新しい観念体系が発達したとおもわれる。文明の初期段階に最大のピラミッドが建造された点において、メソアメリカとエジプトは共通している。このことは、建造物の大きさが社会や経済の発展の程度とは、かならずしも比例しないことを示唆するのである。

　こうした宗教観念は、王権を正当化するとともに、人口の集中や都市建設の大きな原動力になったにちがいない。また、巨大な神殿ピラミッドの建設・維持は、王権を強化し、都市人口の労働力を統御する手段を提供したと考えられる。またエル・ミラドール、ティンタル、エツナ、ベカンをはじめとする先古典期後期の都市の防御遺構の存在から、領土の境界、物資、資源や労働力などをめぐる都市間の戦争が増加した可能性が高い。クエジョでは、先古典期後期の戦士と考えられる成人男性の集団葬が見つかっている。マヤ文明の発展過程における戦争の役割については研究者のあいだで議論が分かれるところであるが、筆者は、戦争が先古典期マヤ文明や王権の形成の重要な要因のひとつであったと考える。偉大な戦士としての王の功績は、王権をさらに強化したことであろう。

　先古典期後期の都市やマヤ文字の起源、膨大な労働力が必要な巨大な石造神殿ピラミッド、サクベ、「Eグループ」、球技場、水路、貯水池、防御遺構の建設・維持に反映された王の中央集権的な政治経済力、およびエル・ミラドール、ナクベ、カラクムルなどの都市はサクベで結ばれていたことから、先古典期後期の低地マヤ社会は、階層化した都市文明社会だったといえよう。先古典期後期には、トウモロコシの神や羽毛の生えた蛇などを含む宗教観念、放血儀礼などの宗教儀礼の体系や、威信財の遠距離交換網が形成され、マヤ文字の碑文や人物像が刻まれた石碑、石造祭壇、玉座、持ち送り式アーチを有する建造物や王墓も建造されはじめた。古典期マヤ文明の王権のほとんどすべての要素が、先古典期後期にすでに形成されていたのである。農耕定住村落の確立後、数千年以上かけて形成されたメソポタミア文明、インダス文明や黄河文明とくらべると、マヤ文明をはじめとするメソアメリカの都市文明は、数百年という比較的短期間で形成されたのである。

7　先古典期後期の後半の社会の大変動

先古典期後期の後半（後一〇〇―二五〇年）は、マヤ地域の大変動期であった。ナクベとエル・ミラドールというマヤ低地南部の大都市が放棄された。両都市とも古典期に小規模に再居住されたが、先古典期後期の栄華を取り戻すことはなかった。また、マヤ低地南部ではワクナ、ティンタル、シバルやセロス、マヤ低地北部ではショクナセフ、コムチェンやエツナ、さらにマヤ高地のカミナルフユやエル・ポルトンなども衰退した。その原因としては、長期間にわたる降水量の減少、ナクベやエル・ミラドール周辺で大規模な森林伐採など環境破壊が進んだ可能性、都市間の戦争などが示唆されている。とくに、森林伐採によって土壌の浸食が進み、低地の一部の沼沢地で土壌が堆積して雨季の低湿地バホに変遷し、水源が不足した可能性もある。また、エル・ミラドールとその周辺では、この時期に完形の土器が建造物の床面に残された例が見つかっており、敵の攻撃によって急速に放棄されたのかもしれない。

この大変動のなかで、ティカルとカラクムルは、古典期の大都市として発展していった。先古典期後期の後半の大変動は、いわゆる「古典期マヤ文明の衰退」に対比しうる先古典期マヤ文明の衰退であったとする研究者もいる。いずれにしても、マヤ文明は、たえず変化しつづけた動態的な文明だったのである。

第3章　古典期マヤ文明の王権と初期国家群の発達

本章では、古典期マヤ文明の特徴、とりわけ、マヤ文字、暦、天文学、王権について概説していこう。マヤ文明の研究では、伝統的に「古典期」を中心とする編年が適用されてきた。古典期の前後は、先古典期および後古典期とよばれるが、そこには「古典期がマヤ文明の最盛期」という、かつての考え方が包含されている。先古典期と古典期の境界は、文字が刻まれた石碑の出現を古典期の指標として伝統的に二五〇〇年頃とされるが、前章でみたように、文字が刻まれた石造記念碑をはじめとする、古典期マヤ文明の諸特徴は、先古典期後期までにすでに存在していた。マヤ考古学の権威サブロフは、先古典期、古典期、後古典期という文化発展の段階を示唆するような時代区分の代わりに、前期、中期、後期というような新旧を明示する、より中立的な編年案を提唱している。*巻末文献1 多くのマヤ学者が、サブロフの編年案の有用性を認めているものの、まだ広範には適用されておらず、混乱を避けるために、従来の伝統的な編年を保持しているのが現状であり、本書も従来の編年に従う。

王権や宗教観念の表現手段の重点は、先古典期後期には神殿ピラミッドの外壁を装飾した神々の漆喰彫刻にあったが、古典期には個人の王の像や偉業を刻んだ石碑などの石造記念碑へと移行した。その結果、多くの労働力を動員して、王が行政に従事した官邸であり、初期国家の特徴のひとつとされる王宮が諸都市で建造されるようになった。ティカル、カラクムル、ツィビルチャルトゥン、コバー、カラコル、ヤシュチラン、ピエドラス・ネグラス、パレンケ、セイバル、ドス・ピラス、コパンをはじめとする都市が、神聖王を頂点に政治・経済・宗教の中心地として栄えた。都市を中心に初期国家群が発達し、戦争や権力闘争が繰り広げられた。すべての王朝が対等の関係にあったのではなく、ティカルやカラクムルのような強大な都市の王朝は、他の都市の王朝に内政干渉を行い、さまざまな影響を及ぼした。マヤ文明は、たえず変化しつづけた動態的な文明であり、複数の広域国家が形成された時期と、小都市国家が林立した時期とが繰りかえされた。

1　古典期マヤ文明と初期国家群の発展

古典期マヤ文明の中心は、マヤ低地であった。古典期マヤ文明の特徴は、伝統的に（1）神殿ピラミッドをはじめとする大石造建造物、（2）持ち送り式アーチなどの石造建築様式、（3）都市、（4）神聖王、（5）複雑な図像が刻まれた石碑などの石造記念碑芸術、（6）マヤ文字の碑文、（7）翡翠製品や海産貝製品のような威信財・美術品の洗練された製作技術、（8）墓や住居に反映される大きな貧富や地位の差異、（9）複雑な農業体系、（10）数字と暦、（11）多彩色土器、（12）国家的な政治組織とされる。前章でみたように、（1）から（9）までは、先古典期後期までにすでにマヤ低地に存在していた。（10）数字と暦は、先古典期後期のマヤ高地のカミナルフユなどにみられ、古典期のマヤ低地で大きな発展を遂げた。（11）多彩色土器は先古典期後期末から製作されはじめ、古典期に石彫などとともに洗練された美術様式がきわめられた。*巻末文献15 先古典期後期の大都市エル・ミラドールは、（12）国家的な政治組織を有したかもしれないが、先古典期マヤ文明の政治組織はまだあまり解明されていない。アメリカ人考古学者ハンセンが二〇〇三年に再開した、エル・ミラドールと近隣の諸遺跡の調査の成果に期待したい。いずれにしても、マヤ文明では、古典期の国家群が繁栄する前に、王権を正当化・強化する文字があったといえよう。

こうした古典期マヤ文明の特徴が、マヤ低地全体に広がったことから、都市間で密接な交流があったことがわかる。しかし、地域差もあったことを忘れてはならない。たとえば、アルタル・デ・サクリフィシオスでは、石造神殿ピラミッドや持ち送り式アーチがなかった。また、カンクェンには、大きな神殿ピラミッドが皆無であった。さらに、アルトゥン・ハやルバアントゥンには、マヤ文字が刻まれた石碑はなかった。古典期マヤ文明は、多くの文化要素を共有しながらも、けっして均質な文明ではなかったのである。

古典期には、王が行政に従事した官邸であり、初期国家の特徴のひとつとされる王宮が諸都市で建造されるようになった。また古典期には、王権や宗教観念の表現手段の重点が神殿ピラミッドの外壁を装飾した神々の漆喰彫刻から、個人の王の像や偉業を刻んだ石碑などの石造記念碑へと移った。石碑に彫刻された王の図像は、宗教儀礼などの際の盛装や偉大な戦士として表象されている場合が多い。マヤの王は、政治指導者であるとともに、国家儀礼では最高位の神官であり、戦時には軍事指揮官でもあった。古典期マヤ社会では専業の神官は存在せず、王や貴族が神官の役割を果たしていた。神聖王であったマヤの王は、先祖・神々と人間の重要な仲介者であり、神々と特別な関係をもつことによって、あるいは神格化された偉大な先祖の末裔としてみずからの権威・権力を正当化した。一九四五年まで現人神として崇拝された日本の天皇と同様に、神格化された先祖からの系譜を強調することは、王権を正当化するうえできわめて重要だったのである。

考古学調査やマヤ文字の解読によれば、ティカル、カラクムル、ツィビルチャルトゥン、コバー、カラコル、ヤシュチラン、ピエドラス・ネグラス、パレンケ、セイバル、ドス・ピラス、コパンをはじめとする都市が、神聖王を頂点に政治・経済・宗教の中心地として栄えた。都市を中心に初期国家群が発達し、戦争や権力闘争が繰り広げられた。マヤの王は複数の后を有することが多く、有力な王朝と同盟関係を結ぶために、政略結婚が行われることもあった。近隣の都市間だけでなく、コパンとパレンケ、ドス・ピラスとナランホといった遠く離れた都市間でも婚姻が成立した。王位は世襲制であった。父から息子への世襲が多かったが、兄弟間相続もあり、男性の継承者がいない場合はまれに女王もいた。たとえば、パレンケ王朝では、少なくとも一人の女王が君臨した。すべての王朝が対等の関係にあったのではなく、ティカルやカラクムルのような強大な都市の王朝は、他の都市の王朝に内政干渉を行い、さまざまな影響を及ぼした。しかし、先スペイン期を通して統一王朝はなく、マヤ地域はおろか、マヤ低地が政治的に統一されることはなかったのである。

2 マヤ文字

マヤ文字と宮廷人

古典期マヤ支配層は、先スペイン期の南北アメリカ大陸でもっとも発達した文字体系を築きあげた。日本の平安時代同様、文字の読み書きは、王族・貴族の男女の秘技であり、被支配層との差異を正当化・強化する政治的道具でもあった。王を取り巻く王家の人々や貴族は、宮廷の知識階級を構成し、各王国の政治、経済、宗教を司った。マヤの宮廷には、小人の男性や背骨が後方に曲がる病気の男性なども仕え、世俗的な世界とは異なる宮廷の特異性を際立たせ、その権威を正当化していた。石碑や多彩色土器に王とともに頻繁に表象された小人は、マヤ神話ではトウモロコシ神の付き人であり、現世の神聖王の付き人として活躍したようである。ティカルの王墓「墓二四」には、小人が殉葬されていた。マヤの宮廷は、統治行政機構の合理性だけでは説明できない、象徴的要素が強かったのである。[＊巻末文献16]

マヤ文字は、漢字と仮名文字からなる日本語とよく似ており、一字で一単語を表す表語文字、および一字で一音節を表す音節文字からなる。アルファベットのような音素に対応した文字体系はなかった。七〇〇ほどの文字素（漢字のヘンやカンムリに相当）を組みあわせてそれぞれの文字が作られ、全部で四万―五万のマヤ文字があるといわれる。文字は、石碑、祭壇、石板、階段、石製・木製リンテル（まぐさ、入口や窓の上部に渡された梁）、漆喰彫刻、石製容器、土器、翡翠製品、貝製品、骨製品、角製品などに彫られ、土器、壁画、絵文書、漆喰の床面などに描かれた（図18、19）。

判読不可能な古典期の絵文書の破片は、三百点以上の翡翠製品が副葬されたアルトゥン・ハの「緑の墓の神殿」内の墓やワシャクトゥンから出土している。現存する先スペイン期のマヤの絵文書は、四冊とされる。その内容の一部は古典期のものと考えられ、後古典期のマヤ書記や他の貴族が書き写した写本である。現在それらが保管されている地名にもとづいて、『マドリード絵文書』、『パリ絵文書』、『ドレスデン絵文書』とよばれる。絵文書は、アコーディオンのような折りたたみ式で、樹皮製

図18●コパン遺跡の「石碑A」に刻まれたマヤ文字。2段目左から1番目に13代目王の名前、3番目にコパンの紋章文字（上、筆者撮影）。

図19●古典期マヤの紋章文字（下、Coe 2011：図162）。a、b：パレンケ、c、d：ヤシュチラン、e：コパン、f：ナランホ、g：マチャキラ、h：ピエドラス・ネグラス、i：セイバル、j：ティカル

図20●『ドレスデン絵文書』の新年の宗教儀礼の神々（Coe 2011：図 153）。

紙には漆喰を塗り、マヤ文字や図像が描かれた（図20）。内容は主に神々と宗教儀礼、二六〇日暦などの暦、占星術、予言と天文観測などである。なお、第四の絵文書として知られる『グロリア絵文書』は、一九七一年にニューヨーク市のグロリア・クラブのマヤ美術展にはじめて出品されたことからこの名がある。しかし、後古典期マヤの絵文書かどうかその真正性を疑う研究者もいる。

王朝史と音節的解読

二〇世紀半ばまで、マヤ文字の碑文は、天文学、暦、宗教だけに関連するとされていた。初期の欧米のマヤ学者がこぞってマヤ文字研究に従事したにもかかわらず、暦や天文学にかんする部分だけしか解読できなかった。その結果、古代マヤ人とは時間に運命を支配されていた神秘的な人々であり、暦、天文学や宗教活動などの秘儀的な事柄に没頭していたと拡大解釈してしまったのである。

一九五〇年代からのマヤ文字の解読の画期的な進歩によって、マヤ文字の碑文には天文学、暦や宗教だけでなく、個人の偉業や歴史も含まれることが明らかにされた。数多くの研究者の努力の積み重ねが結晶したわけだが、その主役はそれまでマヤ文明研究の中心をなしたアメリカやイギリス出身の学者ではなかった。*巻末文献17 突破口となったのは、ベルリンの一九五八年の論文であった。彼はユダヤ人であるがゆえにナチスの迫害を逃れてドイツからメキシコに移住し、食品卸売業を営みながらマヤ文字を研究したのである。ベルリンは、ティカル、パレンケ、ヤシュチラン、ピエドラス・ネグラスなどの碑文のなかに各都市特有の「紋章文字」を同定したのであって、碑文に歴史が刻まれている可能性をはじめて示唆した意義はきわめて高い（図19）。

ロシアからアメリカに移住した女性マヤ学者プロスコウリアコフは、一九六〇年にウスマシンタ川流域のピエドラス・ネグラスとヤシュチランの碑文のなかに「盾ジャガー王」、「鳥ジャガー王」、「生誕」、「即位」など、王朝史にかんするマヤ文字をいくつか同定することに成功した。そして、碑文には歴史も記録されたという、マヤ文明研究における金字塔を打ち建てたのである。

それに先立ち、ロシア人言語学者クノローゾフは、一九五〇年代からマヤ文字の先駆的研究を行っていた。一六世紀にスペイン人のランダ司教が『ユカタン事物記』に書き残した、スペイン語とユカタン語を結びつけた「アルファベット」をもとにして、クノローゾフはマヤ文字には音節文字があることを示し、その音節的解読に成功したのである。しかし、当時は冷戦時代であった。マヤ文字は表語文字だけだとする大部分の西欧・米社会の研究者は、「マルクス・レーニン主義」的学説だとして受け入れなかった。

それから二〇年ほど経て、イェール大学の言語学者ラウンズベリーは、クノローゾフの洞察にもとづいてマヤ文字の音節的解読の有効性を世界に知らしめた。彼は一九七三年のパレンケ円卓会議において、同遺跡の「碑文の神殿」内部で発掘された墓の石棺の蓋に刻まれたパカル王（六一五―八三年統治）の名前を音節的に解読することに成功したのである。

一九八〇年代以降の解読の成果

一九八〇年代以降、マヤ文字の音節的解読は、クノローゾフの先駆的業績をもとに大発展を遂げてきた。音節文字の体系化が進み、日本語の五十音表のような音節文字表も作成されている。マヤ文字の碑文の解読は、八五―九〇パーセント進んだと主張する研究者がいる。しかし現在までのところ、正確な音節文字の解読と注意深い意味の解釈にもとづいた解読は、六〇パーセントくらい達成されているというべきであろう。

碑文に残された情報はマヤ支配層にかんするものが主であり、支配層が重要だと考えた事柄が記録されている。支配層が石造記念碑に半永久的に刻んだ「歴史」には、政治的宣伝が含まれているかもしれず、可能な限り考古学調査で検証していく必要がある。このようにマヤ文字の解読によって完全に客観的な歴史を再構成することは不可能ではあるが、支配層自身の視点や世界観を垣間みることができる。王は、石碑などの石造記念碑に、みずからの図像を彫刻させ、暦や天文学だけでなく、歴史上実在した王や他の支配層の名前、生誕、結婚、即位、王朝の家系、王朝間の訪問、戦争、大建造物の落成、球技、儀礼的踊り、放血儀礼、焼香などの儀式、崩御、埋葬など、個人の偉業・歴史にかんする碑文を記録させた。なお、マヤ文字には経済的情報が記録されなかったというのが従来の定説であったが、碑文学者スチュアートは、一九九〇年代に「物資の貢納」というマヤ文字の解読に成功している。

ベルリンの研究以降、紋章文字が多くの都市で同定され、王朝史や古典期マヤの政治組織の研究が大きく進展した。最初は紋章文字が都市名を表すのか、王朝の家系を表すのかはっきりしなかったが、その後の解読によって、紋章文字は王の称号であったことがわかった。正確な数々の地名が解読され、支配層の出身地、居住地、戦争や儀式が行われた場所などが明らかにされてきた。紋章文字には、ある都市のクフル・アハウと表現されている。古典期マヤ文明の王は、文字どおりクフル（神聖な）・アハウ（王）、つまり神聖王だったのである。*巻末文献18 たとえば、ティカルの「石碑三九」には、チャク・トック・イチャーク一世王の治世中の三七六年に最古の紋章文字が刻まれた。さらにティカルなど一部の古典期の強力な王朝は、最上位のカロームテという称号を有した。

マヤ文字の解読によって、王だけでなく、王族や直属の従者の名前や社会的地位も明らかになってきた。王以外の王族の人々は、書記であると同時に多彩色土器や石彫を製作する工芸家になった。こうした社会的地位の高い工芸家は、多彩色土器にマヤ文字や洗練された図像を描いた。たとえば、ナランホの高位の工芸家が描いたすばらしい多彩色土器は、ティカルやベリーズのブエナビスタ・デル・カヨから出土しており、そのひとつには「ナランホ王とヤシュハの王妃の息子」という製作者の署名がある。また、同一の大石造彫刻に数名の高位の彫刻家の署名が刻まれる場合もあり、共同作業が行われたことがわかる。

建造物、石碑、翡翠製装飾品、石製容器、土器、貝製トランペットなどにも、固有の名前や所持者の名前が付けられていた。古典期前期のリオ・アスル出土の多彩色土器には、「描かれた」、「彼の容器」、「カカオ」、所持者の名前などの文字が描かれた。つまり、所持者の名前のほかに、カカオ飲料を飲むための容器であることが記録されたのである。土器に付着した残存物の化学分析の結果、じっさいにカカオの残滓が検出され、解読されたマヤ文字の記述は実証された。

マヤ文字の言語

マヤ文字の言語については、これまでマヤ低地諸語のユカタン語群とチョル語群に近い言語とされてきたが、二〇〇〇年にハウストンらアメリカ人研究者グループが、マヤ文字の碑文はチョル語群の古い形のチョルティ語で書かれたというセンセーショナルな仮説を提出した。すなわち、近世ヨーロッパ諸国の宮廷でフランス語が共通語として話され、宗教儀礼でラテン語が使用されたように、マヤ文字は支配層だけが使う宮廷言語だったというのである。ちなみに、現在約七万七千人のチョルティ・マヤ人が、チキムラ県を中心にグアテマラ東部に住み、その大部分がチョルティ語とスペイン語の両方を使いこなす。グアテマラ国境に接するホンジュラス西部のコパン県とオコテペケ県では、約八千人の先住民がチョルティと自称するが、同国では文化同化や混血がより進んだために、そのほぼ全員がスペイン語のみ話す。コパン県でチョルティ語を完全に話すのは、二〇世紀後半にグアテマラから移住したチョルティ・マヤ人とその子供たちだけである。

いっぽうマヤ言語学者の八杉佳穂は、ユカタン語群とチョル語群の比較検討にもとづいて、マヤ文字の言語についてまだ結論を出すのは早急だという。*巻末文献19 たとえば、動詞の活用は、ユカタン語群よりチョル語群がよく対応するが、ユカタン語の動詞は一六世紀以来大きく変化したために、動詞の一部でうまく対応関係が取れなくなっている可能性を示唆する。さらにマヤ文字に方言差があったという研究者もいて、言語問題は解決していない。八杉は、マヤ文字は漢字仮名交じりの日本語と似ており、アルファベットとは原理が異なると述べる。そして、その解読には日本人の文字にたいする意識や知識を十分活用できるのだと主張する。今後の研究の展開に大きく期待したい。

3 算術と循環する複雑なマヤ暦

古代マヤ人は、手だけではなく手足両方の指を使って二十進法で数字を数えた。ゼロの概念を知っていたマヤ文明では、貝のマヤ文字などが〇に相当した。数字は、一に相当する「点」と五に相当する「棒」で表記され、点と棒を組みあわせて一から一九までの数字が記録された。たとえば、一九という数字は、三本の棒のうえに四つの点として書かれた。一九よりも大きな数については、マヤ人は、桁の値を用いて二十進法で表した。暦の計算では、最初の桁の値は一であり、二番目は二〇、三番目はじっさいの一年の長さに近づけるために三六〇（二〇×一八）、四番目は七二〇〇（二〇×一八×二〇）、五番目は一四万四〇〇〇（二〇×一八×二〇×二〇）というように表記したのである。

西暦では時間が直線的に捉えられているのにたいして、マヤ暦はすべて循環暦であり、さまざまな周期が複雑に組みあわされた。十干十二支（干支）や六曜（大安、友引や仏滅など）を伝統的に使っている日本人にはわかりやすいかもしれない。二六〇日暦（ツォルキン）は、二〇個の日の名前と一三の数字が組みあわされた神聖暦であった。太陽暦に相当する三六五日暦は、一ヶ月が二〇日の一八の月に、五日だけのワイェブという短い月が最後についた。しかし、閏年はなかった。すべての日付は、二六〇日暦と三六五日暦がかならず対になって表記され、約五二年の一万八九八〇日（二六〇と三六五の最小公倍数、五×五二×七三）で一巡した。マヤ暦の「一世紀」に相当するが、日本の還暦に近い。

長期暦は、チアパス高地、グアテマラ太平洋岸低地、メキシコ湾岸低地南部などで最初に発達し、古典期マヤ低地でもっとも多用された。チアパス高地のチアパ・デ・コルソは、先古典期中期・後期の大センターとして栄えたが、「石碑二」にはメソアメリカ最古の長期暦の日付の文字が彫刻されており、前三六年に相当する。マヤ低地では、石造記念碑に刻まれた二九二―九〇九年に相当する長期暦の日付が知られている。ユカタン語のキンは、太陽や一日を表わす。長期暦は、キン、ウィナル（二〇キン＝二〇日）、約一年に相当するトゥン（一八ウィナル＝三六〇日）、約二〇年に相当するカトゥ

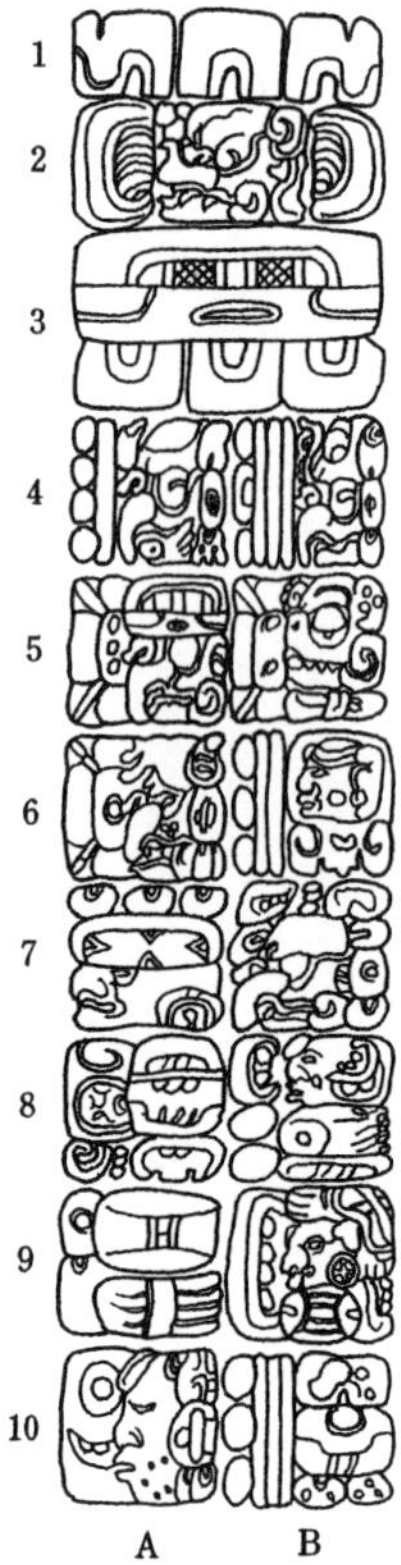

図21●キリグア遺跡の「石碑E」は、高さ 10.7m で南北アメリカ最大（青山・猪俣 1997：図 33)。9.17.0.0.0 13 アハウ 18 クムク（771 年 1 月 22 日）の日付が刻まれている。1-3（長期暦の導入文字）; 4A（9 バクトゥン）; 4B（17 カトゥン）; 5A（0 トゥン）; 5B（0 ウィナル）; 6A（0 キン）; 6B（260 日暦：13 アハウ）; 7（9 日周期暦）; 8-10A（太陰暦など月にかんする情報）; 10B（365 日暦：18 クムク）。

ン（二〇トゥン＝七二〇〇日）、約四百年に相当するバクトゥン（二〇カトゥン＝一四万四〇〇〇日）という五つの単位からなり、前三一一四年八月一一日（グレゴリウス暦）の暦元から数えられた。一三バクトゥンすなわち五二〇〇トゥンを一周期とし、五一二六年余りのちの二〇一二年一二月二一日に一巡し、新たな長期暦が始まった。長期暦は、時間の直線性をよく捉えた循環暦といえよう。まず長期暦の導入文字（1…3）があり、その下は、左、右、左、右とうえから下に二行ずつ対に読む（図21）。九バクトゥン(4A)、一七カトゥン(4B)、〇トゥン(5A)、〇ウィナル(5B)、〇キン(6A)とつづく。そして、その日は、二六〇日暦の一三アハウ(6B)と三六五日暦の一八クムク(10B)にあたる。それらを、九・一七・〇・〇・〇　一三アハウ　一八クムクと書き表す。

短期暦は、一三カトゥン（約二五六年）を一周期とした。太陰暦にかんしては、書記を兼ねる天文学者によって、一四九月齢＝四四〇〇日という公式が考案された。つまり平均月齢は二九・五三〇二〇日となり、じっさいの月齢二九・五三〇五九日とほぼ同じだった！　さらに九日周期暦やマヤ文明の神聖な数字七、九、一三をかけた八一九日で一巡する、八一九日暦もあった。一部の現代マヤ人は、二六〇日暦や三六五日暦をいまなお使っている。マヤ暦は、現在も循環しつづけているのである。

支配層による暦の計算

書記、工芸家や天文学者を兼ねる王族・貴族は、どのように暦を計算したのだろうか。ボストン大学のW・サトゥルノらは、アメリカの『サイエンス』二〇一二年五月一一日号に、『グアテマラ、シュルトゥン遺跡の古代マヤ暦の計算表』と題する論文を発表した。この論文は、いわゆる二〇一二年の「マヤ文明の終末予言」というデマ・うそ・風説が広まったこともあり、世界各国のマスメディアに紹介され、日本でも大いに話題になった。残念ながら「マヤ最古のカレンダー」と誤報したマスメディアもあったが、じっさいのところマヤ暦は紀元前から記録されている。

シュルトゥン遺跡で発掘された貴族の住居跡は、持ち送り式のアーチをもつ小さな石造建造物である。その三つの壁や天井には、座った王、筆を手に持つ書記などの男性貴族たちの図像だけでなく、月、火星、金星などの天文観測にもとづくマヤ暦の計算表が描かれていた。後古典期の『ドレスデン絵文書』には、こうした暦の計算表があることが知られていた。現存する絵文書は後古典期の支配層に属した工芸家や天文学者を兼ねる書記が書き写した写本であり、その内容の一部は古典期のものである。したがって、九世紀初頭のシュルトゥン遺跡の壁画に天文観測にかんするマヤ文字の碑文が記されていたことは、すこぶる当然のことかと筆者は考える。画期的なのは、こうした天文観測にもとづくマヤ暦の計算表が、支配層の住居跡からじっさいに初めて見つかったことである。それは、熱帯雨林のなかで千年以上という月日の風化に耐えて奇跡的に保存されていた。

シュルトゥン遺跡の発見にかんするマスメディアの反応で一番多かったのは、「二〇一二年に世界は終わらない」というものであった。なぜならば、書記、工芸家や天文学者を兼ねる貴族が、暦の計算表において九世紀初頭から七〇〇〇年ほど先の暦、すなわち、二〇一二年から六〇〇〇年ほど先まで記していたからである。当然のことながら、マヤ文明のいかなる碑文にも、二〇一二年の「世界の終末」は書かれていない。「二〇一二年の予言」は現代人のねつ造であり、一九九九年七月の「ノストラダムスの世紀末大予言」の焼き直しにすぎない。それは、むしろ現代人の社会不安を如実に表している。

七〇〇〇年ほど先という時間は、マヤの支配層にとってそれほど長いものではなかった。なぜならば支配層は、前三一一四年を唯一の暦元としていたのではなく、長期暦よりもはるかに周期の長い循環暦をいくつも用いていたからである。最近のマヤ文字の解読によって、長期暦の最上位のバクトゥンの上には、少なくとも一九もの二〇進法の単位（約二〇〇〇兆余り×兆年）が存在したことがわかっている。古典期後期（六〇〇―八〇〇年）にユカタン半島東部で最大の都市であったコバー遺跡の七世紀の石碑には、この一九の単位に一三を掛けあわせた、二京八二八五兆年余りを兆倍した循環暦が記録されている。日数でいうと、一〇の三一乗余りという天文学的な数字になる。地球の年齢は四六億年ほどであるから、マヤ人はそれをはるかに超える過去の時間を計算していたわけである。

前三一一四年をひとつの暦元とする長期暦という循環暦は、暦元から一三バクトゥン、すなわち一八七万二〇〇〇日を一周期として、二〇一二年一二月二一日に一巡した。暦元が八月一三日という説もあり、この場合は一二月二三日に一巡したことになる。いずれにしても、これは一八七万二〇〇〇日で一巡する「元日」であり、「新たな時代」がはじまったのである。メキシコや中央アメリカ諸国では、この「新たな時代」を大いに利用して、マヤ遺跡の観光振興が推進されている。

4 天文学

天文学と神々

古代マヤ人は、先スペイン期の南北アメリカでもっとも天文学を発達させた。猪俣や筆者らによるアグアテカ遺跡の調査によれば、古典期のマヤ支配層を構成した書記は、工芸家を兼ねると同時に、戦争、天文観測、暦の計算、他の行政・宗教的な業務といった、社会的役割も担っていた。すなわち、古典期マヤ社会では、専業の天文学者は存在しなかったのである。書記を兼ねる天文学者は、太陽、月、金星その他の星の肉眼による驚異的に正確な天文観測を行い、日食や月食を予測した。天体観測の知識は、石造記念碑の碑文や絵文書に記録され、マヤの暦や宗教の基盤を提供した。文明が栄えたギリシア、ローマ、エジプト、メソポタミア、インド、中国の古代人と同様に、古代マヤ人は、太陽、月、惑星、星座は神々であり、人間世界に大きな影響を及ぼすと考えていた。たとえば、女神イシュチェルは、月、出産、妊娠、豊穣、虹や織物を司った。興味深いことに、日本と同様、ウサギは月と深く関連していた。古典期の土器には、若く美しい月の女神が、月を意味する三日月形のマヤ文字に座り、ウサギを抱く図像が描かれている（図22）。

先スペイン期のマヤ宗教は多神教であり、農耕、社会組織、政治、経済、戦争、建築、衣服をはじめ生活のすべての面に浸透していた。*巻末文献20 政治や経済は、宗教と明確に分離していなかった。天上界、天空、太陽、月、北極星、惑星、星座、虹、大地、生誕、人身犠牲、地下界、死、トウモロコシその他の植物、動物、雨、風、商業、王家、戦争、病気、薬など多くの神々が信仰された。雨と稲妻の神チャークが有名だが、現在も雨乞いの儀礼が一部の現代マヤ人のあいだで行われている。神々は複数の役割を持ち、たとえば、イッツァムナーフは、天空と大地の神であるとともに学問と科学の守護神であった。神聖王であったマヤの諸王の名前の一部に、イッツァムナーフ、王家の守護神カウィール、太陽神キニッチ・アハウ（戦争と生け贄の神を兼ねる）やキニッチなどを含む場合もある。

太陽神としてのマヤ王

古典期のマヤ王は、生ける太陽神でもあった。ホンジュラスのコパン遺跡の「石碑A」の一三代目ワシャクラフーン・ウバーフ・カウィール王は、太陽神の図像に囲まれている。古典期マヤ王の称号アハウ（王）は、二六〇日暦（一三×二〇日）の二〇日目のアハウの日と同一である。つまり、アハ

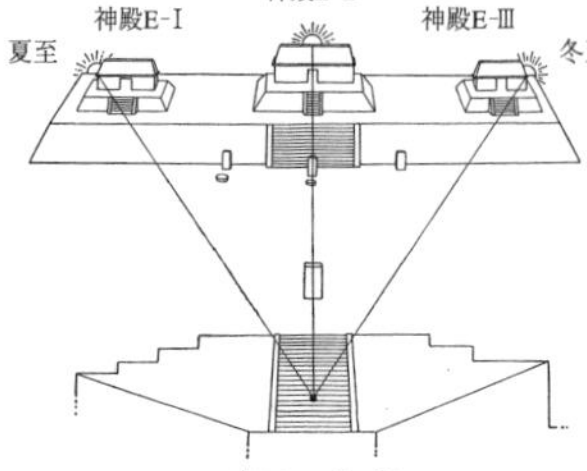

図22●古典期後期の土器（アメリカ自然史博物館所蔵）に描かれた月の女神とウサギ（右上、Milbrath 1999：図4.10）。

図23●パレンケ遺跡の「碑文の神殿」内部のパカル王の墓の石棺の蓋の彫刻（左上、Robertson 1983：図99）。パカル王が、大きな口を開けた地下界に下っていく。彼のうえには、双頭の蛇の儀式棒によって十字状に表象された世界樹が立ち、そのうえに天上界の鳥が止まっている。蓋の左右の縁は、太陽、月や金星などのシンボルが、上下の縁にはサハルなどの称号を持つ有力貴族の名前と肖像が刻まれている。

図24●ワシャクトゥン遺跡の「グループE」（下、Morley and Brainerd 1956：図33より作成）。

ウの日は「王の日」だった。長期暦の周期の終了記念日が、「王の日」アハウで終了したことは重要である。アメリカ人碑文学者スチュアートは、長期暦というマヤの循環暦でアハウの日が繰りかえされることは、新たな「とき」が刻まれたことを示すだけでなく、神聖王の王権が更新・正当化されたことを意味したと考えている。[*巻末文献21] 暦と天文学の知識は、王権を正当化する政治的道具でもあった。

パレンケでは、キニッチ・カン・バフラム王（六八四–七〇二年統治）が、最盛期を築きあげた父パカル王を「碑文の神殿」ピラミッド内の持ち送り式アーチの壮麗な墓室に葬った。三・八×二・二メートルの巨大な石棺の蓋には、パカル王が死の世界に下っていく場面が見事に彫刻された（図23）。一枚岩を加工した石棺のなかに、翡翠のモザイク仮面をつけたパカル王の遺体が安置された。マヤ文明では稀有の四重の塔から、一二月二一日に「碑文の神殿」の後ろを太陽が地下界に入っていくかのように沈むのが観察される。また同日午後には一年で一回だけ、太陽が、キニッチ・カン・バフラム王が即位を記念して建立した「十字の神殿」の正面と内部をスポットライトのように照らし出す。父から子へ王権が移った歴史的事実を、象徴的に演出したのである。

ワシャクトゥン遺跡の「グループE」には、先古典期後期と古典期に広場の西側に神殿ピラミッド、東側の基壇のうえに三つの小神殿があった。一九二四年以来の調査で、これが太陽の動きを観察する儀式建築群であることが明らかにされた。「ピラミッドE–VII」の東側の階段のうえに立つと、夏至と冬至に両脇の小神殿の外側、春分と秋分に中央の小神殿の中心線上に、それぞれ日の出が観察され

図25●チチェン・イツァ遺跡の「エル・カスティーヨ」ピラミッド。ピラミッドの階段の下の両側に、羽毛の生えた蛇の頭の石彫が見える（上、筆者撮影）。
図26●チチェン・イツァ遺跡の「カラコル」とよばれる天文観測所（下、筆者撮影）。

る（図24）。その後、同様な儀式建築群（「Eグループ」）が、先古典期中期のセイバル、ティカルやナクベ、先古典期後期のエル・ミラドールやワクナをはじめとして、古典期のナランホ、ヤシュハ、カラクムル、リオ・ベック、カバフ、ツィビルチャルトゥン、カラコル、シュナントゥニッチなど数多くのマヤ遺跡で確認されている。

コパン一二代目王は、長期暦の九バクトゥン一一カトゥン（九・一一・〇・〇・〇）の周期が終了した六五二年に、コパン谷の東端に「石碑一二」を、そこから七キロメートル離れた谷の西端に「石碑一〇」を建立した。「石碑一二」からみると「石碑一〇」の後ろに、秋分と春分の二〇日（マヤ暦の一ウィナル）前の四月一二日と九月一日に日没が観察される。四月一二日の太陽は、雨季の到来と農耕の開始が近づいていることを予告したのであろう。この直線は、コパン谷中央にある大建築群「アクロポリス」の南端上を走る、都市の重要な東西の軸線であった。

チチェン・イツァにある「エル・カスティーヨ」ピラミッド（別名「ククルカン（羽毛の生えた蛇）・ピラミッド」）は、底辺六〇メートル、高さ三〇メートルの大神殿ピラミッドである。基壇の四面にそれぞれ九一段の階段を有し、基壇上の神殿の階段一段とあわせて全部で三六五段となり、太陽暦に相当する三六五日暦との関連を示す（図25）。春分と秋分の午後、その北側の階段に蛇の姿を映し出すことで有名である。壮大な仕掛けによって、王、貴族と庶民が強力な宗教的体験を共有したと考えられる。同遺跡の「カラコル（スペイン語で「巻貝」の意味）」は、内部にらせん状の階段を有する高さ一二・五メートルの円形の天文観測所であった。その観察窓からは、春分と秋分の日没、月や金星が観察された（図26）。また、その基壇の北東隅は夏至の日の出、南西隅は冬至の日の出の方角を指した。

金星は、古代マヤ人にとってもっとも重要な星のひとつであり、豊作の守護神でもあった。マヤの書記を兼ねる天文学者は、金星の会合周期（五八三・九二日）をきわめて近い五八四日と算出した。また彼らは、金星の五会合周期（五×五八四日）が、三六五日暦の八年（八×三六五日）と同じ二九二〇日であることも発見したのである。コパンの「神殿二二」の西の小窓は、金星の文字によって装飾されており、金星の観測に利用された。

「古典期マヤの諸王朝は、金星の動きにあわせて、特に乾季に宵の明星として最初に昇るときに戦争を行った」というセンセーショナルな仮説が、マヤ文字の不正確な解読にもとづいて一九七〇年代末に提唱された。この文字は、上に「星」、下に「大地」、その両側の「雨粒」の要素から構成されているが、「戦争」を示す証拠は全くない。それにもかかわらず、当時ヒットした映画の影響のためか、想像力豊かに「スター・ウォーズ」の文字と呼ばれた。そして五六二年のティカルとカラクムルの戦争をはじめ、カラコルやドス・ピラスなどの碑文に「スター・ウォーズ」が記されたと誤読された。ちなみに、ティカル遺跡は、映画「スター・ウォーズ」（一九七七年）では反乱軍の秘密基地として登場する。最近の研究によって、碑文に記された数々の戦争は金星の動きとは相関関係がないことが明らかになった。つまりマヤの諸王朝は、「スター・ウォーズ」を行っていなかったのである。

王権を正当化する政治的道具としての天文学

天文学の知識は、都市の建造物を小宇宙として配置して、王権を正当化するためにも利用された。ティカルの双子ピラミッド複合体では、暦のカトゥン（約二〇年）周期の終了記念日を祝う儀礼が行われた（図27）。四つの建造物が広場を囲み、マヤの小宇宙を象徴した。広場の東側と西側の二つのピラミッドは四方に階段を有し、「太陽が日の出と日没に利用した」と解釈されている。南側の九つの入口のある長い建物は地下界とその九人の王を、北側にある内部に一対の石碑と祭壇が建立された屋根のない囲いは天上界を象徴した。つまり、王は神格化され、その超自然的な権威が正当化されたのである。ティカルでは、全部で九つの双子ピラミッド複合体が確認されている。双子ピラミッド複合体は、同じくグアテマラのエル・ペテン県北東部のヤシュハとイシュルーにもある。

ティカル中心部の「大広場」の建築群にも、同様なパターンがみられる。「大広場」を挟んで東西に「神殿一」と「神殿二」が向かいあう（口絵1）。南側の「中央のアクロポリス」には、九つの出入り口をもつ「建造物五D―一二〇」がある。そして、天上界を象徴する北側の「北のアクロポリス」には、ティカルの代々の神聖王が埋葬された。

このように、古代マヤの天文学は、絶対的な自然科学ではなく、占星術や予言的な要素を含み、暦

図27●ティカル遺跡の双子ピラミッド複合体（グループ 4E-4）復元図
（Sharer 2006：図8.21より）。

や宗教の基盤を提供した。そして、農耕の開始時期や儀礼の日取りを決め、王権を正当化する政治的道具としても利用されたのである。

5 古典期の統治行政機構と王権

複数の広域国家か小都市国家の林立か?

古典期マヤ国家による統治行政機構と権力基盤については、さまざまな議論がある。[＊巻末文献22] 一部の研究者は、マヤのいくつかの大都市は、周辺の中小都市を統括することで広域国家を形成し、その広域国家が経済活動の管理を含むかなり集権的な統治行政機構を整備していたと考えている(図28)。いっぽう、政治的に独立した小都市国家が数多く並立し、各国家による経済活動の統御は弱かったと考える研究者もいる(図29)。その場合の権力基盤は、主に王が行う儀礼などを通して伝達・強化される宗教、および血縁関係や王と従者の個人的な人間関係にもとづいていたとされる。

複数の広域国家か、小都市国家の林立か? 古代マヤの政治組織の動態モデルを提唱したミシガン大学のマーカスは、両方とも正しいという(図30)。筆者も同意見である。マヤ文明は、時間的・空

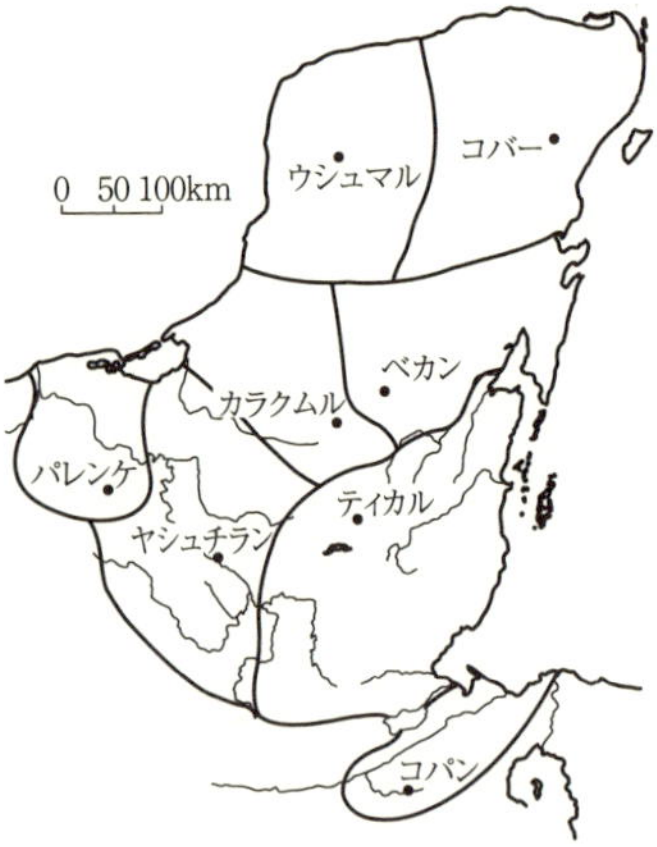

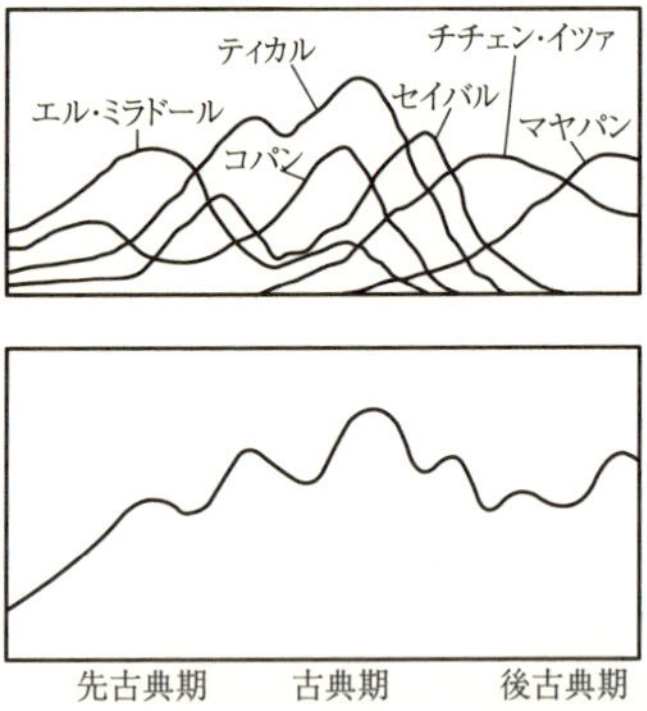

図28●古典期マヤ低地の大都市を中心に八つの広域国家が形成されたと仮定するモデル（右上、Mathews 1991：図 2.5 より作成）。

図29●古典期マヤ低地の小都市国家が数多く並立したと仮定するモデル（左上、Mathews 1991：図 2.6 より作成）。

図30●マヤ低地の政治組織の動態モデル（下）。上：代表的な都市の動態モデル（Sharer 1991：図 8.1 より作成）。下：マヤ低地全体の動態モデル（Marcus 1998：図 3.1 より作成）。

間的に多様な文明であった。たえず変化しつづけた動態的な文明であり、複数の広域国家が形成された時期と、小都市国家が林立した時期とが繰りかえされたのである。また大都市と小都市では、当然のことながら、統治行政機構の中央集権度は異なった。たとえば、ティカルやカラクムルのような大都市の王朝は、その勢力が強大なときには、他の都市の王朝に大きな政治的影響を及ぼした。古典期終末期にはチチェン・イツァが、マヤ低地北部で最大の広域国家の中心都市として栄えた。それは、徳川幕府が天下統一しても外様藩が各藩内では自治を保つとか、各国が独立国の建前を保ちながらもアメリカ合衆国が他国に内政干渉するという状況と比較できるかもしれない。

筆者は、マヤの王朝間の上下関係は支配層内でのことにとどまり、各王朝がそれぞれの都市と周辺の住民を統治していたと考える。この問題を考えるためには、都市の分布パターンの知見が重要である。比較的平坦なマヤ低地では、中都市が二六—二八キロメートル、小都市が一三—一六キロメートルほどのほぼ等間隔で分布していた[*巻末文献23]（図31）。この距離は、それぞれ一日と半日の歩行距離に相当する。大型の家畜や荷車を必要としなかったマヤ文明では、カヌーが使用可能な一部の地域を除いて、さまざまな物資の輸送や人の移動は、すべて徒歩に頼っていた（第4章参照）。都市が等間隔に分布していたという事実は、輸送力の制約のために、トウモロコシなど重くかさばる食料や生活必需品の移動距離が短かったことを意味すると考えられる。つまり、ティカルやカラクムルの大王朝が、他の王朝に内政干渉したとしても、各都市の経済基盤は、基本的に都市周辺の比較的小さな領域に限られて

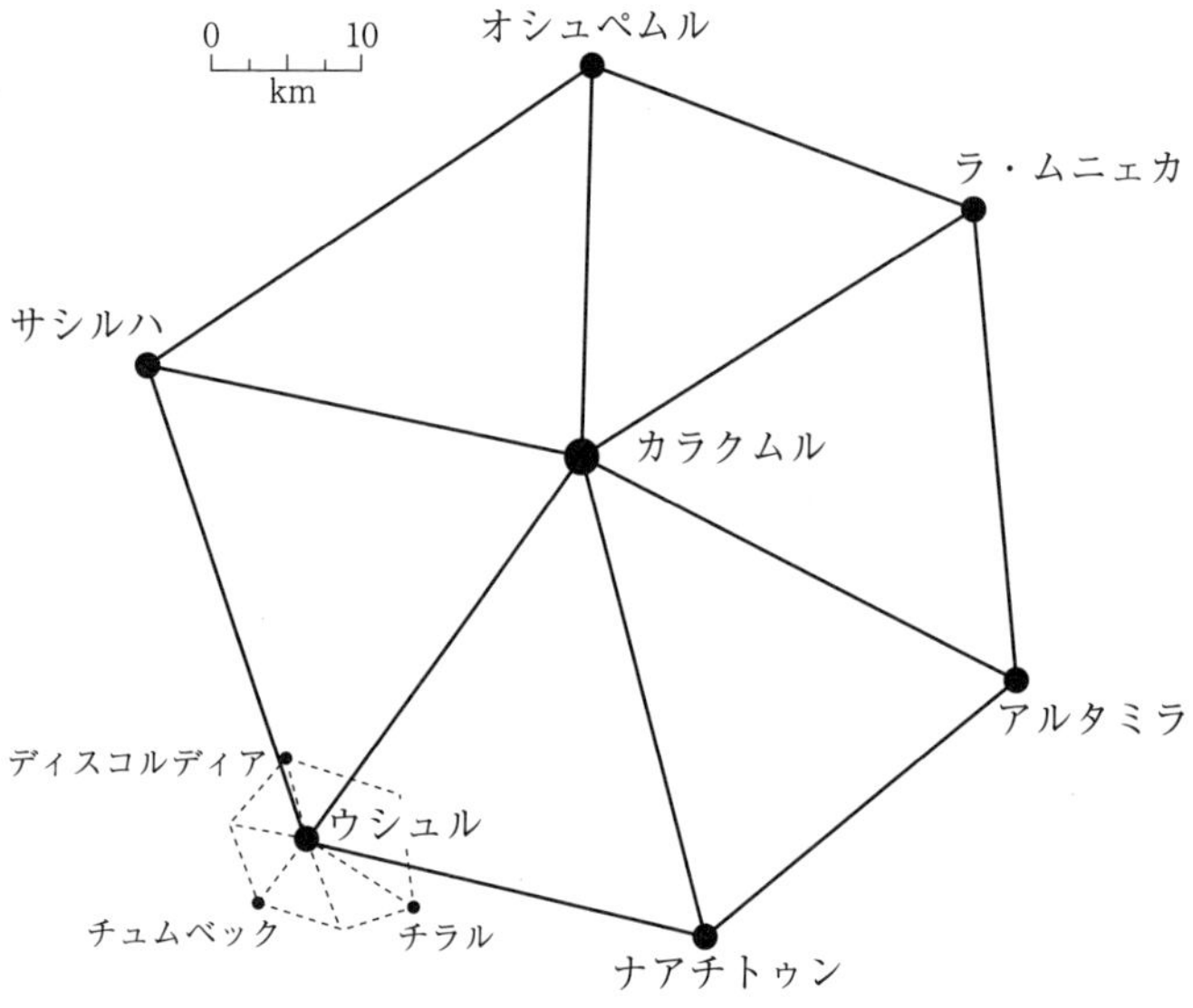

図31●大都市カラクムルを中心とする、中都市の等間隔分布（Marcus 1993：図 20 より作成）。ほぼ 1 日の歩行距離に相当する。また、中都市のウシュルの周囲には小都市がほぼ等間隔に分布する。

いた可能性が高い。王朝間の上下関係やさまざまな経済活動の統御は、きわめて異なる空間配置を取りうるのである。

王が行う儀礼などを通して伝達・強化される宗教および血縁関係や個人的な人間関係は、王権を正当化・強化するうえで重要であった。さらに古典期マヤ都市では、王朝の管理下にあった大きな食料倉庫はなく、メキシコ中央高地のテオティワカンのような碁盤の目状の都市計画もなかった。古典期マヤ文明では、古典期メソアメリカ最大の都市であったテオティワカンのように輸送力の制約を越える強力な国家イデオロギーや、発達した官僚組織に支えられた広域国家を形成するにはいたらなかったのである。しかし、それを強調しすぎると、偏った見方に陥る可能性があろう。異なる遺物や活動領域における統治行政機構の関わり方を綿密に検討しなければならない。

王権と威信財の遠距離交換の統御

古典期マヤ文明の王権は、どのように正当化、強化されたのであろうか。海産貝、翡翠やケツァルの羽根といった装身具の材料などの少量の威信財の贈与交換は、王朝間の交流において重要であった(図32)。王は、少量の威信財の遠距離交換を統御することによってその地位を高め、王権を強化していった。こうした威信財は、経済的というよりも、むしろ社会的・象徴的に重要であった。王は、遠方の威信財を地元の貴族や従者に再分配して、忠誠や後援を得た。海産貝は、古代マヤの死と再生の

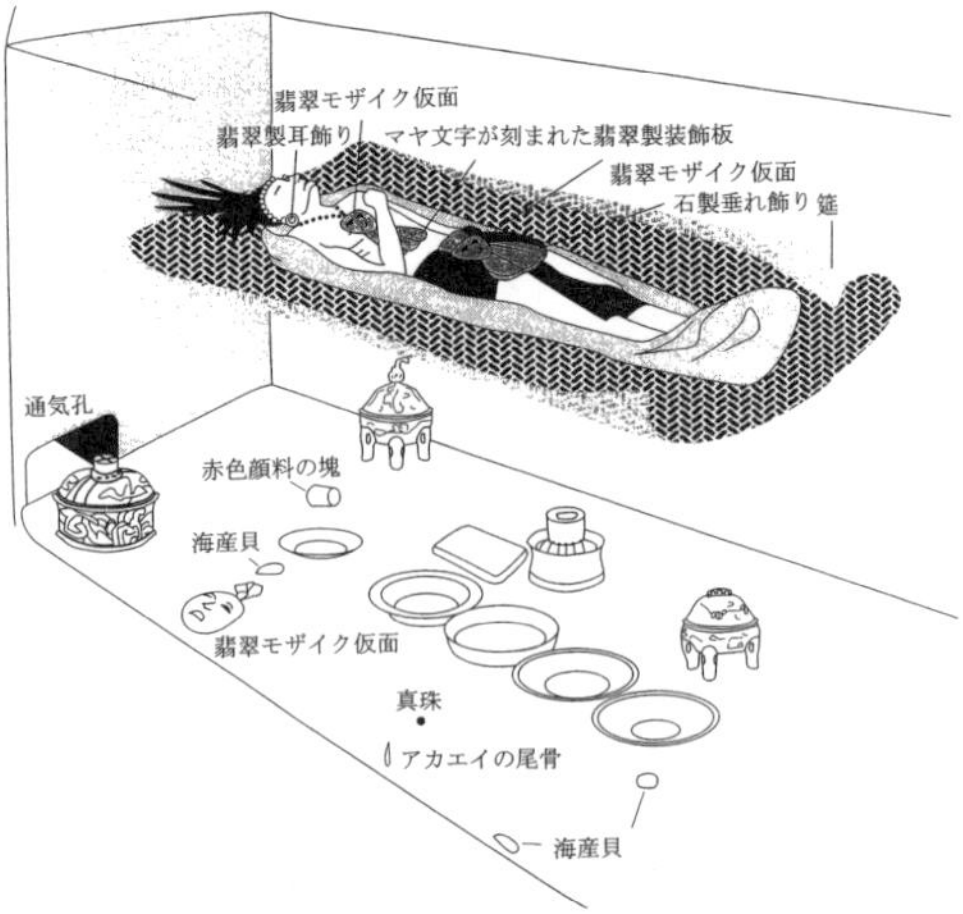

図32●カラクムル遺跡の「建造物 3」内部から出土した古典期前期の王墓（Folan *et al.* 1995：図 11 より作成）。遺骸は王権の象徴である筵のうえに安置され、威信財であった翡翠モザイク仮面とマヤ文字が刻まれた 3 点の装飾板を含む豊富な翡翠製品、海産貝を含む 8000 点以上の貝製品、真珠、洗練された多彩色土器などの 10 点の土器、アカエイの尾骨、赤色顔料などが副葬された。

図33●チチェン・イツァ遺跡の「聖なるセノーテ」から出土した翡翠製装飾板（Proskouriakoff 1974：図 72 より）。

象徴である。貝殻に棘のある二枚貝のウミギクガイが儀礼においてもっとも重宝された。マクラガイ、イモガイ、コゴメガイで作った鈴は、服や織物を装飾した。

翡翠製装身具には、マヤの神々、王や貴族の図像が頻繁に表象され、その威信財としての重要性がうかがわれる（図33）。古代メソアメリカの世界観では、緑色は世界の中心の神聖な色であった（第2章参照）。つまり、翡翠は、その硬さ、希少性にくわえて、その色自体にも神聖な意味があったために、支配層のあいだで重んじられたのである。ちなみに、マヤの東西南北の色は、それぞれ、赤色、黒色、黄色、白色であった。古代中国の概念と酷似するが、マヤの場合は四種類のトウモロコシの色と同じであり、示唆に富む。

翡翠製で儀礼に用いられる磨製石斧、頭飾り、耳飾り、胸飾りや腕飾りなどには図像やマヤ文字が刻まれ、重要な翡翠製品は王家の家宝として代々継承された。パレンケやカラクムルの王は、翡翠モザイク仮面をはじめとする翡翠製の副葬品とともに壮大な墓に埋葬された。王の超自然的な権威・権力は、大量の翡翠製品の副葬によって正当化・強化されたのである。

ケツァルは、海抜九〇〇―二五〇〇メートルの中米の高地に生息する鳥であって、先スペイン期のメソアメリカでは神聖な鳥として崇拝された。その青緑色の羽根は、頭飾り、扇、衣装の装飾など支配層の威信財として遠距離交換されたのである。ユカタン語でクックと発音されるケツァルは、図像に頻繁に表象されている。古典期・後古典期マヤ文明では、コパン王朝の初代キニッチ・ヤシュ・クック・モ王など、クックを名前の一部に含む王がいた。ユカタン語のククルカンは、ケツァルの羽毛の生えた蛇神を指し、先スペイン期メソアメリカの代表的な神として石彫などに表象されたのである。

メキシコ中央高地のイダルゴ州パチューカ産の緑色黒曜石製石器は、古典期前期（二五〇—六〇〇年）に大都市テオティワカンの流通の統御を通して、千キロメートル以上離れたマヤ低地へ遠距離交換された。これらの石器は威信財として、少量が支配者層間を流通した。その希少性だけでなく、色自体にも神聖な意味があったために、マヤ支配層のあいだで重んじられた。そのほかにも、コンゴウインコ、オウム、ハチドリ、ジャガーの毛皮、トルコ石、磁鉄鉱、黄鉄鉱、雲母、縞瑪瑙《めのう》、アラバスター（雪花石膏）、大理石製容器、ベリーズのコルハ（良質なチャートの産地）産の大型石槍、織物、多彩色土器、九世紀以降は、少量の金・銅製装飾品などが遠距離交換された。

神殿ピラミッドと神殿更新

マヤの神殿の多くは、ピラミッド状基壇のうえに配置され、神殿ピラミッドを構成する。古典期のティカルの「神殿四」は高さ七〇メートル、カラコルの宮殿・神殿「カーナ基壇」は高さ四三・五メートル、コバーの「ノホッチ・ムル」ピラミッドは高さ四二メートルを誇る。神殿ピラミッドは、神聖王の先祖の起源で神々が宿る、人工の神聖な山を象徴した。古典期の神殿は、しばしばウィッツ（山）と名づけられている。ちなみにグアテマラのカンクェンには、神殿ピラミッドがない。近くの小山が、神聖な山、つまり神殿ピラミッドの役割を果たしたからだと考えられる。すべての神殿ピラミッドが墓とは定義できないけれども、ティカルの「神殿一」、カラクムルの「建造物二」、パレンケの「碑文の神殿」、コパンの「神殿一六」など一部の神殿ピラミッドは、王や王家の重要人物を葬り祀る巨大な記念碑的建造物、つまり王陵としても機能した（図34）。

神殿ピラミッドは、パレンケの「碑文の神殿」のように一度に建設されることもあったが、しばしば増改築も繰りかえされた。高さ三七メートル、底辺の長さ三〇〇メートルのコパンの大建築群「アクロポリス」は、初代キニッチ・ヤシュ・クック・モ王の治世中に建設が開始され、約四百年にわたって増改築された。その一部をなすコパン最大の神殿ピラミッド「神殿一六」内には、増改築された複数の神殿が埋蔵されている。二代目王は、初代王の遺骸を多彩色の壁画を有する「フナル神殿」内の持ち送り式アーチを有する石室墓に埋葬した。それは、「マルガリータ神殿」によって覆われ、その内部に高貴な女性の石室墓が建造された。八代目王（五三二―五五一年統治）は、そのうえに多彩色の漆喰彫刻で装飾した「ロサリラ神殿」を建てた。西側（正面）と南側の壁面には、太陽神キニッチ・アハウおよび緑色（ヤシュ）の尾羽根、ケツァル（クック）とコンゴウインコ（モ）の要素をもつ天空の鳥を漆喰彫刻し、図像でキニッチ・ヤシュ・クック・モ王の名前を表象したのである。一二代目のカフク・ウティ・ウィツ・カウィール王は、「ロサリラ神殿」を破壊せずにそのまま保存し、そのうえに石造神殿ピラミッドを建造した。そして「神殿一六」の最後の建築段階を完成させたのは、

図34●コパン遺跡の「神殿16」(上、筆者撮影)。増改築された7つの神殿ピラミッドが埋蔵された同遺跡最大の神殿ピラミッド。
図35●チチェン・イツァ遺跡の「聖なるセノーテ」(下、筆者撮影)。人身供犠は時おり行われたにすぎず、宗教儀礼では数多くの供物が捧げられた。

一六代目のヤシュ・パサフ・チャン・ヨパート王であった。神殿が更新されつづけたのは、より高くより大きな神殿を効率よく建築できるようになったという理由からだけではない。「神殿一六」は神聖王の先祖崇拝の神殿であり、いっぽう後世の王は、神殿を更新することによって、より大きな人工の神聖な山を築いて王権を強化したのである。

都市計画と洞窟信仰

過去から現在までマヤ人にとって、暗い洞窟は居住空間ではなく、宗教的に重要である。居住されたのは、いわゆる岩陰遺跡（雨風をしのぐ大きな岩の下の住居・生活跡）であるが、「洞窟」と誤解されることが多い。洞窟信仰は、豊穣、生命や創造の観念と密接に関連していた。洞窟は神聖な山の空洞・内部でもあり、山と洞窟信仰には深い関係があった。ピラミッド状基壇上の神殿の入口は、洞窟あるいは超自然界への入口を象徴し、神聖王が神殿内で神々と交流したのである。さらにマヤの世界観によれば、洞窟は暗く恐ろしい地下界の入口でもあった。コパン谷のゴードン洞窟などには、人骨が埋葬された。マヤ地域の数々の聖なる洞窟では、現在でも多くのマヤ人シャーマンが、雨乞いをはじめとする儀礼を執行している。

ナフ・トゥニッチ洞窟は、グアテマラのエル・ペテン県南東部、ベリーズ国境近くに位置する先古典期後期・古典期のマヤ低地南部でもっとも重要な洞窟遺跡のひとつである。ナフ・トゥニッチは

「石の家」という意味で、一九七九年に確認された。全長三キロメートルの巨大な洞窟では、前二五〇年から八〇〇年頃まで、マヤ支配層の重要な巡礼地としてさまざまな宗教儀礼が執行された。古典期後期の八九の洞窟壁画で名高く、放血儀礼を行っている人、香を焚く人、踊る人、球技をする人、書記、男色行為にふける人たちなどの場面、日付、カラコルやカラクムルの王の名前など約四百のマヤ文字が黒色で描かれた。洞窟の入口には石造建造物、洞窟内からは儀礼に使用された土器、黒曜石製石器、チャート製石器、骨製品、貝製品、翡翠製品などが見つかっている。

先スペイン期には、都市や主要建造物が、神聖な洞窟のうえや洞窟の方向と関連させて建設された。たとえばドス・ピラスでは、計二二の洞窟が発見されている。*巻末文献24 古典期後期の最大の神殿ピラミッド「エル・ドゥエンテ・ピラミッド」は、洞窟の真上に建造された。つまり、神聖な洞窟のうえに、人工の神聖な山が建てられたのである。王宮の「コウモリの宮殿」の中心軸は、洞窟の入口によって決定された。さらに、小さな住居基壇にいたるまで洞窟と関連して配置された。神聖な洞窟が、都市計画において重要な役割を果たしたことがわかる。

洞窟と水は密接な関係にあり、部分的に石灰岩の岩盤が陥没して地下水が現れたセノーテは、洞窟信仰の対象のひとつといえる。多くのセノーテは、水源としてだけではなく、宗教儀礼において重要かつ神聖な場所でもあった。ユカタン州のバランカンチェ洞窟内のセノーテでは、土器や小型のメタテ（製粉用の石盤）とマノ（製粉用の石棒）が供物として捧げられ、雨と稲妻の神チャークやトウモロコシの神のための宗教儀礼が行われた。チチェン・イツァの「聖なるセノーテ」は、七〇〇年頃から宗教儀礼に用いられはじめ、一六世紀までマヤ低地北部の重要な巡礼地であった(図35)。このセノーテの底の発掘調査によって、雨と稲妻の神チャークの生贄になった男女の成人・子供の四〇体ほどの人骨だけでなく、土器、香炉、翡翠製品、金、銅、金・銅の合金製装飾品、トルコ石製装飾品、黒曜石製石器、チャート製石器、貝製装飾品、木製彫像、織物片、かご細工品など数多くの供物が見つかった。チチェン・イツァ最大の神殿ピラミッドの「エル・カスティーヨ」は、「聖なるセノーテ」と「シュトロク・セノーテ」のあいだに建造された。ツィビルチャルトゥンの「シュカラフ・セノーテ」からも、さまざまな供物が見つかっている。その中央広場は、このセノーテの周囲に建設された。神聖な洞窟やセノーテは、都市計画に重要な役割を果たした。すなわち、その神聖性が都市の重要性を増し、王権を正当化・強化したのである。

王権を正当化するシンボル

第二章でみたように、王権を正当化するために、先古典期中期からさまざまな王権のシンボルが創造され、古典期にさらに洗練されていった。王権の守護神であったサック・フーナルは、先古典期後期と古典期の王権のシンボルとして、翡翠やアラバスター製の儀礼用王冠として頭飾りの一部に使用された。石碑などの石造記念碑に表象されているが、アグアテカでは古典期後期末の居住面から実物

図36●アグアテカ遺跡の「石碑7」に彫刻された5代目王のサック・フーナルの王冠（上、Inomata *et al.* 2002：図12)。
図37●コパン遺跡の「祭壇Q」正面(下、筆者撮影)。四辺に4人ずつ、計16人の歴代の王が刻まれている。正面中央では、初代王が、王笏を16代目王に渡しており、両王の間に763年の16代目王の即位の日付がある。

のアラバスター製王冠が出土した。それは、アグアテカの「石碑七」と「石碑一九」に彫刻された、五代目タフン・テ・キニッチ王のサック・フーナルの王冠と酷似する（図36）。七七〇年に即位したこのアグアテカ最後の王が、出土した王冠を装着したのであろう。また、数多くの都市の石造彫刻の図像には、王家の守護神カウィールを表象する王笏《しゃく》を手に持つ王がみられる。

前述のように、筵《むしろ》も王権のシンボルであった。筵状にマヤ文字を刻んだ石碑は、コパン、キリグアやカンクエンにある。一六世紀のユカタン地方の町ホカバについての民族史料によれば、筵は政治権力のシンボルであり、ホルポップとは「筵のうえにある者」を意味した。また、一六世紀にスペイン人が編集したユカタン語の辞書によると、ホルポップとは、「ポポル・ナフ（筵の家：会議所）で政治的合議を行い、都市祭礼において饗宴と踊りを司った指導者」とされる。しかも、キンタナロー州の一部のマヤ村落では、いまでもなお、ポポル・ナフが存続する。

ウシュマルの「総督の館」やコパンの「建造物一〇L—二二A」の外壁には複数の人物の坐像や筵状のモザイク石彫があり、ポポル・ナフと解釈されている。後者の発掘調査によって、大量の炭化物、動植物遺存体、ほぼ完形の実用土器、黒曜石製石器、チャート製石器を含むゴミ捨て場が床面のうえに検出された。層位、出土土器、関連するマヤ文字資料から、このゴミ捨て場は、一六代目王の統治晩年の九世紀前半に短期間に堆積したと推定される。筆者は金属顕微鏡を用いて、これらの石器の使用痕（使用によって生じた痕跡）を分析して、石器が肉の調理加工をはじめ、相当使いこまれていたことを明らかにすることができた。ポポル・ナフにおける饗宴の証拠といえよう。また隣接する「建造物一〇L―二五」は、南北三五メートル、東西八・五メートルの基壇であって、そのうえに建物や壁がない。発掘調査では、実用的な活動の痕跡が見つからなかったことから、儀礼的踊りの舞台であったと推定できる。

南北アメリカ大陸最大のネコ科動物ジャガーは、メソアメリカ最強の猛獣である。ジャガーの毛皮は、熱帯雨林低地の特産品であり、マヤでは王権、超自然的な力、戦争のシンボルであった。獰猛で夜行性のジャガーは、死や生贄にも関連づけられた。ヤシュチランの「鳥ジャガー四世」王のように王の名前の一部にジャガーを含む場合もあった。ジャガーの耳、尾、顔、手足を持つ神々もいた。ジャガーは、石彫、壁画や多彩色土器に頻繁に表象され、マヤの王がジャガーの毛皮を敷いた玉座に座した図像がある。王のみが、ジャガーの毛皮のうえに座ることができた。図像研究によれば、ジャガーの毛皮を張り、筵状の精巧な彫刻を施した木製の持ち運び可能な玉座もあったようである。ジャガーを彫刻した石造玉座は、コパン、ウシュマルやチチェン・イツァなどで見つかっている。

コパンの「祭壇Q」の四壁には、歴代一六人の王の像が刻まれている（図37）。祭壇の正面中央では、初代キニッチ・ヤシュ・クック・モ王が、王笏を一六代目ヤシュ・パサフ・チャン・ヨパート王に渡し、両者の間に七六三年の王位継承の日付がある。マヤ文字の解読によれば、一六代目王の母はパレンケ出身で、父はコパン一五代目王ではなかった。つまり「祭壇Q」は、一六代目王が王位継承を正当化するために建立した石造記念碑なのであった。さて一九八〇年代末の発掘調査によって、「祭壇Q」の東側から一五体のジャガーの骨が出土した。一六代目王が祭壇を建立した七七六年に、先代一五名の王にジャガーを一匹ずつ生贄として捧げたのである。

王権と劇場国家

古典期マヤ都市の中心部には、王、貴族やその従者からなる宮廷人が住んだ。神殿ピラミッド、王宮、大きな広場、球技場が神聖な世界の中心として配置され、政治・経済・宗教上の諸機能を有した。王の事績などを記した石碑や祭壇が、神殿ピラミッドの前の大きな広場に配置された。神殿ピラミッドや公共広場では、さまざまな国家儀礼が執行され、多くの群衆によって参加・共有された。つまり、古典期マヤ国家には、劇場国家的な側面が存在したのである。先祖崇拝、即位、後継者の任命、神殿の落成や更新、暦の周期の終了記念日などの儀礼において、王や貴族の劇場的パフォーマンスを通して伝達、強化される宗教は、国家を統合するうえで重要であった。広場を埋めつくした群衆は、高い神殿ピラミッドを昇り降りする、盛装した王の晴れ姿を目撃したであろう。

石碑や土器などの図像によれば、王は、宗教儀礼や儀礼的踊りにおいて雨の神をはじめとする神の仮面・衣装・装飾品を着用して、しばしば神々の役割を演じた。コパンの「石碑H」には、若いトウモロコシの神の衣装を身に着けた一三代目王が表象されている。アグアテカの王宮の収納室から、五代

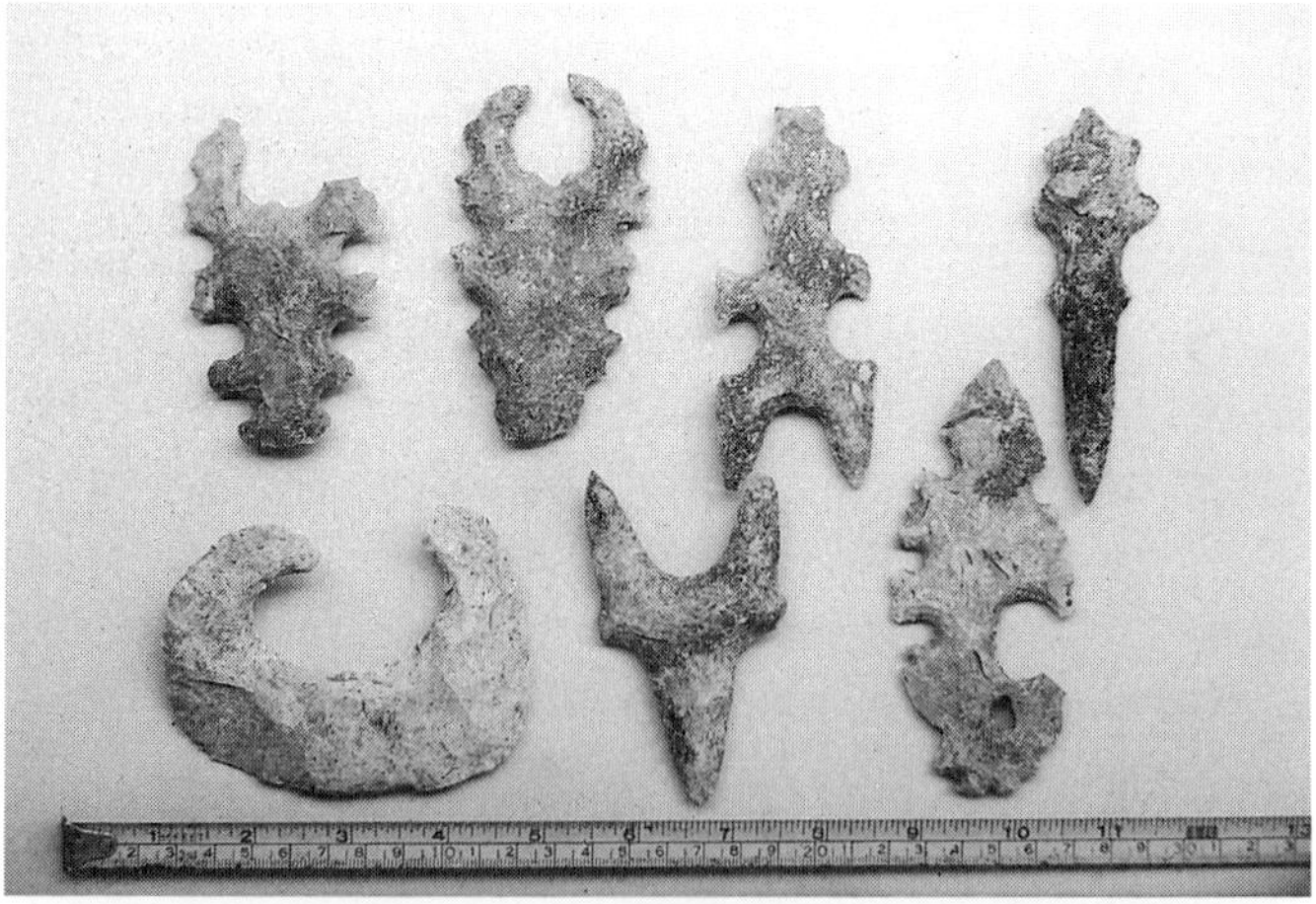

図38●アグアテカ遺跡の「神殿L8-5」出土のチャート製エクセントリック石器（上、筆者撮影）。

図39●チチェン・イツァ遺跡の「大球技場」（下、筆者撮影）。左側の直立する壁の中央上部には、得点用の石輪がみえる。

目タフン・テ・キニッチ王が使ったとみられる土製の仮面二点が出土しており、最初の考古学的実例である。放血儀礼は、みずからの血を神々や先祖に捧げる自己犠牲であり、黒曜石製石刃、ジャガーの骨、サメの歯やアカエイの尾骨などで、男性はみずからの男根や耳を切りつけ、女性は舌などから出血した。神聖王の血は、神々の恩恵や支持を得るために特別な機会に神殿内で捧げられたのである。

筆者の研究によれば、エクセントリック石器（黒曜石やチャートを精巧に加工して、人物、サソリ、蛇、月などの特別な形にした石器）は、アグアテカでは王宮や神殿からしか見つかっておらず、王の儀式石器であったことがわかる（図38）。三代目王（七二七―四一年統治）とその従者たちは、神聖王の石碑が立ち並ぶ「大広場」に面した「神殿L八―五」の落成を祝って、神殿の南北軸線上の両端に黒曜石とチャート製のエクセントリック石器を埋納した。同王による儀式石器の埋納を含む神殿の落成儀礼という劇場的パフォーマンスは、王権の強化に役立ったと考えられる。

球技場は、国家儀礼や政治活動と密接に関連した重要な施設であり、少人数の二チームが球技を競った。チチェン・イツァの「大球技場」は、長さ一六八メートル、幅七〇メートルでメソアメリカ最大の規模を誇る（図39）。球技者や球技の様子は、多彩色土器、土偶や石彫などに表象されている。球技者は貴族であり、王が球技に参加することもあった。球技具や防具を身に着け、ひとつの固いゴム球を、腕、尻や太ももなどに打ち当てて、球技場の相手チーム側の端に入れるか、得点板に当てたとされる。コパンの「球技場A」の傾斜する壁には、オウムの石彫の得点板がはめ込まれた。チチェン・イツァの「大球技場」の直立する壁には、地上七メートルのところに石輪があり、球を通したとされる。しかしじっさいには、至難の業だったかと思われる。重要な祭礼では、負けチームまたはそのキャプテン、あるいは戦争捕虜が人身供犠にされる場合もあった。

王や貴族の劇場的パフォーマンスとしては、儀礼的踊りや音楽も重要である。楽器は、一部が遺物として出土するほか、石彫、壁画や多彩色土器などに表象されている。打楽器では、木製取っ手のあるヒョウタン製がらがら、動物の皮を張って手または撥《ばち》で叩く土製・木製太鼓、土製鈴、人骨など長い骨に刻み目状の抉《えぐ》りを入れてきしみ音を出す楽器、鹿骨、木の撥または手で叩く亀の甲羅、吹奏楽器では、ほら貝、貝製・木製・ヒョウタン製ラッパ、土製・鹿角製笛、土製オカリナ、土製・骨製横笛などがあった。先スペイン期のメソアメリカでは、弦楽器はなかった。儀礼では、男性の貴族が楽器を演奏した。アグアテカでは、ほら貝、土製フルート、動物や人物をかたどった土偶兼笛、土製の筒に皮を張った太鼓などが、発掘したすべての貴族の住居から出土した。古典期マヤ社会では、儀礼的踊りや音楽は、王や貴族が権威を被支配層に誇示するための政治的活動だったのである。

王権の時間的・空間的多様性

古代マヤの王権や統治行政機構を理解するためには、その時間的・空間的多様性に注目する必要がある。王権や宗教観念の表現手段の重点は、先古典期後期には神殿ピラミッドの外壁を装飾した神々の漆喰彫刻にあったが、古典期には個人の王の像や偉業を刻んだ石碑などの石造記念碑へと移行し、その結果、多くの労働力を動員して王宮が建造されるようになった。また、古典期マヤ都市の人口規模は、総人口が五千人程度の小都市から五万人を超える大都市まで多様である。王がほとんどの住民と直接対面できた小都市とくらべて、大都市では宗教および血縁関係や個人的な人間関係を超越した、より中央集権的な統治行政機構が必要不可欠であった。ティカル、カラクムル、カラコル、パレンケなどの大都市の王宮は、小都市のそれよりもはるかに大きく、複雑な建築であり、一般庶民の出入りは制限されていた（口絵4）。このことは、宮廷人と被支配層の隔たりが拡大していたことを示唆する。

農業が中央集権的に管理された証拠は少ないものの、カラコルやパレンケでは国家が集約農耕地を運営していた。工房から廃棄された大量の石器群が、古典期の諸都市の神殿ピラミッドなどの公共建築の盛り土および王や貴族の墓の周囲に埋納されていた。支配層が、主に実用品の黒曜石製石刃などの生産・廃棄にも関わっていたことがわかる（第4章参照）。良質な黒曜石産地の近くに立地するコパンでは、国家が黒曜石製石刃を製造する石刃核という一部の実用品の地域内・地域間交換を集権的に統御した。また、アグアテカでも王を中心とする宮廷が、黒曜石の獲得や都市内の流通を管理していた（第6章参照）。

乾季に水が不足するカラクムル、ティカル、カラコルのような大都市では、国家による公共貯水池の建設と管理が王権を強化するうえで重要であった。カラクムルの周囲に大河川はなく、都市中心部を含む二二平方キロメートルの範囲を迂回する、小川を結んだかなり大きな規模の人工の水路、一三の公共貯水池と二六のチュルトゥン（地下貯水槽）が見つかっており、王朝がこうした水源を管理・統制していたと考えられる。公共貯水池は長方形で、底部には石が敷き詰められていた。もっとも大きな公共貯水池は、長さ二八〇メートル、幅二二〇メートルというマヤ地域で最大を誇り、約一億リットルの飲料水を貯えることができる。カラコルは、マヤ山地に隣接する海抜約六〇〇メートルの丘陵地に立地する。付近に大河川はなく、公共貯水池が建設された。ティカルも大河川や湖から離れた場所に立地し、もっとも大きな公共貯水池は都市中心部に集中する。もっとも大きな公共貯水池が、都市のほぼ四方向に建設され、大公共建築群と隣接していたことは、王権と水源の管理を結びつける象徴的な意味があったことを強く示唆する。乾季に水が不足するこれらの大都市では、中央権威者による公共貯水池の建設・管理、および水に関連した儀礼によって王権が強化された可能性が高い。

少なくとも一部の古典期マヤ国家では、宗教儀礼および血縁関係や個人的な人間関係だけではなく、経済活動の集権的な統御によっても王権を強化したのである。また、経済活動が宗教儀礼と深く関わっていたことは、マヤの権力基盤を理解するうえで重要である（第4章参照）。先古典期・古典期マヤの社会経済組織のさらなる解明が、今後のマヤの初期王権や統治行政機構の研究の鍵を担っている。

第4章　「石器の都市文明」を支えた「技術」

本章では、マヤ文明の都市の特徴、農業や製作技術についてみていこう。かつて古典期マヤ文明の大遺跡は、人口が希薄で儀礼のみ行われた「空白の儀式センター」と解釈されていた。一九五六―七〇年のティカル遺跡の中心部と周辺部の踏査・測量・発掘調査によって、「都市なき文明」説がはじめて打破された。その後の調査によって、少なくとも数多くのマヤの大遺跡が数万人の大人口を擁したことが明らかになった。同時にこれらの都市には、国家的な宗教儀礼の他に、政治活動や経済活動もかなり集中し、多彩色土器や石器などの生産活動が都市内で行われた。メキシコ中央高地の大都市テオティワカンのような碁盤の目状の都市計画はないが、多くのマヤの都市では、都市中心部から舗装堤道サクベが張り巡らされた。大型の家畜や荷車を必要とせずに、さまざまな物資の輸送や人の移動は、カヌーが使用可能な海岸部、低地の大河、湖のような一部の地域を除いて、すべて徒歩に依存した。

「都市なき文明」説が打破されてから、従来信じられていたような「トウモロコシを主作物とする焼畑農業だけ」では大都市の人口を養えないとの指摘がなされた。その後の調査によって、古代マヤ人は、多様な生態環境を柔軟に活用して、焼畑農業と集約農業を緻密に組みあわせてさまざまな作物を生産したことが明らかにされた。旧大陸の四大文明がいずれも大河流域で灌漑農業を発達させたのにたいして、マヤ文明の集約農業としては、主に中小河川や湧水を利用した灌漑農業、段々畑、低湿地の底の泥を積みあげた盛土畑、水路を張り巡らした畑や家庭菜園などがあった。

古典期マヤ社会では、被支配層は社会の九割以上を占め、その大部分は農民であった。農民は、大建造物の建設・維持の賦役にかりだされ、支配層に農作物を提供したと考えられる。支配層が階層化されていたのと同様に、農民もけっして均質な集団ではなかった。農民のあいだにも貧富の差があり、支配層と被支配層の関係は、多様であったと考えられる。古典期マヤ都市では、共同墓地は見つかっていない。貴族や農民の死者は、一般的に代々家屋の床下などに埋葬された後、家屋の拡張が行われた。古代マヤ人は、日本人のように生と死の場を分離せず、「先祖とともに生きた」のである。

1 人力エネルギーの都市文明

大型家畜や荷車を必要としない都市文明

古代マヤ人は、結果的に大型の家畜や荷車を必要とせずに、都市文明を築きあげた。マヤ文明では、旧大陸の四大文明のような人や重い荷物を運ぶ大型家畜は皆無であった。ミルクや乳製品を提供し、農耕地を耕す家畜もない。中央アンデスの牧畜家畜リャマやアルパカのようなラクダ科動物もなかった。ウシ、ブタ、ヤギ、ニワトリは、旧大陸から一六世紀以降に導入された。

先コロンブス期のメソアメリカでも、車輪の原理は知られていた。メソアメリカの諸遺跡から出土する小型の車輪付きの動物土偶がそのことを示している。しかし大型の家畜が欠如したために、荷車は発達しなかった。また、イヌと七面鳥が家畜化されたが、主要な食料源にはならなかった。つまり、旧大陸の四大文明とくらべて、マヤ文明の発展の過程における家畜動物の役割は、はるかに小さかったのである。

さまざまな物資の輸送や人の移動は、カヌーが使用可能な海岸部、低地の大河、湖のような一部の地域を除いて、すべて徒歩に依存した。王や貴族は、駕籠《かご》で運ばれることもあった。このような技術的限界、高地の激しい起伏、熱帯雨林低地のジャングルなどが交通の障害となり、トウモロコシなど重くかさばる食料や生活必需品の遠距離交換は非効率的で、かつまれであった。たとえば、ティカルでは、実用土器が半径五キロメートル程度の範囲で流通したようである。先スペイン期の大半を通じて、遠距離交換品は、火成岩製メタテ（製粉用の石盤）や黒曜石のような一部の実用品、および塩、カカオ、蜂蜜や魚などの特別な食料を除いて、支配者層間で交換された少量の威信財・美術品が主であった。また、後古典期には長さ三〇メートルにおよぶ大型カヌーによる水上の遠距離交換が発達したが、徒歩による輸送・移動が主流であることには変わりがなかった。

古典期マヤ文明の都市性

本書では、サブロフに従って、古代マヤの都市を「大きな人口（五千人以上）、多くの非農業活動と相互依存的な経済、複雑な政治組織を有した大きな集落」と定義する。＊巻末文献25 二〇世紀半ばまで、古典期マヤ文明の大遺跡は、人口が希薄で儀礼のみ行われた「空白の儀式センター」と解釈されていた。ところが、一九五六—七〇年のペンシルヴェニア大学付属博物館によるティカル遺跡の中心部と周辺部の踏査・測量・発掘調査によって、「都市なき文明」説がはじめて打破された。最盛期の古典期後期（六〇〇—八〇〇年）のティカルでは、一二〇平方キロメートルの範囲に約六万二千人が住んでいたことがわかった（図40）。また、その後の調査によって、カラクムルの七〇平方キロメートルの範囲に

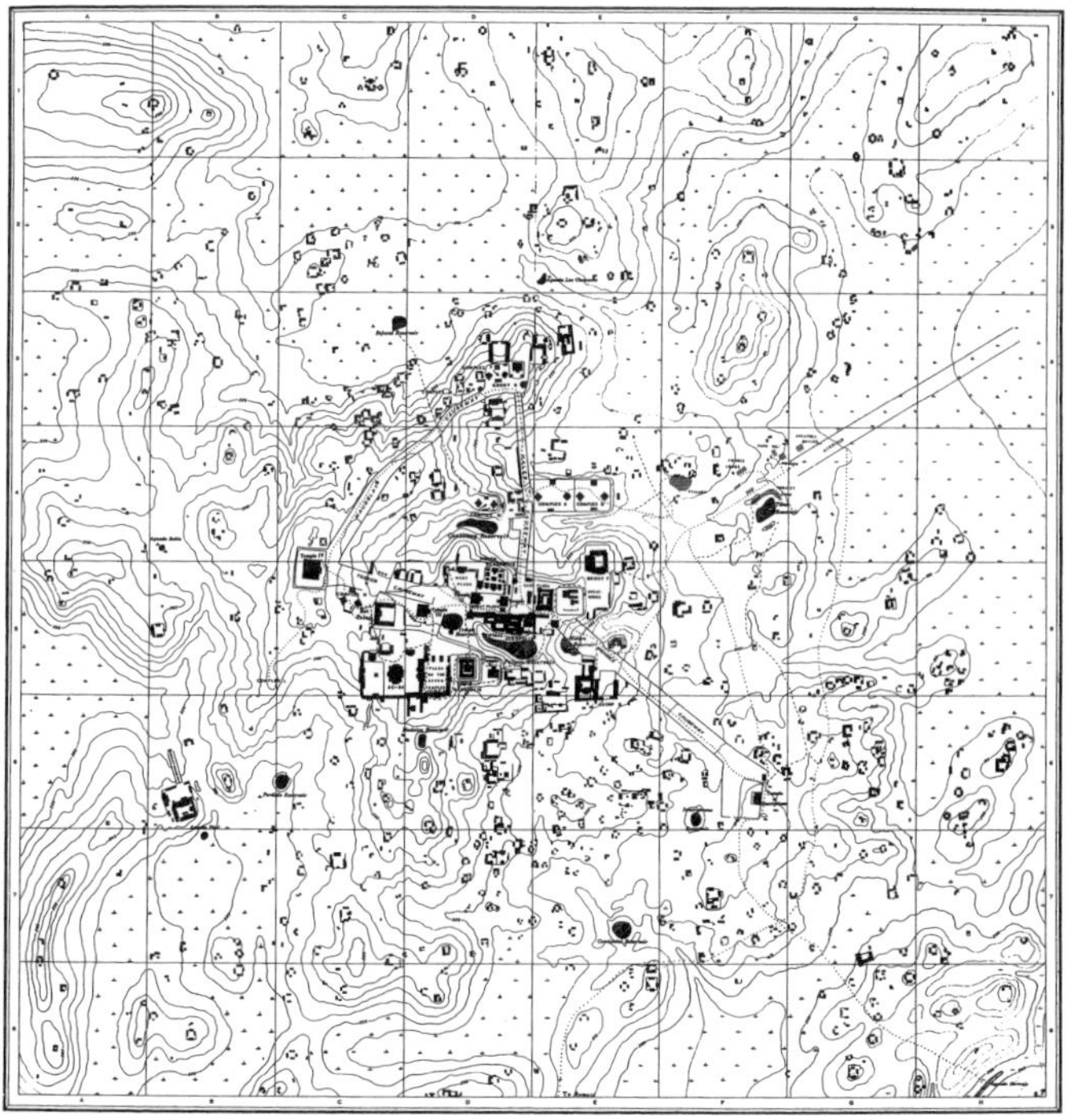

図40●ティカル遺跡中心部16平方キロメートルの平面図（Culbert 1993a：67より）。神殿ピラミッド、王宮、大きな広場、球技場が、神聖な世界の中心として配置され、重要な政治・経済・宗教機能を有した。「神殿1」と「神殿2」を擁する大広場から、サクベが放射状に伸びる。その周囲に数多くの住居跡が広がる。各グリット（区画）は500メートル四方。

は約五万人、ツィビルチャルトゥンの一九平方キロメートルの範囲には約四万二千人、コバーの六三平方キロメートルの範囲には四万三千―六万三千人、カラコル周辺の一七七平方キロメートルには一一万五千―一五万人の人口が、それぞれあったことが推定されている。こうした人口推定はかなり大雑把なものであるが、少なくとも数多くのマヤの大遺跡が数万人の大人口を擁したことはまちがいない。同時にこれらの都市には、国家的な宗教儀礼のほかに、政治活動や経済活動もかなり集中し、多彩色土器や石器などの生産活動が都市内で行われた。つまり古典期マヤの大遺跡は、都市とよべる機能と形態を有していた。

筆者が調査に参加したアグアテカなど、一部の古典期マヤ都市は囲壁集落であった。ティカルでは、中心部から南八キロメートル、北四・六キロメートル、南東八・二キロメートルに、全長三〇キロメートル以上にわたって古典期前期に建設された防御壕と土塁が張り巡らされ、東と西は雨季の低湿地バホによって都市全体が防御されていた。防御壕や防御壁は、後古典期のマヤパンやトゥルムだけでなく、先古典期後期のエル・ミラドール、ティンタル、ベカンやエツナ、古典期のカラクムル、ドス・ピラスやエック・バラムなどでも確認されている。しかし大部分のマヤ低地の都市遺跡は平地にあり、中国の都城などとくらべると防御に向かないものが多い。言いかえれば、非囲壁都市が、多くの古典期マヤ低地の都市の特徴のひとつといえよう。

古典期マヤ文明の都市では、南米のインカ帝国や旧大陸の諸文明のような大きな食料倉庫がなく、食料の中央集権的な管理の痕跡が少ないのも特徴である。食料や水は、大きな土器に入れて各住居の部屋に備蓄され、石灰岩の岩盤を掘った人工の貯蔵穴チュルトゥンに貯蔵されたりもした。数人が会合を開けるくらい大きなチュルトゥンもあった。チュルトゥンは老朽化すると、ゴミ捨て場や人骨の埋葬に利用された。いっぽう、後古典期後期のコスメル島では、倉庫基壇跡が見つかっている。

また、古代マヤ都市には、長安、平城京、平安京やメキシコ中央高地のテオティワカンのような碁盤の目状の都市計画がなかった。しかし、コバー、カラコル、ティカル、カラクムル、コパン、サイル、ラブナ、ツィビルチャルトゥン、ベカン、ヤシュハ、セイバルなどの多くの都市では、都市中心部から舗装堤道サクベが張り巡らされた。*巻末文献26 チチェン・イツァでは、メソアメリカ最多の九〇を超えるサクベが見つかっている（図41）。先古典期後期のエル・ミラドール、ナクベ、ティンタル、ワクナとカラクムル、古典期終末期のウシュマルとカバフのように都市間を結ぶサクベもあった。最長のサクベは、ユカタン半島東部のコバーとヤシュナの両都市をほぼ直線的に結ぶ、全長一〇〇キロメートルの古典期後期・終末期の堤道である。それは、平均幅四・五メートル、高さ二・五メートルにおよぶ、まさに「マヤ低地北部のハイウェイ」だった。

「先祖とともに生きた」古代マヤ人

古典期マヤ社会は、支配層と被支配層に大きく二分された。被支配層は社会の九割以上を占め、そ

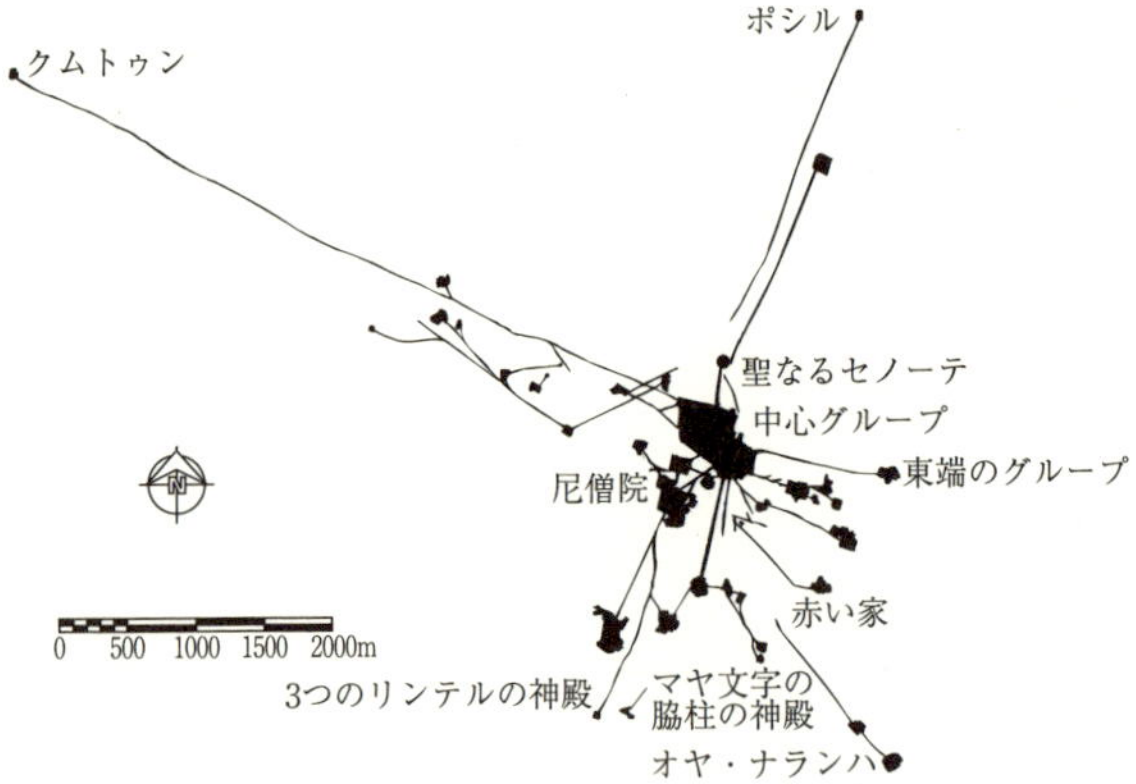

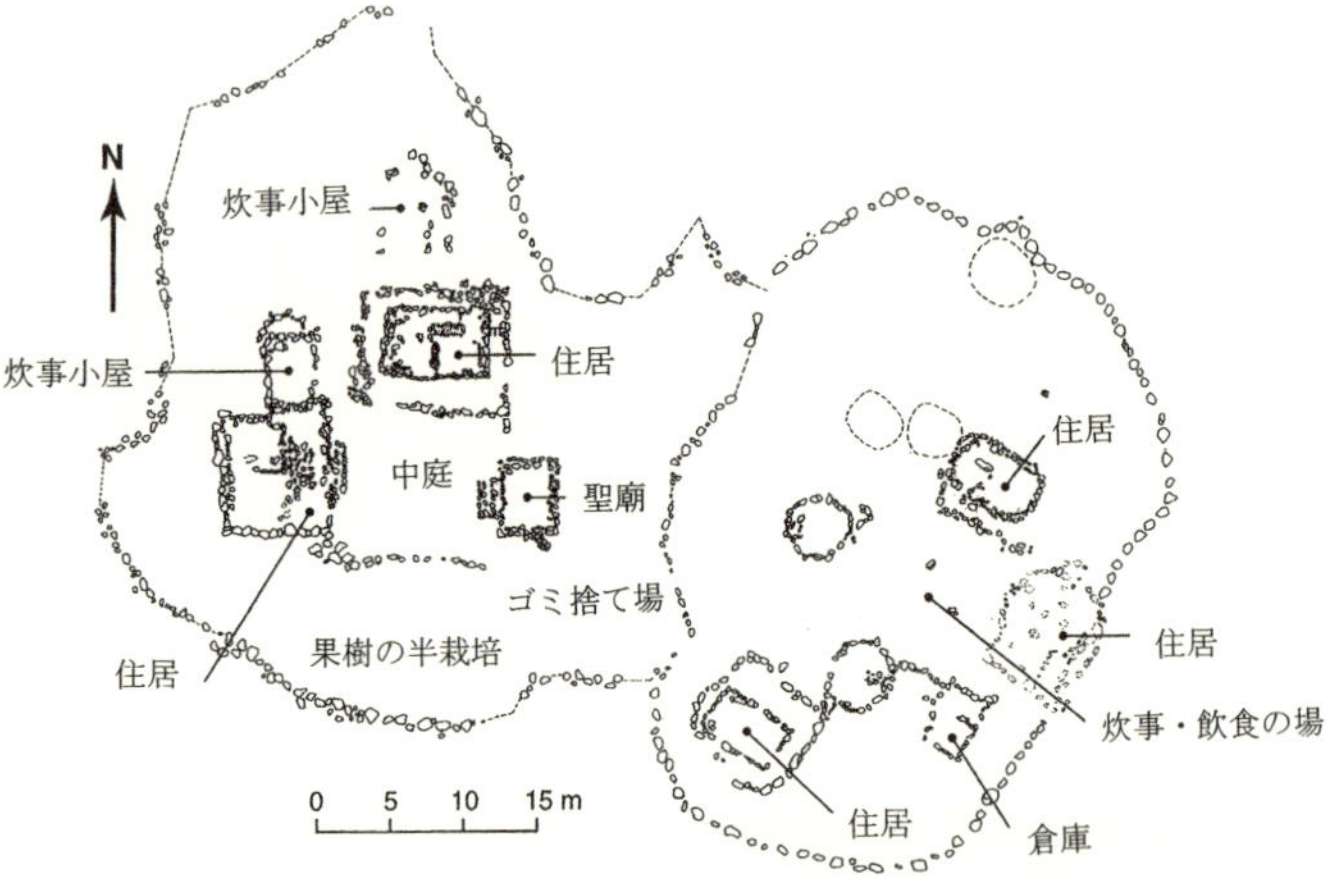

図41●チチェン・イツァ遺跡の放射状のサクベ網（上、Cobos and Winemiller 2001：図5より作成）。

図42●コバー遺跡の古典期後期の農民の住居跡（下、Manzanilla and Barba 1990：図2より作成）。西側の中庭を囲んで、2つの住居、2つの炊事小屋、聖廟があり、果樹の半栽培が行われた。調査者たちは、子息が成人して結婚した後に、東側に、2つの住居、倉庫、5つの円形建造物（炊事小屋または倉庫）などが増築されたと解釈している。

の大部分は農民であった。農民は、大建造物の建設・維持の賦役にかりだされ、支配層に農作物を提供したと考えられる。コパンの例のように、農民は、その交換として支配層から黒曜石製の石刃などを受け取っていたのであろう（第6章参照）。しかし、支配層が、王、王族、その他の貴族に階層化されていたのと同様に、農民もけっして均質な集団ではなかった。民族史料の研究によって、奴隷や農奴がいた可能性も示唆されている。また、農民のあいだにも貧富の差があり、支配層と被支配層の関係は、多様であったと考えられる。農業を営みながら、石器、土器、木工品などの実用品を半専業的に生産する都市部や村落に住む農民もいた。こうした実用品の生産・流通は、国家に管理されることなく、都市や村落で交換された。カラコルやパレンケのような一部の古典期マヤ国家が集約農耕地を運営した時期があったものの、農業は一般的に中央集権的に管理されなかった。

先古典期には床面が楕円形の住居（寝起きする家屋）もあったが、古典期の貴族と農民の住居は、床面が長方形の建造物が基壇のうえに建てられ、三、四基が中庭を囲むのが典型的であった。支配層の住居は、複数の部屋をもつ建造物が多い。一部の貴族は、石彫に飾られ、持ち送り式アーチを有する石造住居に住んだ。しかし地域差があり、かなり高位の貴族でも、石造の壁とわらぶき屋根をもつ住居に住む場合があった。

農民の多くは、低い基壇のうえに建てられた一部屋の簡素な住居に住んだ。壁は木造または編み枝に泥を塗りつけ、屋根はわらぶきであった。さまざまな遺跡の発掘調査の結果、すべての低い基壇が住居ではなかったことが明らかになっている（図42）。さらに、より貧しい農民は、基壇を建造せずに、地面に直接、木造または編み枝に泥を塗りつけた壁とわらぶき屋根の住居を建設した。現在までのところ、多くの考古学調査で見逃されている可能性が高く、今後こうした「最下層のマヤ人」の研究を推進していかなければならない。

古典期マヤ都市では、共同墓地は見つかっていない。王や王族は、神殿ピラミッドや王宮などの石室墓に豪華な副葬品とともに埋葬された。他の貴族や農民の死者は、一般的に代々家屋の床下などに埋葬されたのち、家屋の拡張が行われた。逆に言えば、考古学者が、住居らしき建造物の床下から埋葬を発掘すれば、その建造物は住居であった蓋然性が高いといえる。いずれにせよ、古代マヤ人は、日本人のように生と死の場を分離せず、「先祖とともに生きた」のである。

生業を科学する

「都市なき文明」説が打破されてから、従来信じられていたような「トウモロコシを主作物とする焼畑農業だけ」では大都市の人口を養えないとの指摘がなされた。その後の調査によって、古代マヤ人は、各地域や時代ごとの環境や必要性に応じて多種多様な食料資源を活用していたことが明らかにされた。[*巻末文献27] 最近では、航空写真や人工衛星のレーダー画像を用いた遠隔探査（リモートセンシング）と追跡野外調査を組みあわせて農業遺構が踏査され、光波距離計を搭載したハイテクの測量器具によって遺跡が測量されている。

発掘調査の排土を注意深くふるいにかけることによって、貝殻や骨のような動物遺存体や石器製作の石屑など肉眼では見逃す可能性のある小さな遺物が体系的に収集された。その結果、さまざまな自然環境に適応した古代マヤ人の生活様式の多様性が明らかにされている。また土壌サンプルのなかから水に浮遊する種子などの微細な植物遺存体を分離するフローテーション法によって、農耕地でどんな作物が栽培されたのかがわかってきた。

古代マヤ人は主に菜食

家畜は七面鳥と犬だけだったので、動物性蛋白質は、主に狩猟・漁労によって補われた。食用の犬が食べられることもあったが、住居跡のゴミ捨て場の発掘調査では、犬の骨はほとんど出土しない。環境考古学者の安田喜憲は、ミルクを飲んでバターやチーズのような乳製品を食べるメソポタミア、エジプト、ヨーロッパやインダスのような畑作牧畜民にたいして、環太平洋地域には「ミルクの香りのしない文明」があったという仮説を提唱している。マヤ文明をはじめとするメソアメリカ文明や南米のアンデス文明は、動物のミルクを飲まず、乳製品を食べない、まさに「ミルクの香りのしない文明」であった。

古典期のマヤ低地では、鹿類、バク、オオテンジクネズミ、ウサギ、ペッカリー（ヘソイノシシ）、アルマジロ、サル類、鳥類などが狩猟された。黒曜石・チャート・木製槍、弓矢、吹き矢、仕掛け網、輪縄、木製のわな、落とし穴などが用いられた。マヤ社会では、オジロジカは豊穣のシンボルであり、数々の創造神話で重要な役割を果たし、空と太陽に関連する動物とされた。ペッカリーとオジロジカは、トウモロコシで飼育されたのちに食用された証拠がある。鳥類でもっとも重要な食料源は、ホウカンチョウ、ヒメシャクケイ、シャクケイ、キジ類、ライチョウ類、ウズラ類、野生七面鳥などのキジ目であった。シギダチョウ、アヒル、サギ類、クイナなども食用にされた。

図43●コパン遺跡の 1) メタテと 2) マノ（Willey *et al.* 1994：図 165、178 より作成）。

河川の近くや海岸部では、魚介類の採集が生業の重要な位置を占めつづけた。ユカタン半島は、メキシコ湾とカリブ海に面している。魚の種類はきわめて多く、メキシコだけで三七五種類の近海魚、一三〇〇種類以上の遠海魚が知られている。エビ、フエダイ、アジ科の魚、スズキ科の魚、ブダイ、海産ナマズ、ボラ科の魚、クロサギ、スヌーク、ターポン、ウミガメ、カニ、サメ、アカエイ、海草などが採取された。さらに、海鳥の卵や海獣マナティが狩猟採集されることもあった。漁労には、船、漁網、釣針、骨製・木製銛などが使用されたが、腐敗しやすい物質製の漁具は考古学調査ではほとんど出土しない。魚は、塩漬、日干しや燻製にされて貯蔵され、交換された。マナティの肉も同様に加工・貯蔵された。貝類はきわめて豊富で、ユカタン地方沿岸部の浅瀬だけで七八〇種類も存在する。

しかし、古代マヤ人は主に菜食であった。[*巻末文献28] 古代・現代マヤ人の主食は、トウモロコシである。食用の石灰を入れた水でゆでたトウモロコシの粒を、メタテ（製粉用の石盤）とマノ（製粉用の石棒）を使って挽きつぶし、練り粉の玉を作る（図43）。先古典期・古典期の低地マヤ人は、トウモロコシ飲料のポソレやアトレ、蒸し団子タマルとして食用した。マヤ低地全域にトルティーリャ（トウモロコシの練り粉の玉から必要量を取って作る薄く円形のパンで、中米ではトルティーヤと発音する）が広まったのは、後古典期になってからであった。ホンジュラスのコパンなどマヤ低地の一部の地域やマヤ高地では、それ以前からトルティーリャが食べられており、食文化の時期差・地域差がうかがわれる。

トルティーリャは、おにぎりのように携帯に便利で、農民が食事をするために住居と農耕地を往復する時間を節約して、より農作業に専念できるようになったかもしれない。逆にトルティーリャ作りにはかなりの時間を要するため、女性が調理に従事する時間は増えたであろう。ちなみにトルティーリャは、肉、マメ、野菜などを挟んで食べる、現代中米料理のタコ（複数形はタコス）の皮である。

主食のトウモロコシにくわえて、マメ類、カボチャ、トウガラシ、マニオク（キャッサバとも呼ばれる根菜）、パンの実、カカオ、アボカドやアカテツの実といった樹木作物などが食された。先古典期中期には動物の肉がかなり食されたようだが、古典期までには全般的にあまり食べられなくなった。都市の人口増大や農地の拡張によって森林が伐採され、動物の生態が破壊されたためと考えられる。

2 主に非大河灌漑農業を基盤にした多様な農業

多様な生態環境を活用する農業――マヤ文明の真の「神秘・謎」

古代マヤ人が、土壌が薄く、浸食されやすい熱帯低地で、二千年近く、場所によってはそれ以上にわたって持続可能な発展をどのように達成したのか――これこそ、マヤ文明の真の「神秘・謎」といえよう。以前は、「一様に農業に適さないマヤ低地において、トウモロコシを主作物とする焼畑農業だけが行われた」とされた。その後の調査によって、主に熱帯雨林に覆われたマヤ低地南部では、多様な生態環境が小さな区画ごとにモザイク状に分布することが明らかになった。古代マヤ人は、こうした変化に富むモザイク状の生態環境を柔軟に活用して、焼畑農業と集約農業を組みあわせてさまざまな作物を生産した。マヤ文明は、大きな地域差を有した非均質な文明であった。古代マヤ人は、川や湖がほとんどなく比較的乾燥しているマヤ低地北部、高低差が激しく湿潤で雲霧林も形成されるマヤ高地といった多様な環境に臨機応変に適応したのである。

旧大陸の四大文明がいずれも大河流域で灌漑農業を発達させたのにたいして、マヤ文明の集約農業としては、主に中小河川や湧水を利用した灌漑農業、段々畑、低湿地の底の泥を積みあげた盛土畑や水路を張り巡らした畑などがあった。また、住居の周囲の家庭菜園でも、さまざまな農作物が生産され、半自然半栽培の樹木が利用された。ベリーズ北部のプルトラウザー沼沢地の発掘調査によって、遅くとも先古典期後期までに盛土畑が開墾されていたことがわかった。格子状の水路が、盛土畑を囲んだ。焼畑のように耕地を移動せずに、毎年同じ畑での集約農業が可能になったといえる。盛土畑は非常に肥沃で生産性が高く、トウモロコシ、ヒユ科のアマランス、綿、カカオなどが生産された。

盛土畑と水路の跡は、航空写真などの利用によって、メキシコのカンペチェ州南部カンデラリア川周辺やキンタナロー州でも見つかっている。カンペチェ州のエツナでは、全長三一キロメートルにおよぶマヤ低地最大の水路網や貯水池があった。発掘調査によれば、水路網は前一五〇〇年頃までに建設され、古典期後期までにはあまり利用されなくなった。旧大陸の四大文明では、船の通れる大河川流域で灌漑農業が発達した。しかし、古代マヤの水路の規模は概して小さく、その多くは排水路であったことが特徴である。

水はけの良い山の斜面や丘陵地では、段々畑が作られた。リオ・ベック地方では約一五万ヘクタール、カラコル遺跡周辺の山腹部では約四万ヘクタールの古典期の段々畑跡が確認されている。ナクベの近辺、ペテシュバトゥン地域、ベリーズ川流域、その支流のモパン川流域やマヤ高地でも、段々畑が広がった。段々畑は、焼畑で深刻な問題となる土壌の浸食を防ぎ、土壌の水分を保ち、長期にわたる耕作を可能にした。しかし、興味深いことに、すべての丘陵地や山の斜面で段々畑が造営されたわけではなかった。たとえば、ユカタン半島北西部のプウク地方周辺の丘陵地では、段々畑の痕跡がほとんどない。同様に、すべての低湿地で盛土畑が開墾されたのでもなかったのである。

人口分布と多様な農業形態――テオティワカンとの相違点

古典期マヤ都市は、メキシコ中央高地の古典期最大の都市テオティワカンや古代メソポタミアのような人口集中型の都市とは大きな相違点も有する。マヤ地域から千キロメートルほど離れたテオティワカンでは、二〇〇―五五〇年の最盛期に、碁盤の目状の入念な都市計画にもとづいて、二三・五平方キロメートルの面積に一二万五千人から二〇万人の大人口が密集した。一辺二二四メートル、高さ

図44●メキシコ中央高地のテオティワカン遺跡の「月のピラミッド」（筆者撮影）。その正面および両側の建物には、傾斜壁（タルー）の真上に垂直の枠付きパネル（タブレロ）を嵌め込んだ特徴的なタルー・タブレロ様式の建築がみえる。マヤ都市には、古典期のメソアメリカ最大の都市であったテオティワカンのような碁盤の目状の都市計画や極度な集住形態はなかった。最近の調査によって、テオティワカンの人々とマヤ人は、従来推測されていたよりも密接かつ直接的に交流していたことが明らかになっている。

六四メートルの「太陽のピラミッド」、底辺一四九メートル×一六八メートル、高さ四五メートルの「月のピラミッド」をはじめとする、全部で約六百の神殿ピラミッドが立ち並ぶ威容は、同時期のメソアメリカに類例をみない（図44）。大部分の住民は農民であり、全部で二千ほどのアパート式住居に住んだ。これは一階建ての建物で、多くの部屋が配置され、平均して六〇―百人が居住した。いっぽう、地名、神の名前、暦など一二〇ほどの文字記号が確認されている。テオティワカン人は、マヤ文明のような発達した文字体系の恩恵なしに、当時南北アメリカ大陸最大の都市文明を発展させた。テオティワカンの公用語が何語であったのかはわからないが、トトナカ語、ナワ語などが候補である。古典期メソアメリカ唯一無二の国際都市テオティワカンでは、さまざまな言語が飛び交っていたであろう。

　古典期マヤ都市には、テオティワカンのような極度な集住形態はなかった。大部分の古典期マヤ都市では、人口が八千人未満であって、人口密度は比較的低く、より広い範囲にわたって住居が散在した。テオティワカンとは異なり、都市の境界が明確ではなく、都市間の後背地にもかなりの人口が継続的に分布する場合が多かった。こうした人口分布パターンは、農業形態と重要な関係があったと考えられる。＊巻末文献29 都市内に住み、郊外の農耕地まで歩いたテオティワカンの農民とは異なり、大部分の古典期マヤの農民は住居の近くに耕地を有していた可能性が高い。小さな区画ごとにモザイク状に分布する生態環境にあわせて、焼畑農業とさまざまな集約農業を緻密に組みあわせたのである。都市部では、小規模ながら労働投下量の多い家庭菜園や他の集約農業に依存する場合が多かった。そこでは、家族や親戚が労働の単位であったろう。

しかし、古代マヤ都市の人口分布と農業は、あくまで時間的・空間的に多様であった。最近の調査によれば、マヤ低地北部のチュンチュクミルでは、古典期前期に二〇—二五平方キロメートルの範囲に三万一千—四万三千人の人口が推定され、他の古典期マヤ都市よりも人口密度がきわめて高い。カラコルでは、都市中心部から全長六〇キロメートルのサクベが放射状に張り巡らされて、計画的に整然と配置された、四万ヘクタールにおよぶ周辺の山腹部の段々畑および貴族の邸宅を結んだ。中央集権的な農業や物資の流通の統御が示唆される。一九九〇年代後半のパレンケとその後背地の調査によれば、古典期後期の前半には都市部に人口が集住し、一平方キロメートルあたりの人口密度は二〇〇〇人を超えきわめて高かった。後背地には住居がほとんどなく、低湿地帯では水路を張り巡らした畑と盛土畑が、山腹部では段々畑が広がった。[*巻末文献30] パレンケ国家が都市部に住んだ農民を動員して、集約農業を運営したのであろう（図46）。ところが、古典期後期の後半には国家の統制力が弱まり、後背地に農民の住居が散在した。農民が、住居の近くで耕作するようになったのである。

農民の日常生活

エルサルバドルのホヤ・デ・セレン遺跡は、六三〇年頃にロマ・カルデラ火山の大噴火によって、五メートルもの厚い火山灰に覆われ、短時間で放棄されたことが発掘調査で明らかになった。この古

図45●ホヤ・デ・セレン遺跡。前方に円形の炊事小屋、その横に家庭菜園の畝、後方に倉庫と住居（筆者撮影）。

典期の小村落遺跡は、大量の遺物が原位置に残され、農民の日常生活を生き生きと伝えるその豊富な考古資料ゆえに、ユネスコ世界遺産に指定されている。その保存状態は、火山の噴火で同様に地中に埋もれたイタリアの世界遺産ポンペイ遺跡よりも良好であり、わらぶき屋根に住んだネズミの骨まで見つかっている。トウモロコシなどの農作物の発育状況から、火山は雨季の八月頃に噴火したことが明らかになった。さらに住居には夕飯を食べ終わった土器が洗わずに残され、寝床のうえにはまだいろんなものが置かれたままだったので、噴火は夜にはじまったと推定される。またポンペイ遺跡とは異なり、人間の遺体が出土しないことから、農民が別の場所に避難していたことがわかる。ホヤ・デ・セレンは、マヤ地域と非マヤ地域の境界付近に立地していた。それゆえに、この村に住んだ農民がマヤ諸語を話していたかどうかは明らかではない。いずれにせよ、その生活様式は、マヤ地域の農民のそれと類似していたと想定される。

大部分の建造物は比較的小さく、底面が三×四メートルや四×五メートルほどである。低い土製の基壇のうえに、編み枝に泥を塗りつけた壁があり、屋根はわらぶきであった。同一の世帯が使用したと考えられる住居（寝起きする家屋）、炊事小屋、倉庫などの土製建造物が出土している（図45）。住居跡には、いわゆる「ベンチ」があり、農民が寝たり座ったりした。住居跡からは、大型の貯蔵用土器や調理用の実用土器、製粉用磨製石器の石盤メタテと石棒マノ、バスケットなどが出土しているので、農民が住居に食料を貯蔵し、飲食したことがわかる。農民の核家族的な世帯が、少なくとも十数点の彩色土器を所有し、黒曜石製石刃、緑色石製磨製石斧、海産貝のような遠距離交換品を搬入していた。ある世帯では、全部で七三点の土器を所持していた。グアテマラ高地イシュテペケ産の黒曜石製石刃は、住居の屋根裏に置かれていた。農民は、鋭利な石刃を子供の手が届かない安全な場所に保管していたのである。

住居の近くには、トウモロコシ畑、マニオク、薬用植物、花などを栽培した家庭菜園なども出土した。とりわけ、アメリカ人考古学者P・シーツらの最近の発掘調査によって、住居から二〇〇メートルほど離れた場所で、マニオクというイモが集約的に栽培された畝畑《うねばたけ》が見つかった。マニオクは、発掘調査では検出され難く、これまでに家庭菜園などでまれに栽培されたマイナーな食料と考えられてきた。しかし、それは、ホヤ・デ・セレンでは、トウモロコシと並び、農民の主食であった。マニオクは、トウモロコシと比べると、肥沃でない土壌でも育ち、収穫量も高く干ばつにも強い。筆者は、マニオクがマヤ低地においても従来考えられていたよりはるかに重要な食料であった可能性が高いと考えている。

動植物遺存体の分析によって、ホヤ・デ・セレンの農民は、トウモロコシ、マメ類とマニオクの食事に加えて、カボチャ、トウガラシ、アボカド、ヒョウタン、グアバ、コヨールヤシの実、鹿、アヒル、犬など、かなり豊かな食生活を享受していたことがわかった。日本の火山灰土壌は、一般に劣悪な土壌とされるが、中央アメリカの火山灰土壌は、熱帯地方の農業用土壌として極めて肥沃である。発掘調査では、カカオの花が開花しはじめたばかりの木の幹、カカオの果実やカカオ豆の痕跡が検出された。倉庫として利用された建造物では、カカオ豆やその残滓が付着した彩色土器が出土した。この村の農民は、主に支配層のあいだで高貴で贅沢な飲料として珍重されたカカオを栽培し、儀礼でふんだんに用いていた。古典期のホヤ・デ・セレンの農民は、現代の貧農よりも、物質的にはるかに豊かな生活を送っていたといえよう。

農民の世帯は、余剰生産物を他の世帯や村の外部と交換していた。ある世帯では世帯内の必要性をはるかに超える彩色したヒョウタン製品を、別の世帯ではメタテやマノなどの製粉用の磨製石器を多く製作した。さらに別の世帯では、住居の近くに火山灰で覆われた状態の七〇株ものリュウゼツランが家庭菜園跡で発見され、その葉の繊維から世帯内の年間消費量をはるかに超える糸、衣服やロープなどを製作したことがわかる。

住居以外の建造物としては、公共の蒸し風呂があった。その隅にはアドベ（日干しレンガ）の柱があり、壁は硬い粘土で造られた。中央にかまどがあり、一〇人ほど収容可能である。蒸し風呂は、入浴だけでなく、身体を清める宗教儀礼や儀礼的な病気治療にも使われたと考えられる。蒸し風呂は、現在でもグアテマラ高地のマヤ人やメキシコ高地の人々が愛用している。

村の集会所と推定される建造物は、底面が八×五メートルあり、ホヤ・デ・セレン遺跡で最大を誇る。壁は硬い粘土で造られ、住居跡とくらべると、遺物の出土量が極端に少ないが、飲料を入れたと思われる大きな土器が「ベンチ」のうえに置かれていた。占いが行われた建物では、壁の四角な窓枠のうちに、粘土を塗った棒状の角材を交差させて菱形状の隙間が形作られた。内部には、女性と動物の土偶、鹿の角、支配層のあいだで重宝されたウミギクガイという海の貝、マメ粒などの「占いの道具」が大事に保管されていた。

村の豊作の祭りや饗宴に利用されたと考えられる建物では、東の色である赤に彩色されたオジロジカの頭骨、抉りを入れたオジロジカの肩甲骨、ワニの顔を表象した土器といった祭具が東側の大部屋に収納されていた。ワニの顔を表象した土器には、赤い粉アチョテを造る紅の木の実がぎっしりと入っていた。マヤ社会では、オジロジカは豊穣のシンボルであり、数々の創造神話で重要な役割を果たし、太陽と雨に関連する動物とされた。後方の部屋の床面に置かれた大型の実用土器には、マメのような種を入れた痕跡があり、饗宴用の食料を保存したと推定される。

セノーテ、チュルトゥンとマヤ低地北部の農業

マヤ低地北部では、マヤ低地南部とくらべると降水量が少なく、川や湖沼がほとんどない。石灰岩の岩盤が陥没して地下水が現れた天然の泉セノーテは、乾燥したマヤ低地北部の多くの地方では、唯一の水源であり、チチェン・イツァ、ツィビルチャルトゥン、ヤシュナ、マヤパンなどでは、その周囲に都市が築かれた。トゥルムでは、小さなセノーテのうえに「建造物三五」が建造された。

マヤ低地北部でもっとも肥沃な土壌が広がるプウク地方には、セノーテがない。マヤ低地南部より

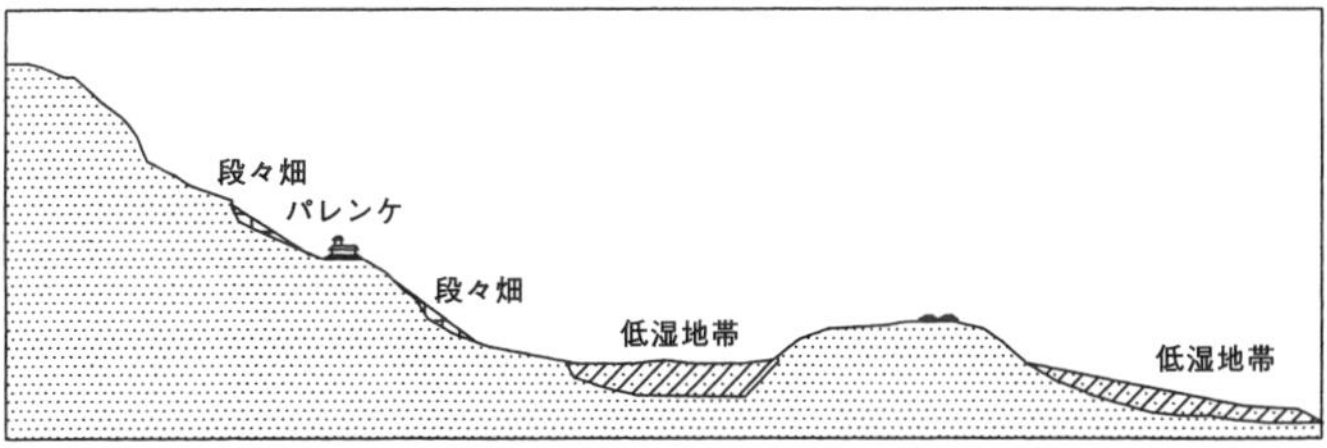

図46●パレンケ遺跡周辺の農耕地（上、Liendo 2002：図 4. 1 より作成）。
図47●サイル遺跡の住居とチュルトゥン（下、McAnany 1990：図 13. 2 より作成）。

も乾燥したこの地方の古代マヤ人は、石灰岩の岩盤を掘ってチュルトゥンを造った。マヤ低地北部では、チュルトゥンは雨水を貯めるための地下貯水槽であった。プウク地方の古典期終末期の都市サイルには、全部で三百以上のチュルトゥンが見つかっている。多くの住居基壇は、チュルトゥンを掘るのに最適な小さな自然丘のうえに建てられた（図47）。サイルの四・五平方キロメートルの範囲には一万人が、その周囲に七千人が住んだと推定される。また、チュルトゥンがない低い基壇跡もあり、雨季の農民の季節的住居あるいは作業小屋であったと考えられる。しかし、周辺の丘陵地では段々畑などの集約農業の痕跡がほとんどない。遺物の空間分布や土壌のリン酸分析によれば、サイルは広場や建造物間の空地に肥料をまいて継続的に家庭菜園として活用した「菜園都市」であった可能性が高い。つまり、サイルでは国家が農業を中央集権的に統御しなかったのである。

3 製作技術

打製石器

マヤ文明では、旧大陸の四大文明のように金属器が実用化されず、鉄はいっさい使用されなかった。

金、銀、銅製装飾品・儀式器が使用されはじめたのは、九世紀以降であった。主要利器は石器であり、その他の日常の道具としては、木器、骨角器などがあった。石器は、大きく打製石器と磨製石器に二分される。打製石器を製作するには、直接打法（石、骨、角、木のハンマーで原石を直接叩く方法）、間接打法（骨、角、木などの棒状のたがねを通して間接的に原石を叩く方法）、押圧剥離法（骨、角、木を押しつけて石器を剥離する方法）などが用いられた。石材としては、火山ガラスの黒曜石とチャート（珪石）などの珪質堆積岩が主流である。

火山性ガラスの黒曜石は、火山のある高地でのみ産出し、低地に広範囲に交換された。マヤ高地の一部をなすグアテマラ高地の主要産地は、黒色、暗灰色から暗茶灰色の黒曜石を産するエル・チャヤル、イシュテペケ、サン・マルティン・ヒロテペケである。エル・チャヤルとイシュテペケ産黒曜石は、先古典期前期から一六世紀まで広範に利用された。サン・マルティン・ヒロテペケ産黒曜石は、主に先古典期に採取されたが、その後も利用されつづけた。そのほかにも、タフムルコやいくつかの小規模な原産地が確認されている。

先スペイン期のメソアメリカでもっとも代表的な黒曜石製石器は、定型的な石刃であった。石刃とは、両側辺がほぼ平行する規格的な縦長の薄い石片である（図48）。石刃を連続して押圧剥離するために、自然石の全体を加工して円錐形に整形した石核を石刃核とよぶ。黒曜石製の石刃は、メソアメリカ各地で共有された文化要素のひとつでもあり、前一二〇〇年頃から製作された。マヤ低地各地で

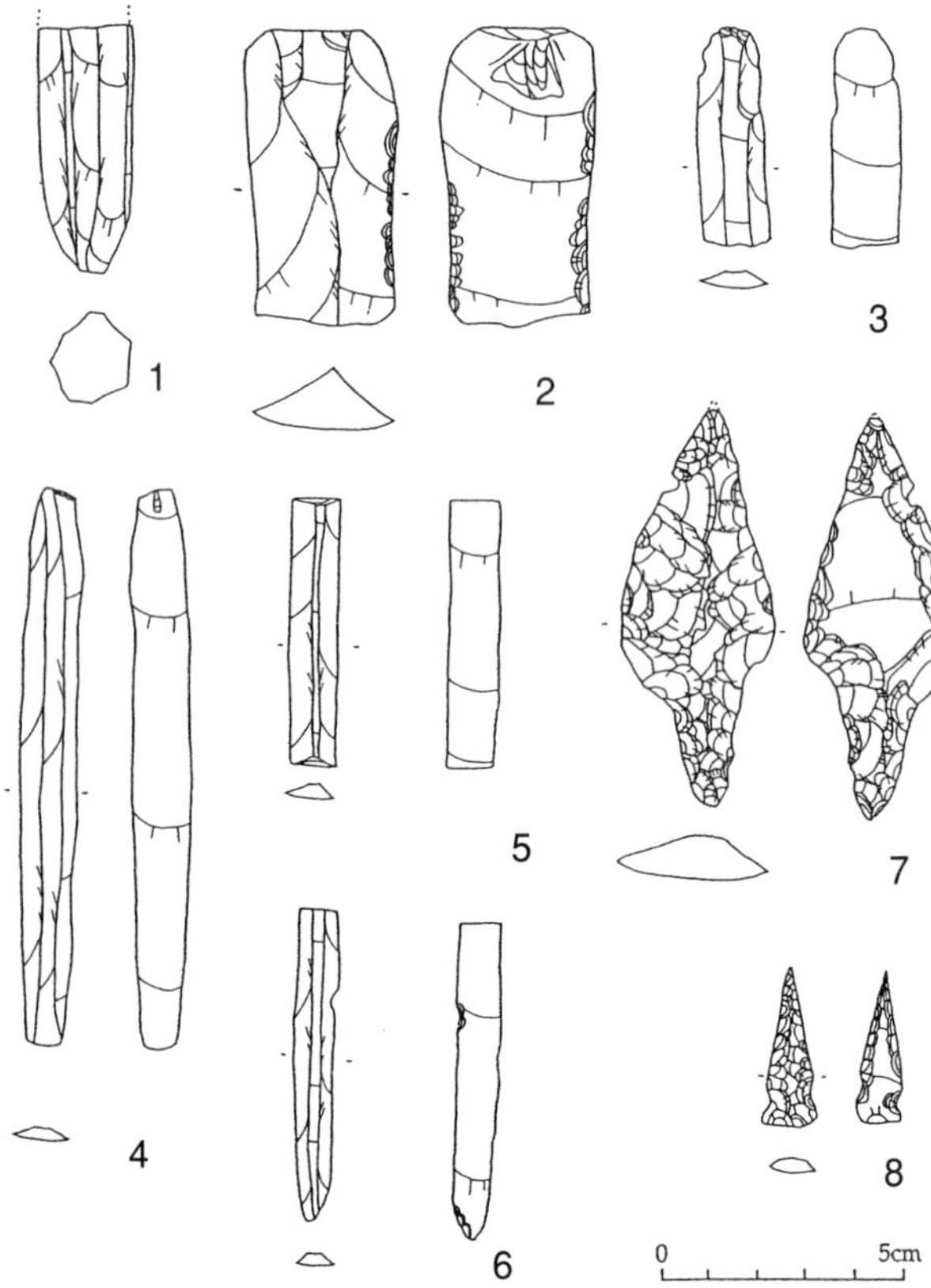

図48●古典期のコパン谷の黒曜石製石器（Aoyama 1999より作成）。
1：石刃残核（石刃核から石刃を連続して剥がし取った残核）、2：大型石刃、3-6：石刃、7：石槍（両面調整尖頭器＝大型石刃や剥片の両面を加工した、先端が鋭く尖った石器）、8：石刃鏃（石刃を加工して、鋭い先端部がつくり出された石器）

初期国家が発達した古典期になると、黒曜石は壊れやすい石刃ではなく、高地の原産地の近くで整形された石刃核の形状で主に輸送された。半専業の専門工人が、こうした石刃核を用いて同一規格の石刃を大量に生産した。石刃を生産することで、だれにでも製作可能な剥片《はくへん》（自然石などの端や周辺を打ちかいて薄く剥ぎ取った不定形な石片）にくらべ、原材料をはるかに効率的に活用できた。その結果、石刃が黒曜石製石器の主流を占めるようになった。メソアメリカの定型的な押圧剥離石刃は、日本を含む東アジアの旧石器時代末期の細石刃とは、その製作法、生産規模、使用法、廃棄・埋納のパターンが異なるだけではない。メソアメリカの場合には、石刃核の獲得と石刃の生産は、高度に発達した政治経済組織の存在が必要不可欠であった。モンゴロイド先住民による押圧剥離石刃の製作は、二七〇〇年以上にわたってつづいた。そしてその息の根を止めたのは、一六世紀に侵略したスペイン人だったのである。

　実験研究によれば、たとえば直径一〇センチメートルの石刃核から、二百点ほどの石刃が二時間未満で押圧剥離される。大部分の石刃は、二つか三つに折って石刃片として使用された。すなわち、こうした石刃片が完成品だった。石刃はまれに放血儀礼に使われることもあったが、主に実用品として手工業生産や調理などの日常生活のさまざまな作業に用いられた。その他の黒曜石製石器としては、スクレイパー（掻器《そうき》・削器《さっき》）、石錐《いしきり》、抉入《えぐりいり》石器、鋸歯縁《きょしえん》石器、石槍・ナイフの両面調整尖頭器や石刃鏃《ぞく》などがあった。

一六世紀のアステカ人の民族史料や実験研究によれば、石刃製作の一方法として、地面に座して両足で石刃核を保持し、長さ一二五センチメートルほどの木の棒の一端付近にフック状の横木を取りつけた特別な押圧剥離具を石刃核の打面に当てて、押し出すように石刃を製作したとされる。けれども最近の研究によれば、メソアメリカでは黒曜石製の石刃は、単一の方法で生産されたのではないことが明らかにされつつある。たとえば、両足で保持できない小さな石刃核の場合は片手で保持しながら石刃を製作するなど、他の方法でも石刃が生産されたのであろう。マヤ高地の先古典期後期・古典期最大の都市であったカミナルフユは、黒曜石産地エル・チャヤルから二〇キロメートルときわめて近い。長さが一五―二五センチメートルの石刃核がカミナルフユに搬入され、幅が三―四センチメートル、長さが二二センチメートルにおよぶ大型の石刃が製作された。実験研究によれば、アステカ人の製作法では、このような幅が広い石刃を製作することはきわめて困難であることが指摘されている。その製作には間接打法、立った姿勢での押圧剥離法、てこの原理を利用した押圧剥離法、あるいは他の方法が用いられたと考えられる。

打製石器の石材としては、他にチャートなどの珪質堆積岩がマヤ低地のさまざまな場所で採取された。二次加工のない剥片が大部分を占めるが、石刃と同様に多機能な実用品であった。また黒曜石製石器と同様に、チャート製のスクレイパー、石錐、石槍・ナイフの両面調整尖頭器などが製作された。チャート特有の石器としては、農耕や日常の多様な作業に用いられた、分厚い両面調整楕円形石器が

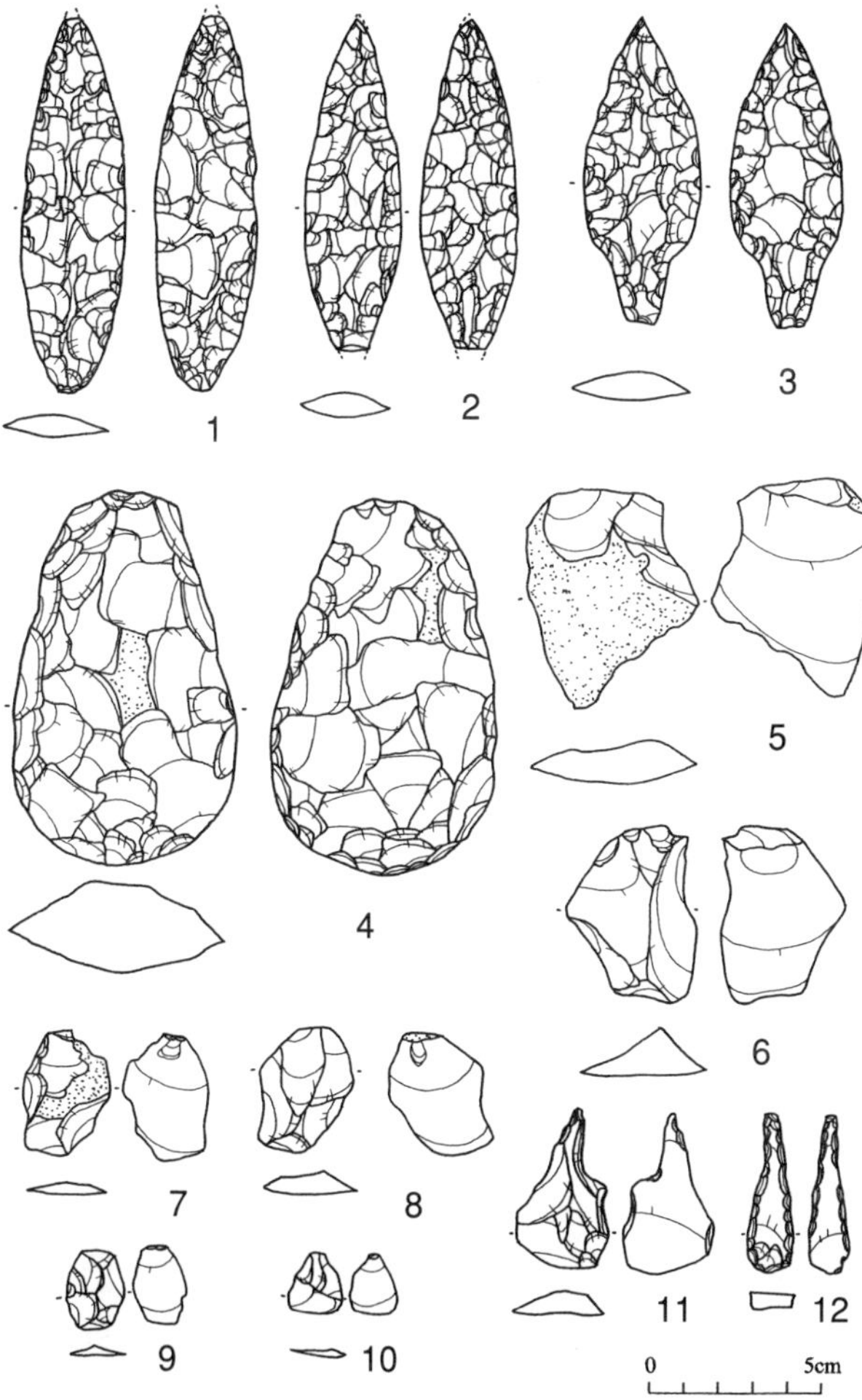

図49●古典期後期のアグアテカ遺跡のチャート製石器（青山 2003：図6）
1-3：両面調整尖頭器、4：両面調整楕円形石器、5・6：剥片、7-10：両面調整剥片（両面調整石器の製作過程で生じた剥片）、11・12：石錐

ある（図49）。

ベリーズ北部のコルハは、先古典期後期から古典期終末期にかけてのマヤ低地最大のチャート製石器の生産地として有名である。きわめて良質なチャート露出地帯に立地し、両面調整楕円形石器などのチャート製石器が大量生産された。チャートの原石はコルハで採掘され、石器に加工された。盛土畑が開墾されたプルトラウザー沼沢地周辺、サンタ・リタ・コロサル、クエジョやセロスといったベリーズ北部の居住民は、コルハ産の両面調整楕円形石器を製品として搬入し、刃部再生を繰りかえしながら使用した。コルハにおける石器の大量生産の証拠は、メキシコ中央高地の古典期最大の都市テオティワカンのそれをはるかに凌駕する。しかし、コルハが大都市に発展することはなかったのである。注目すべきことに、コルハの住民は、地元産の良質のチャートで切断道具を作ることができたにもかかわらず、相当量の黒曜石を高地から搬入した。黒曜石製石器は、マヤ低地の人々にとって社会的に重要な価値をもっていたことがうかがわれる。

いっぽう、実用品ではない打製石器もあった。黒曜石やチャートを直接打法、間接打法と押圧剥離法を組みあわせて精巧に加工して、人物、サソリ、蛇、月などの特別な形にしたエクセントリック石器は、供物として神殿内や副葬品として墓に埋納された（112頁、図38）。また、黒曜石は、鏡、宝石、モザイク仮面や顔の石彫の黒目としても利用された。

磨製石器

磨製石器の石材としては、玄武岩、安山岩、流紋岩、凝灰岩、花崗岩、石灰岩、砂岩、翡翠、黄鉄鉱、アラバスター（雪花石膏）、チャート、黒曜石などがあった。製粉用の石盤メタテは、石棒マノと組みあわせて、トウモロコシやカカオなどを挽くために使われた。現在でも一部の農民がメタテとマノを使用しており、それらは市場や雑貨店で販売されている。

その他の磨製石器としては、磨製石斧、バークビーター（樹皮紙を製作するための叩石）、紡錘車、石皿、磨石、砥石、グアテマラ高地産の翡翠製品（ブレスレット、ペンダント、耳飾り、胸飾り、指輪、足首飾り、足の指輪、モザイク仮面などの装身具や小型彫刻）、黄鉄鉱製モザイク鏡、アラバスター製容器などがあった。それらの製作には、さまざまな大きさの叩石を用いた打撃剥離と敲打《こうだ》、そして磨石および砂や打ち砕いた石粉などの研磨剤を使った研磨という工程が含まれる。硬い翡翠の場合には、さらに研磨剤と糸鋸による引き切りや石錐による穿孔《せんこう》といった手間のかかる工程を被支配層が請け負ったあとで、支配層の工芸家が図像やマヤ文字を刻んだのである。

石器製作の儀礼的側面

先スペイン期の石器の製作には、たんに道具を生産するという経済・技術的な側面だけでなく、宗教儀礼的な側面があった。たとえば、コパンの中心グループの南一五〇メートル、都市中心部「エル・ボスケ地区」にある古典期後期のマヤ文字が刻まれた石造祭壇の下から、全部で二八三点の打製石器群が出土した。両面調整尖頭器あるいはエクセントリック石器の製作過程で生じた、チャート製両面調整剥片が大部分を占める。工人は石器を工房で生産したのち、両面調整剥片の一部を注意深く選択して、石造祭壇の下に宗教儀礼の供物として埋納したのである。筆者がチャートの色、材質、透明度によって分類した結果、チャート製石器群は一九の母岩から剥離されたことがわかった。一〇点の黒曜石製剥片と合計して二〇という母岩数になる。二十進法を使っていた古代マヤ人にとって、三六五日暦や二六〇日暦の一月(二〇日)にも相当する重要な数字であった。換言すれば、埋納石器群の母岩数が意図的に選択された可能性が高い。

黒曜石製の石刃のような専門的な石器の製作技術にかんする知識と関連する儀礼は、セットとして、半専業の専門工人のあいだで共有されていたと考えられる。メソアメリカの民族史料や民族誌からも、石器製作の宗教儀礼的な側面が明らかである。民族史料によれば、一六世紀のメキシコ中央高地のトラスカラの石刃工人は、石刃製作に先立ち断食し、祈祷《きとう》した。石刃が剥離中に壊れたならば、ちゃんと断食しなかったためだとされた。それから、石刃をきれいな布のうえに置き、香を焚き込めた。つぎに四人の神官が石刃を祝福する歌を歌い終わると、最年長の神官が太鼓を叩いた、とスペイン人修道士モトリニアは書き残している。二〇世紀前半のラカンドン・マヤ人は、伝統的に「神の家」とよばれる村の公共儀礼建築内でチャート製石鏃《せきぞく》を生産した。一九七〇―八〇年代の民族学調査によれば、その製作は、家屋内またはその周辺で行われた。しかし、伝統的なラカンドン・マヤ人は、朝食前の早朝のみ石器を製作した。石器製作の前に食事をとると、打撃石刃がうまく剥離しないためだという。石器製作の宗教儀礼的な側面は、先産業社会における手工業生産や政治経済組織を研究するうえで念頭に置かなければならない重要な視点といえよう。

石器の製作と工房から廃棄された石器群

古代マヤ都市では、工人は石器を製作したのち、怪我をする恐れのある鋭利な石屑を石器工房から取り除き、別の地点に廃棄した。こうした工房から廃棄された石器群は、清掃や維持活動によって、他のゴミと一緒にゴミ捨て場に捨てられ、建造物の増改築に伴いその盛り土の一部として使用された。たとえば、黒曜石製の石刃の製作に関連した工房から廃棄された石器群は、ティカル、ヤシュチラン、ノフムル、キリグア、コパンなどの古典期の都市中心部の神殿ピラミッドなどの大公共建築の盛り土から出土している。このことから、支配層が石刃の生産および廃棄に強く関わっていたと考えられる。

民族史料によれば、一六世紀のメソアメリカの人々が、鋭利な黒曜石製の石器の危険性を強く認識していたことがわかる。アステカ王国のモテクソマ王は、神官を罰するために黒曜石製の石刃片を敷き詰めた牢屋に投獄し、終身刑を課した。アステカ人の世界観によれば、九層からなる地下界の一層は「黒曜石の山」であった。そこでは、死者は、その鋭く切り立った小道のうえを歩かなければならなかった。また、「黒曜石の風」という層では、風は黒曜石製の石刃のように身を切る寒さであったという。いっぽう、一六世紀のキチェ・マヤ人にとって、鋭利な黒曜石製の石刃で満たされた「石刃の館」は地下界の懲罰のひとつであった。

民族考古学の調査によれば、メキシコのチアパス州の熱帯雨林に住むラカンドン・マヤ人は、一九八〇年代にチャート製の石鏃の製作にあたって二本の木の棒のあいだに一メートルほどの長さの綿製受け布を張って剥離する剥片を受け止め、その破損を予防した。受け布のうえに残った石屑をヒョウタン製容器に入れて、工房から離れた地点に廃棄した。これは、人々がとくに小さな子供が足を切らないようにという配慮であった。石器の廃棄地点としては、石器製作者の家屋から約二〇〇メートル離れた非農耕地などが選択された。別の廃棄地点は、なんと家屋から約一二〇メートル離れた先スペイン期の神殿ピラミッドの下であった。マヤ文明の遺物と現代の石屑が混じりあうために、考古学者を混乱させかねない廃棄パターンといえよう。

マヤ高地に住むツェルタル・マヤ人とチュフ・マヤ人は、一九七〇年代にガラス片製の道具を皮、角、木の加工のための実用具および放血儀礼や病気治療のために血液を体外に排出させる瀉血《しゃけつ》儀礼具として使用していた。調査者は、先スペイン期ではガラス片の代わりに火山ガラスの黒曜石が使われた可能性を示唆している。現代マヤ人は、ガラス片製の道具を敷物のうえで製作し、注意深く残ったガラス片を取り除き、人々が歩きそうもない地点に穴を掘って廃棄した。ガラス片の廃棄穴は、家屋から一〇―一五メートル離れている場合が多かった。このように現代マヤ人は、鋭利な製作屑を工房から離れた地点に廃棄したのである。

工房から廃棄された大量の石器群が、ティカル、ワシャクトゥン、リオ・アスル、ドス・ピラス、タマリンディート、ヤシュチラン、アルタル・デ・サクリフィシオス、アルトゥン・ハ、カラコル、ラマナイなど、王や貴族の石室墓のうえや周囲から出土している。とりわけ、ティカルでは、大量のチャートと黒曜石の石器群に覆われた石室墓が八基ほど見つかっている。七基は都市中心部の大建造物内に、一基は隣接する貴族の住居建築内にあった。なかでも、「神殿一」内に埋葬されたハサウ・チャン・カウィール王（六八二―七三四年統治）の壮麗な「墓一一六」は、少なくとも一五万七千点（約一トン）のチャートの製作屑と、三八万点（約二五〇キログラム）の黒曜石の製作屑に覆われていた。チャートは両面調整石器の製作過程で生じた剥片、黒曜石は石刃の製作工程で生じた石屑がほとんどを占める。石屑の埋納は、たんなる廃棄ではなく、葬送儀礼の一部を構成していたと考えられる。おそらく王や貴族を地下界に送るために埋納されたのであろう。工房から廃棄された大量の石器群の墓への埋納が、王や貴族の墓に限られていたことは重要である。なぜならば、このことは、支配層が主に実用品であった黒曜石製の石刃だけでなく、チャート製の両面調整石器の生産および廃棄にも関わっていたことを強く示唆するからである。

建築材と顔料

マヤ低地の都市の多くは、石灰岩の岩盤のうえや路頭の近くに立地する。また、建造物や石碑をはじめとする石造記念碑の石材としても、石灰岩が主に用いられた。いっぽう、コパンや近隣のラ・エントラーダ地域では凝灰岩が、キリグアでは砂岩、流紋岩、大理石などが用いられた。マヤ高地のカミナルフユでは、アドベ（日干しレンガ）を使って高さ二〇メートルにおよぶ神殿ピラミッドが建造された。石灰岩などの適切な建設石材が産出しないタバスコ州のコマルカルコでは、マヤ低地ではきわめて珍しく、粘土を焼成したレンガを積みあげ、牡蠣の貝殻から生産した漆喰を塗って建造物を造った。

石灰岩が豊富な地域では、打ち砕いた石灰岩をゆっくりと焼いて、生石灰が製作された。これに水をくわえて建造物や床面に漆喰が塗られ、漆喰彫刻が造形された。都市を建設・維持するうえで、大量の漆喰が生産された。赤鉄鉱、マンガン、辰砂《しんしゃ》（水銀朱）などの高地産鉱物から顔料が作られ、石造記念碑、建造物、壁画、絵文書、織物、土器、土偶などが彩色された。有名な「マヤ・ブルー」は、藍（インディゴ）と粘土鉱物を混ぜ加熱して造り出された、世界でもまれな有機青色顔料といえる。太平洋産の貝ヒメサラレイシから採取した貝紫、およびウチワサボテンに寄生するコチニールという小さな虫から取った赤色は、動物性染料である。ログウッドは、高さ一〇メートルほどのマメ科の木であり、その心材は黒色染料として利用された。

織物

ユカタン半島では綿花が広く栽培され、織物が広範囲に交換された。ベリーズのクエジョでは、先古典期中期（前一〇〇〇―前四〇〇年）の綿の遺存体が出土した。石彫、土器、土偶、絵文書、壁画の図像には、織物を織る女性、精巧な刺繍や紋織りが施された貫頭衣や巻きスカートに身を包んだ女性、ふんどしやケープをつけた男性などが表象されている（図50、51）。紡錘車として使用された穴の開いた土器片や土製紡錘車は、先古典期後期から出土する（図52）。

古典期のマヤ低地における織物の出土は、きわめてまれである。五世紀のリオ・アスルの「墓一九」と「墓二三」に埋葬された貴族男性は、赤く染められた麻のような粗い布に包まれ、そのうえに精巧な木綿製の紋織物に覆われていた。六世紀のコパンの「ロサリラ神殿」から出土した九点のチャート製エクセントリック石器は、色鮮やかな青色と緑色の織布に包まれた状態で見つかった。チチェン・イツァの「聖なるセノーテ」の底で発掘された六百点を超える炭化した織物片の一部には、刺繍や紋織りの菱形、十字、卍などの幾何学文様がある。*巻末文献31 それらの大部分は綿製だが、リュウゼツラン製のものも含まれる。「聖なるセノーテ」からは、土製紡錘車だけでなく、木製紡錘車も見つかってい

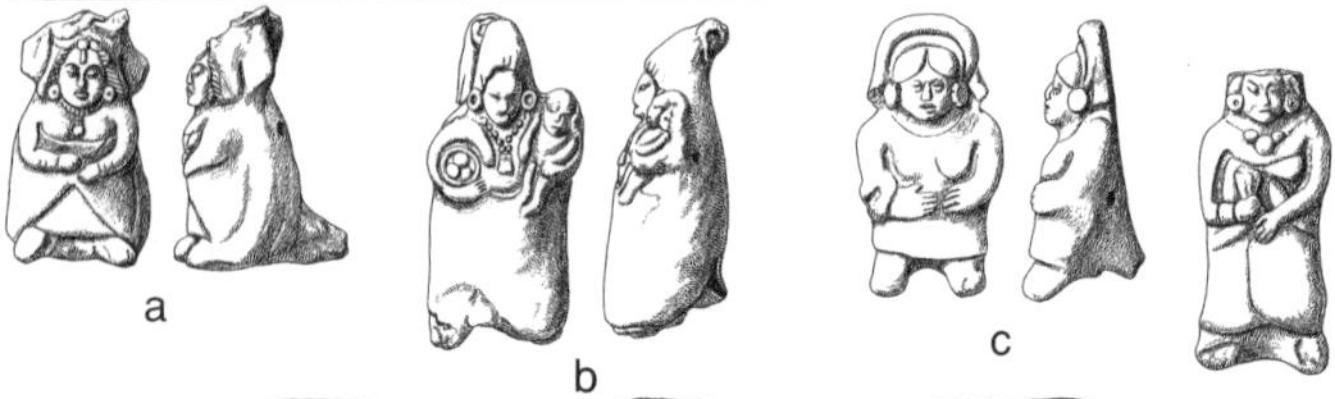

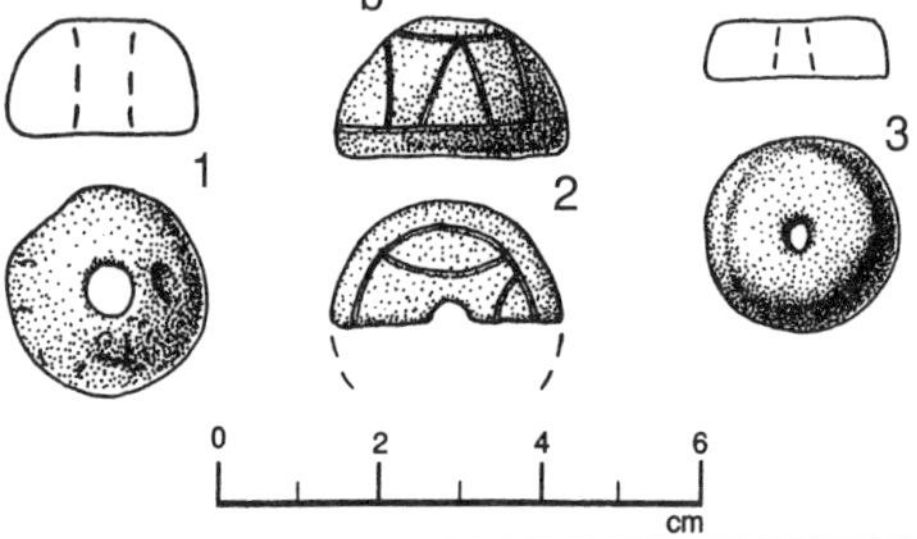

図50●ティカル遺跡の「神殿1」内に埋葬されたハサウ・チャン・カウィール王（682-734年統治）の壮麗な「墓116」に副葬された多彩色土器の傑作（上、Culbert 1993b：図68)。玉座に座った王（左上）が、羽根飾りなどの貢物を受け取っている。羽根・翡翠・貝製装飾品、ふんどし、ケープなどの服装に注目。

図51●アルタル・デ・サクリフィシオス遺跡の古典期後期の女性をかたどった土偶兼笛（中、Willey 1972：図34)。bの女性は、右手にトウモロコシの蒸し団子タマルが入った容器を、左手に赤ん坊を抱えている。

図52●コパン遺跡の土製紡錘車（下、Willey *et al.* 1994：図146)。石製や木製の紡錘車も用いられた。

る。木製紡錘車は土中では腐敗してしまうが、じっさいには多く使用されていた可能性が高い。アグアテカの古典期の支配層を構成した書記を兼ねる工芸家の妻が主に道具を貯蔵した部屋からは、土製・石製紡錘車、骨針、メタテ、マノ、調理・貯蔵用の実用土器など女性の作業に関連した遺物が多く出土している。貴族の女性も、美しい織物を織っていたのである。

塩

塩はマヤ地域では生産地が限られていたために、先コロンブス期の重要な交易品のひとつであった。調味料としてだけでなく、魚や動物の肉の保存や織物の媒染剤などとしても利用されたと考えられる。先古典期後期ののちには、塩は主要な生産地からメソアメリカの交換網を通して供給された。製塩法には、塩田法と土器製塩（海水を土器で煮沸して塩を得る方法）があった。最大の生産地はユカタン半島北部沿岸であり、もっとも質の高い塩が生産された。降水量が少なく暑く乾燥した気候を利用して、広大な塩田が広がった。塩の交換は、マヤ低地北部の経済発展の重要な要因のひとつであった。

グアテマラ内陸部アルタ・ベラパス県のサリナス・デ・ロス・ヌエベ・セロスでは、先古典期後期と古典期に土器製塩が行われた。一九九〇年代の水中考古学の調査によって、ベリーズ南部沿岸の古典期後期の製塩遺跡が見つかっている。*巻末文献32 後古典期の海面の上昇により、多くの製塩遺跡は海面下に沈んだが、塩は後古典期にもベリーズ南部沿岸で生産されつづけた。ベリーズ北部沿岸では主に塩田法が用いられたのにたいして、降水量が多いベリーズ南部沿岸では土器製塩がさかんに行われた。ベリーズ産の塩は、沿岸部だけでなくマヤ低地南部の内陸部にも交換された。塩が希少な場合や交換網が衰退したときには、現代ラカンドン・マヤ人のように、ヤシ科のシュロの葉を焼いた灰から塩を得ることもあったと考えられる。

蜂蜜と酒とタバコ

ユカタン半島東部沿岸やコスメル島は、後古典期の蜂蜜の名産地として知られる。蜂蜜も、重要な交換品であった。一六世紀以降にヨーロッパ産のミツバチが導入されるまで、野生の毒針のないハリナシミツバチが利用され、またその一部は養蜂された。蜂蜜は、ポソレやアトレといったトウモロコシ飲料の甘味料としても利用された。マヤ低地では、蜂蜜に、水、風味を出すためにバルチェの樹皮をくわえて発酵させた、蜂蜜酒のバルチェ酒が儀礼において大量に消費された。バルチェ酒は、二〇世紀に入ってもメキシコのチアパス州に住むラカンドン・マヤ人の儀礼において重要な位置を占めた。現在も雨乞いなどの儀礼でバルチェ酒を使用するユカタン・マヤ人がいる。トウモロコシを発酵させたチチャ酒も儀礼に用いられた。酒は、宗教儀礼において神々との交流を円滑にした。

アメリカ大陸原産のタバコは、古代マヤ人にとって、重要な儀礼用植物であった。その煙は、宗教儀礼を清め、儀礼的な病気治療にも使われた。石灰を混ぜた噛みタバコは、強力な覚醒作用があり、王や貴族が、占いや予言のためにトランス状態に入り、疲労や断食に耐える力を与えた。古典期マヤ人は、タバコの煙と雲、燃えるタバコと流れ星・天の川を関連づけて考えた。こうした天体と雨・稲妻の神チャークとの関係は、タバコの神聖性を示唆する。パレンケの「十字の神殿」をはじめとする彫刻、土器、絵文書、貝製品には、葉巻や土製パイプで喫煙する神々や王が表象されている。いまなお、儀礼でタバコを使う現代マヤ人もいる。またタバコは、解熱、耳・歯・胸・身体の鎮痛、皮膚・呼吸器官・胃腸の病気治療にも用いられた。こうした民間治療の多くは、現在も行われている。

貨幣とカカオ飲料

アメリカ大陸原産のカカオは、古代マヤ人によって栽培化された可能性が高い。カカオは、高温多湿の気候と良好な土壌のベリーズ北部、カンペチェ州南部、タバスコ州、ホンジュラス北西部のスーラ平野やナコ地方などの特産品であった。カカオ豆は、少なくとも後古典期のメソアメリカでは交換可能な貨幣として流通した。銅製鈴、海産貝製の数珠、美しい石の数珠玉、翡翠製の数珠なども貨幣的な役割を果たした。マヤ地域の一部では、二〇世紀初頭までカカオ通貨が通用した。

カカオは固形のチョコレートとしてではなく、支配層の高貴で贅沢な飲料として珍重された。*巻末文献33 また、強壮、口や喉の炎症、歯痛や解熱などの薬としても利用された。作り方は、乾燥させたのちに炒ったカカオ豆を挽きつぶして練り粉にして、熱湯または水に溶き、トウモロコシの粉、トウガラシ、紅の木の実から造った赤い粉アチョテなどを加えた。蜂蜜やバニラが加えられることもあった。いずれにしても、その味は、ミルクや砂糖が入った現代のココアとはかなり異なっていた。一六世紀のスペイン人は、この飲物を「きわめて美味」と記している。

第5章　古典期マヤ都市の盛衰

本章では、古典期マヤ文明の代表的な都市の盛衰を具体的に復元してみよう。最近の研究によれば、古典期前期（二五〇―六〇〇年）のマヤ地域の諸王朝は、当時メソアメリカ最大の都市であったメキシコ中央高地のテオティワカンの支配層と密接かつ直接的に交流していた。テオティワカン人がじっさいにマヤ低地の諸都市を訪れたことは確実であり、物資だけでなく、観念体系や美術様式などの情報も交換されつづけた。外来文化は、取捨選択されながら圧倒的大多数を占める地元のマヤ人の文化に取りこまれ、権威の象徴として王権を強化するために利用されたのである。

かつてマヤ文明は、「戦争のない平和な文明」であり、「静態的で均質な文明」と捉えられていた。じっさいは、諸王が戦争や権力闘争を繰り広げ、遠く離れた王朝間でも戦争が行われ、政略結婚によって同盟が結ばれた。カラクムルとティカルの例のように、戦争の勝敗は、都市の盛衰に大きく影響した。マヤ文明は、たえず変化しつづけた動態的で大きな地域差を有した文明であった。

1 古典期の諸都市の繁栄と戦争

考古学調査に、マヤ文字の解読、図像学や関連諸科学を組みあわせた学際的な研究を実践し、多種多様なデータを相互に検証する総合的アプローチによって、古典期マヤ低地の諸都市の王朝史がかなり具体的に明らかにされている。マヤ文字の解読によれば、遠く離れた王朝間でも戦争が行われ、王がしばしば捕獲・人身供犠にされた。戦争の勝敗は、都市の盛衰に大きく影響することが多かった。戦争捕虜の図像が刻まれた階段は、ドス・ピラス、タマリンディート、パレンケ、ナランホ、コパン、エル・レスバロンやツィバンチェなどで見つかっている。あたかも「踏み絵」のように、階段を昇り降りするたびに捕虜の像を踏みつけ、辱しめたのである。ティカル、ドス・ピラス、アグアテカ、セイバル、エツナ、オシュペムル、ウシュマル、エック・バラム、コバーなどの石碑には捕虜のうえに誇らしげに立つ王の図像、ヤシュチランやカバフなどの石彫には捕虜を捕らえる図像が、それぞれ刻まれた。

古典期前期（二五〇―六〇〇年）のマヤ低地の諸王朝は、当時メソアメリカ最大の都市であったメキシコ中央高地のテオティワカンの支配層と従来推測されていたよりも密接かつ直接的に交流していたことが明らかになっている。テオティワカンの支配層がじっさいにマヤ低地の諸都市を訪れたことは確実であり、ティカルのように大きな政変が起きた都市もあった。*巻末文献34 いっぽう、テオティワカンから、人、物資や情報がマヤ地域に一方的に流れたのではない。たとえば、マヤ低地産の土器やマヤ高地産の翡翠製品がテオティワカンに搬入された。物資だけでなく、観念体系や美術様式などの情報も交換されつづけたと考えられる。古典期マヤ文明は、以前考えられていたような、周辺地域から孤立して発展した変化の少ない静態的な文明ではけっしてなかった。周辺地域との交流を通して、たえず変化しつづけた動態的な文明だったのである。

2 古典期前期のテオティワカンとの交流

マヤ低地とテオティワカンの遠距離交換

古典期前期のマヤ地域とテオティワカンとの交流は、タルー・タブレロ様式の建築、テオティワカン様式の三脚付円筒土器、テオティワカンの支配層がその流通を統御したとされる、プエブラ州のテペシ・デ・ロドリーゲス地域で生産された薄手オレンジ色土器やメキシコ中央高地のイダルゴ州パチユーカ産の緑色黒曜石製石器、メキシコ中央高地の雨の神トラロック、テオティワカン様式の衣装を身に着けた人物やメキシコ中央高地の武器であった投槍器といった図像などに反映されている。

タルー・タブレロ様式の建築とは、テオティワカンにおいて一五〇―二〇〇年頃から使われた、傾斜壁（タルー）の真上に垂直の枠付きパネル（タブレロ）を嵌め込んだ特徴的な建築様式である（133頁、図44）。マヤ高地では、カミナルフユやソラノ、マヤ低地南部では、ティカル、リオ・アスル、コパン、マヤ低地北部では、ベカン、ツィビルチャルトゥン、チュンチュクミル、アカンケフ、コバー、プウク地方のオシュキントックやチャックIIなどに分布した（図53）。また、ユカタン半島東部のシエルハでは、テオティワカン様式の壁画が描かれた。

テオティワカン様式の土器の多くは、マヤ地域で生産された模倣品であった。マヤ地域におけるテオティワカンからの交易品の総量は少なく、主に王が執行した儀式の供物や王墓の副葬品として出土する。緑色黒曜石製石器は、大都市に集中的に分布し、小都市ではほとんど見られない。これらの点から、テオティワカンからの交易品は、主に支配者間の交流によってもたらされたと考えられる。ベカンでは、古典期前期に緑色黒曜石製石器が搬入された。古典期マヤ様式の図像が彫刻された三脚付円筒土器のなかから、テオティワカン様式の大型で中空の人物土偶が見つかり、さらにそのなかにテオティワカン様式の一〇個の小さな土偶が入っていた。土器と土偶の両方とも、ベカンで製作されたと考える研究者が多い。

テオティワカン様式の遺物、建築、図像がマヤ地域で顕著にみられるのは、四世紀以降である。それ以前の資料としては、ベリーズのアルトゥン・ハの二五〇―三〇〇年の墓に副葬された二五八点のパチューカ産の緑色黒曜石製石器とテオティワカン様式の土器がある。緑色黒曜石製石器は、テオティワカンとアルトゥン・ハの支配者間の直接の交流によって獲得された可能性もあるが、中継地点を通して搬入されたのかもしれない。

古典期前期のティカルの政変

マヤ低地南部の古典期最大級の大都市ティカルは、一九七九年に、古代マヤ遺跡としてはじめてユネスコ世界遺産に指定されている。ティカルは、先古典期中期から古典期終末期まで二千年近く居住された。二九二―八六九年の長期暦の日付が石碑に刻まれ、少なくとも三三人の王が君臨したのである。マヤ文字の解読によれば、三七八年に大きな政変があった。ティカルから直線距離で千キロメートル以上離れたテオティワカンから送られたシフヤフ・カフクという男性貴族が、ティカルに「到来」したのである。碑文の解読によれば、この貴族は、その八日前にティカルの西約七二キロメートルのエル・ペルーという都市を通過していた。同年、ティカルのチャク・トック・イチャーク一世王（三六〇―七八年統治）が死去し、先古典期後期の後一世紀頃に創設された王朝が断絶した。そして、血縁関係がなく出自が不明なヤシュ・ヌーン・アヒーン王（通称「巻き鼻」王）が三七九年に即位し

図53●ティカル遺跡の「ムンド・ペルディード地区」のタルー・タブレロ様式の建築（上、筆者撮影）。

図54●ティカル遺跡の「石碑 31」（下、Coe 1967：49）。正面には、マヤの衣装を身につけたシフヤフ・チャン・カウィール王、両側面にはテオティワカン様式の衣装と武器を身につけた父ヤシュ・ヌーン・アヒーン王。

たのである。

新王朝の創設とともに、テオティワカンとの交流を強く示すメキシコ中央高地のパチューカ産の緑色黒曜石製石器をはじめとする遺物や図像が増えた。ティカル出土の黒色土器には、戦士の装備に身を固めたテオティワカン人と土器を運ぶテオティワカン人が、タルー・タブレロ様式の建築の都市から出て行列をなし、マヤの都市にまさに到来する様子が彫刻されている。二〇〇二年のスミソニアン研究所による土器の胎土（土器製作用の粘土）の中性子放射化分析という、遺物の微量元素を測定して産地を同定する最新の理化学分析の結果、この土器がじっさいにメキシコ産であることがわかった。

ヤシュ・ヌーン・アヒーン王とその後継者シフヤフ・チャン・カウィール王（通称「嵐の空」王：四一一―五六年統治）の墓とされる「墓一〇」と「墓四八」には、多くの搬入土器が副葬された。胎土の中性子放射化分析によれば、じっさいにメキシコ産の土器も含まれる。有名な「石碑三一」の正面には、マヤの衣装を身に着けたシフヤフ・チャン・カウィール王、その側面には、テオティワカン様式の衣装に身を包み、メキシコ中央高地のトラロック神の図像のある盾と投槍器を持つ父ヤシュ・ヌーン・アヒーン王の像が彫刻されている（図54）。また、三九六年に建立された「石碑四」と「石碑一八」には、テオティワカン様式の衣装を着て、マヤの石碑では非常に珍しい座ったポーズの同王が刻まれている。

碑文学者スチュアートは、マヤ文字の解読にもとづいて、テオティワカン人がティカルに侵入し、その王朝を乗っ取ったという仮説を提示した。しかし、形質人類学者のライトによる「墓一〇」の被葬者と殉死者の歯のストロンチウム同位元素分析という化学分析の結果、そのいずれもティカルまたはその周辺の出身であることがわかった。したがって、ヤシュ・ヌーン・アヒーン王は、テオティワカンの支配層の政治的協力によってティカル王として即位し、その王権を正当化するために外来文化を利用した可能性が高い。

ワシャクトゥン、スフリカヤ、トレス・イスラス

ティカルの北二〇キロメートルのワシャクトゥンの石碑には、三七八年とその前後の三二八―四一六年に相当する長期暦の日付の出来事が記録されている。シフヤフ・カフクの名前は、ワシャクトゥンの二つの石碑にも刻まれ、「石碑五」にはこの貴族の「到来」が記録された。また、一九三〇年代に発見された壁画（すでに破壊されて現存しない）にも、ワシャクトゥン王が描かれていた。彼は、シフヤフ・カフクとは別のメキシコ中央高地の衣装を身に着けた戦士の前に立ち、あいさつ、あるいは服従を示すと考えられる、右腕を胸に当てたポーズをとっていた。ホルムル近隣の小都市スフリカヤには、古典期前期の四世紀後半と五世紀前半の一一の石造記念碑がある。「石碑六」には、地元の王やシフヤフ・カフクの名前が刻まれた。二〇〇一年の発掘調査で見つかった「建造物一」の壁画には、テオティワカン様式の衣装を身に着けた戦士や地元の王の即位式の場面などが描かれている。

パシオン川左岸に立地するトレス・イスラスは、先古典期後期から古典期後期まで居住された。三つの石碑には、古典期前期の四〇〇—七五年に相当する長期暦の日付が刻まれている。「石碑三」のマヤ文字は風化がひどく解読が困難だが、四〇〇年に相当する日付がある。その正面には、三本の投槍を手に持つテオティワカン様式の衣装を身に着けた戦士が彫刻された。この図像は、ティカルの「石碑三二」の側面のテオティワカン様式の衣装に身を包んだ、ヤシュ・ヌーン・アヒーン王と酷似する。テオティワカン人は、ワシャクトゥン、スフリカヤやトレス・イスラスもじっさいに訪れていたと結論してよい。

古典期前期のカミナルフユとコパン

テオティワカンから一一〇〇キロメートルのマヤ高地のカミナルフユでも、古典期前期のタルー・タブレロ様式の建築に内蔵された墓に、メキシコ中央高地パチューカ産の緑色黒曜石製石器、テオティワカン様式の土器とともに、マヤ低地の様式やメキシコ湾岸低地の様式の土器が副葬された。タルー・タブレロ様式の建築は、建造物の見かけだけではなく、建築方法も地元の伝統とは異なっていて、たんなる地元民による模倣とは考え難い。少数のテオティワカン人がじっさいにカミナルフユに住み、なんらかの政治的影響力を及ぼした可能性が高い。

コパンでは、四二六年にキニッチ・ヤシュ・クック・モ王が王朝を創始する。その図像にはテオティワカン的な衣装を身に着けたものもある。同王の治世中に、緑色黒曜石製石器が搬入されはじめた（第6章参照）。二代目王が、キニッチ・ヤシュ・クック・モ王の遺骸をその内部の石室墓に埋葬した「フナル神殿」は、タルー・タブレロ様式の建築であった。いっぽうで、長期暦を含むマヤ文字が刻まれた石碑や精巧な多彩色土器といった古典期マヤ文明の諸特徴がコパンで開花した。「フナル神殿」内の墓の副葬品としては、マヤ様式の土器だけでなく、薄手オレンジ色土器や化粧漆喰のうえに文様が描かれたテオティワカン様式の土器もある。胎土の中性子放射化分析の結果、後者はメキシコ産であることがわかった。こうした考古資料、図像、およびマヤ文字の解読から、キニッチ・ヤシュ・クック・モ王が、ティカルのようなテオティワカンと直接的な関係をもった都市出身であった蓋然性が高い。なお被葬者の歯のストロンチウム同位元素分析の結果、同王はティカル周辺で青年期を過ごしたと解釈されている。*巻末文献35

ただし、こうした外部勢力は少数派であり、長期間にわたってマヤ都市の政治に介入することはなかったと考えられる。ティカル、カミナルフユやコパンの場合でも、遺物、建築、図像の大部分は、地元の様式であったことに注意しなければならない。外来文化は、圧倒的大多数を占める地元のマヤ人の文化に取りこまれ、権威の象徴として王権を強化するために利用された。古代マヤ人が文化的アイデンティティを失うことはなく、外来の文化要素を取捨選択して自らの文化に取り入れながら、古典期マヤ文明を創造していったのである。

3 古典期前期の諸都市の盛衰

大都市ティカルとカラクムルの戦争

シフヤフ・チャン・カウィール王(「嵐の空」王)は、古典期前期の主要建造物を建設し、ティカルはマヤ低地でもっとも重要な都市のひとつとして発展した。ティカル北東の小都市リオ・アスルでは、マヤ文字や壁画が描かれた複数の墓が建造され、「墓一」の漆喰の壁には赤色で四一七年に相当する日付、神々、蛇などとともに、シフヤフ・チャン・カウィール王の名前が描かれた。*巻末文献36 この時期にティカル王朝が、リオ・アスルを支配下に置いたと考える研究者もいるが、異論もある。いずれにせよ、少なくともシフヤフ・チャン・カウィール王が周辺都市と広範に交流していたことがわかる。

ユネスコ世界遺産に指定されているカラクムルは、エル・ミラドールやナクベが先古典期末に衰退したのちも、ティカルと並ぶ大都市として古典期に繁栄しつづけた。アメリカ人考古学者フォーランらによって測量された三〇平方キロメートルの範囲には、持ち送り式アーチを有する五七九基を含む六三四五の建造物跡が確認されている。一五のサクベが都市内外に張り巡らされた。都市中心部の北に高さ六メートル、幅一・九メートル、長さ一キロメートルにおよぶ石壁が築かれ、複数の出入り口があった。「大アクロポリス」の東には、球技場、長さ二〇〇メートル、幅五〇メートルの「大広場」が広がった。その周囲には、高さ五五メートル、底辺一四〇メートルの「建造物二」、高さ五〇メートル、底辺九五メートル×八五メートルの「建造物一」など巨大な神殿ピラミッドがそびえた（口絵2）。「大広場」の東側の「建造物六」と西側の「建造物四」は、儀式建築群「Eグループ」を構成した。また、カラクムル国家の領域内の中都市であったオシュペムル、ナアチトゥン、ウシュル、ラ・ムニェカでも「Eグループ」があり、王や貴族の劇場的パフォーマンスや太陽の運行に関連した儀礼が執行された。

「建造物二」の発掘調査では、翡翠モザイク仮面や多彩色土器が副葬された複数の王墓が見つかっている。「建造物三」は、一二の持ち送り式アーチの部屋を有する宮殿で、その内部から古典期前期の王墓が出土した（100頁、図32）。三点の翡翠モザイク仮面とマヤ文字が刻まれた三点の装飾板を含む豊富な翡翠製品や多彩色土器が副葬されており、強大な王の存在がうかがわれる（図55）。カラクムルでは計九点の翡翠モザイク仮面が出土しており、マヤ地域でもっとも多い。さらに、メソアメリカ最多の一二〇の石碑を数える。大部分の石碑は風化がひどく、マヤ文字の解読は容易ではないが、四三一―八九九年の長期暦の日付が刻まれ、少なくとも一六名の王が存在した。カラクムルにかんする記述は、ティカル、ドス・ピラス、セイバル、カラコル、パレンケ、ピエドラス・ネグラス、ヤシュチラン、エル・ペルー、ナランホ、キリグア、コパンなど多くの都市の碑文にみられる。

マヤ文字の解読によれば、五六二年にカラクムル王がティカルに戦争を挑み、ティカルの二一代目

図55●カラクムル遺跡の「建造物3」内の「墓1」出土のマヤ文字が刻まれた3点の翡翠製装飾板（Folan *et al.* 1995：図15）。それぞれ、約10×6cm。

ワック・チャン・カウィール王を捕獲・殺害した。この戦争は、カラコルの「祭壇二一」に記録されている。碑文によれば、カラクムル王朝は、カラクムル王と政治同盟を結んでいた。その後カラクムルは、さらなる発展を遂げていった。いっぽうティカルでは、石碑などの石造記念碑が破壊され、六九二年までの一三〇年間、石碑がまったく建立されなかった。ティカル王朝は、「停滞期」に陥ったのである。

古典期前期の他の都市の盛衰

ティカル王朝の支配下、あるいは同盟関係にあったと考えられる諸都市もほぼ同時期に衰退した。リオ・アスルは破壊され、六八〇年頃に再居住されるまでほぼ完全に放棄された。近隣のワシャクトゥンでは、ティカルの「停滞期」とほぼ同期間の五五七―七七二年まで石碑が建立されなかった。ワシャクトゥンの北東二五キロメートルのシュルトゥンでは、五世紀前半から九世紀末まで四五〇年以上にわたって王朝が存続し、ティカル王朝と密接に交流した。計二四の石碑に、紋章文字をはじめとするマヤ文字の碑文や八八九年に相当する古典期終末期の長期暦の日付が刻まれた。興味深いことに、ここでもティカルの「停滞期」とほぼ同じく五〇一―六四二年までの一四一年間、石碑が建立されなかったのである。

エル・ペルー（ワカとも呼ばれる）は、エル・ペテン県北西部の古典期の都市として栄えた。サン・

ペドロ・マルティル川支流のサン・フアン川東岸の断崖上という、天然の要害に立地する。サン・ペドロ・マルティル川ではカヌーの運行が可能であり、ティカルやワシャクトゥン、および下流で合流するウスマシンタ川流域の諸都市を結ぶ交易路上の戦略的な地点にあった。ワシントン大学のフリデルらが二〇〇三年に開始した発掘調査の結果、先古典期後期の後半から古典期終末期まで居住されたことがわかった。四〇の石碑が見つかっており、二〇名以上の王が君臨した。しかし、この都市でも五五四―六五七年まで、石碑の建立が断絶したのである。

このティカルと近隣都市の「停滞期」に、カラコルでは逆に人口が増加し、大建造物や石造記念碑が建造され、墓には豪華な美術品が副葬されるようになった。また、ティカルやカラクムルから遠く離れたコパン、ヤシュチラン、ピエドラス・ネグラスなどのマヤ低地南部の諸都市では、古典期前期に王朝が繁栄しはじめた。これらの都市では、六―七世紀の「停滞期」はなかったのである。

マヤ低地北部では、古典期前期に持ち送り式アーチを有する建造物が建造されはじめた。ユカタン州のオシュキントックは、プウク地方の北西端にあり、大都市ウシュマルの北西二四キロメートルに位置する。その居住は、先古典期中期に開始され、古典期前期・後期の重要な都市として栄えつづけた。「リンテル一」には、四七五年に相当するユカタン地方最古の長期暦を含む、マヤ文字の碑文が刻まれた。都市の面積は三〇平方キロメートル以上あり、サクベや球技場もあった。また、ヤシュナの「北のアクロポリス」からは、古典期前期の二つの王墓が出土している。

同じくユカタン州にあるイサマルは、メリダ市の東五六キロメートルに位置し、古典期のマヤ低地北部の大都市として栄えた。古典期前期に大きな石灰岩の切石のブロックを積みあげて巨大な神殿ピラミッド群が建設され、古典期後期・終末期に増改築された。最大の神殿ピラミッド「キニッチ・カクモ」は、一部がすでに破壊されているが、底辺二〇〇メートル、古典期の高さは四〇メートル以上と推定され（現在の高さは三四メートル）、先スペイン期のマヤ低地北部で最大の体積を誇る建造物であった（図56）。イサマルは、三二キロメートル西のアケや一五・五キロメートル南のカントゥニルという都市とサクベで結ばれていた。

メリダ市の南西二五キロメートルのアカンケフは、先古典期後期に居住が開始され、古典期に全盛期をむかえ、現在まで居住されつづけている。一九九七—九八年にメキシコ国立人類学歴史学研究所は、同名の町の中央広場に面する高さ一二メートルの神殿ピラミッドを発掘調査した。その結果、その外壁を飾る古典期前期の計八つの神々の漆喰彫刻のうち六つが良好な状態で出土した。また、「漆喰の宮殿」の外壁は、古典期前期に、リス、コウモリ、鳥、羽毛の生えた蛇などの漆喰彫刻で装飾され、黄色、緑色、赤色などで彩色された。

マヤ低地北部最南端、カンペチェ州南東部のバラムクは、先古典期中期に居住がはじまり、古典期前期から繁栄した。「中央グループ」の「建造物一A下層」は、五五〇—六五〇年に建造された。一九九〇年には、その外壁を装飾する、長さ一六・八メートル、高さ四・一メートルの漆喰彫刻が、き

図56●イサマル遺跡最大の神殿ピラミッド「キニッチ・カクモ」（筆者撮影）。スペイン植民地時代以来のイサマル町の開発に伴って、都市遺跡の大部分が破壊されているが、「キニッチ・カクモ」をはじめとする大建造物を含む、163 の建造物跡が登録されている。

わめて良好な保存状態で出土した。玉座に座した四人の王（二人の図像だけ残存）、ジャガー、大地の神の顔、カエル、ワニなどを表象しており、これは古典期前期の漆喰彫刻の傑作といえる。ようするにこれらのマヤ低地北部の諸都市でも、六―七世紀の「停滞期」はなかったのである。

4　古典期後期のマヤ低地南部の諸都市の盛衰

ベリーズ最大の都市カラコルとラ・ミルパ

古典期後期（六〇〇―八〇〇年）には、新興都市が次々に誕生し、マヤ文字を刻んだ石碑が建立された。マヤ低地南部の多くの都市が、全盛期を迎えたのである。五〇〇年頃に都市の建設がはじまったカラコルでは、カン二世王が、六一八―五八年の四〇年にわたる治世を誇った。解読されたマヤ文字の記録によれば、同王は、六二六年にナランホの領土を攻撃して、勝利を収めた。カラコルは、六五〇年頃には最盛期をむかえ、ベリーズ最大の大都市へと発展した。一七七平方キロメートルの面積に、一一万五千―一五万人という大人口が推定されている。都市中心部には、高さが四三・五メートル、七二の部屋がある宮殿・神殿「カーナ基壇」のほかに、「中央のアクロポリス」、「南のアクロポリス」、球技場、石碑、祭壇などが立ち並び、中心部から貴族の邸宅や周辺の山腹部の段々畑をつなぐ四〇以上のサクベが放射状に張り巡らされた。「カーナ基壇」内の王墓には、五三七―六九三年に相当する日付をはじめとするマヤ文字の碑文が描かれた。六五〇年以降には碑文が減少し、七〇二―九八年の碑文は見つかっていない。しかし考古学調査によれば、カラコルは繁栄しつづけ、八五九年まで石碑が建立された。九世紀末に都市中心部が広範囲に焼かれており、戦争によって破壊されたと考えられる。

ベリーズ北西部のラ・ミルパは、古典期後期のマヤ低地南部の大都市のひとつであった。先古典期後期に居住が開始され、古典期前期には少なくとも五つの石碑や王墓が建造された。最盛期の八世紀には、半径五キロメートルの範囲に四万六千人の人口が推定されている。また、段々畑跡も見つかっている。中心部は丘陵上に立地し、二つの主要建築グループがサクベで結ばれた。「大広場」には四つの大神殿ピラミッド、二つの球技場、計一九のうち一六の石碑がある。その日付のひとつは、七八〇年に相当する。古典期終末期の指標である、ウスマシンタ川流域産の精胎土オレンジ色土器が出土する「アクロポリス」南端の広場や大神殿ピラミッドは、八三〇年頃に建設途中で放棄された。

ドス・ピラス＝アグアテカ王朝とナランホの女傑の「摂政政治」

碑文の解読および考古学調査によれば、六三二年にティカル王朝の幼少の王子バフラフ・チャン・

カウィールとその従者らが「停滞期」のティカルを離れ、その南西のペテシュバトゥン地域に新王朝を創始した。同地域は、パシオン川の支流ペテシュバトゥン川流域にある。ドス・ピラスとアグアテカという二つの新興都市は、同一のドス・ピラス＝アグアテカ王朝によって統治された中規模の双子都市であった。この王朝は、戦争や政略結婚によって勢力を拡大し、古典期前期の同地域の中心都市マリンディートやアロヨ・デ・ピエドラを支配下に置いた。タマリンディートの王は、ドス・ピラスの女性と政略結婚させられた。ドス・ピラスの紋章文字は、ティカルのそれと同一であったが、初代バフラフ・チャン・カウィール王はティカルの宿敵カラクムルと政治同盟を結び、ティカル王朝と戦争を繰りかえした。同王は、少なくとも二人の妻を有したが、その一人は、政略結婚した近隣のイツァンの女性であった。ティカルとの抗争は、二代目イツァムナーフ・カウィールの治世（六九八—七二六年）まで繰り広げられたが、ついに決着がつかなかったようである。

ナランホは、先古典期後期から繁栄しはじめ、グアテマラのエル・ペテン県北東部で、ティカルにつぐ古典期の大都市になった。神殿ピラミッドなど一一二以上の大建造物、五つのアクロポリス、二つの球技場が立ち並び、サクベが通っていた。中心グループは丘陵上に位置し、その下に広大なバホが広がる。古典期前期に王朝が創設され、四三の石碑には四七五—八二〇年に相当する日付が刻まれている。一三〇メートル×一四〇メートルの中央広場の中央に、マヤ文字の階段をもつ高さ二二メートルの神殿ピラミッドが配置され、その東にある底辺の長さ一五〇メートルの細長い建造物と儀式建築群「Eグループ」を構成した。中央広場の西には、底辺一四〇メートル×一二〇メートルの最大の建築群「中央のアクロポリス」、その北には高さ三二メートルの「アクロポリスB―五」がある。六二六年の五月と八月にカラコルとの二回の戦争に敗北したのにつづき、ナランホは六三一年にカラクムル軍の攻撃を受けて低迷した。

ドス・ピラス＝アグアテカ王朝の初代バフラフ・チャン・カウィール王は、六八二年に王女「六つの空」をナランホに送り込み、敗戦によって危機に陥っていたナランホ王朝を再興させた。この女性は、七四一年に死去するまでナランホできわめて強い権力をふるった女傑であった。六九三年にわずか五才の息子カフク・ティリウ・チャン・チャークをナランホ王に即位させ、古典期マヤの「摂政政治」を行ったのである。四〇年間の沈黙を破ってナランホに建立された石碑の多くに、彼女の雄姿が表象されている。たとえば「石碑二四」には、捕虜のうえに誇らしげに立つ「六つの空」の像が刻まれた（図57）。息子のナランホ王は、ウカナルなど近隣都市との戦争に勝利し、七一〇年にはヤシュハを攻撃し、その王を捕獲した。ナランホは、ドス・ピラスが八世紀後半に衰退したのちも繁栄しつづけ、古典期終末期の一〇世紀中頃まで居住されたのである。

ドス・ピラスは、第二首都のアグアテカとともに、ペテシュバトゥン地域の第一首都として八世紀に全盛を誇った。大きな神殿ピラミッド、洗練された宮殿や球技場が立ち並び、一六の石碑、一九の祭壇、四つのマヤ文字の階段があった。「マヤ文字の階段二」には、二一六以上のマヤ文字が刻まれ

図57●ナランホ遺跡の「石碑 24」に彫刻された捕虜のうえに立つ「6 つの空」(右、Sharer 2006：図 8. 2)。トウモロコシの神の衣装を身につけている。
図58●アグアテカ遺跡の「石碑 2 」に彫刻された捕虜のセイバル王のうえに立つ 3 代目王（左、Graham 1967：図 5)。

ている。アグアテカには球技場はないが、神殿ピラミッド、宮殿、一九の石碑、二〇以上の祭壇があった。七三五年に近隣都市セイバルとの戦争に勝利したことをマヤ文字の碑文で記録・記念するために、ドス・ピラスとアグアテカに石碑が一基ずつ建立された。石碑にはドス・ピラス＝アグアテカ王朝の三代目王が石槍と盾を持って武装し、捕虜となったセイバル王のうえに誇らしげに立つ図像が刻まれている（図58）。同王朝は、その後しばらくセイバルを支配下に置いたと考えられる。また三代目王は、カンクェンの女性と政略結婚した。八世紀の中頃からペテシュバトゥン地域では戦争が激化した。七四一年に即位した四代目カウィール・チャン・キニッチ王は、七四五年にヤシュチランとモトゥル・デ・サン・ホセの高位の人物を捕獲した。しかしドス・ピラスは、七六一年に同地域の近隣都市タマリンディートからの攻撃によって陥落した。その後この王朝は、南東一二キロメートルにあるアグアテカに移り住んだ。

ヤシュハ、ナクム、カンクェン

ヤシュハ湖の北岸に立地するヤシュハは、ティカルの南東三〇キロメートル、ナランホの南西一二キロメートルにある。先古典期中期から居住されはじめ、古典期のエル・ペテン県北東部において、ティカルとナランホにつぐ大都市として栄えた。碑文の記録によれば、都市は「ヤシュハ」、すなわち「青緑色の水」とよばれている。ちなみにヤシュハ湖の水はいまなお、きれいな青緑色である。古典期マヤ文明の都市名が、そのまま遺跡名や地名として残っている稀有な例といえる。四つのアクロポリス、「Eグループ」、双子ピラミッド複合体、二つの球技場などを構成する、五百以上の建造物跡が登録されている（図59）。四つのサクベが走り、四一の石碑があった。碑文に刻まれた長期暦は三五七―七九六年に相当するが、古典期終末期まで大神殿ピラミッドやサクベが増改築されつづけた。

ナクムは、広大なバホの近くに立地し、ヤシュハの北一一キロメートル、ティカルの東二五キロメートルに位置する。アクロポリス、サクベ、「Eグループ」などが立ち並び、とくに「神殿A」は、木製リンテル（まぐさ）がある中央入口の両側に、持ち送り式アーチの入口を有するきわめて珍しい建築である。一五の石碑があり、七七一―八四九年に相当する日付が刻まれている。

古典期前期に栄えたトレス・イスラスの王朝は、古典期後期にパシオン川上流のカンクェンに首都を移した。カンクェンは、ドス・ピラスの南五五キロメートル、マヤ高地からマヤ低地南部への入口という、パシオン川沿いの交易路上の戦略的な地点にあった。パシオン川上流域でカヌーの使用が可能になりはじめる場所に立地し、交易都市として栄えた。土器は、すべて古典期後期・終末期に属し、古典期終末期の指標である、精胎土オレンジ色土器も出土している。翡翠製品、黄鉄鉱製のモザイク鏡や洗練された土偶などが生産された。アメリカ人考古学者デマレストらの発掘調査（二〇〇〇年―）の結果、被支配層の住居跡から、数千点の翡翠の石屑、スレート製磨石、玉髄・チャート・翡翠製叩石、チャート・玉髄製石錐などの翡翠の加工道具が出土した。最終的な彫刻以外の大部分の生産工程

図59●ヤシュハ遺跡の「北のアクロポリス」(筆者撮影)。2004年に修復された。

は、被支配層に下請けさせていたのである。また、黄鉄鉱製モザイクの最終工程以外の加工作業も、おなじように被支配層の住居で請け負われた。翡翠製品や黄鉄鉱製モザイク鏡は、その後、貴族の工芸家によって完成された。

カンクェンには大きな神殿ピラミッドがないのが特徴であるが、「王宮」は、東西二三五メートル、南北一二五メートルの大基壇のうえに建造された。それは、持ち送り式アーチをもつ建造物群と一一の中庭からなる大建築群であった。パシオン川岸の船着場へは、防御壁で守られたサクベが伸びていた。さらに「王宮」が防御壁で守られていたことおよびマヤ文字の碑文から、カンクェン王朝は、北方のペテシュバトゥン地域の戦乱に巻き込まれたことがわかる。同王朝は、古典期終末期にカンクェンを放棄し、パシオン川から離れたマチャキラに首都を移した。

ティカルの復興——「マヤ低地の摩天楼」

「停滞期」を経て、ティカル王朝を復興したのは、二六代目ハサウ・チャン・カウィール王（通称「支配者A」、六八二―七三四年統治）であった。*巻末文献37 彼は、六九五年にティカルの長年の宿敵カラクムルとの戦争に勝利したのである。同王の治世中に、高さ四七メートルの「神殿一」、「神殿二」や高さ五七メートルの「神殿五」が建設された（図60）。この王は、その統治を過去の偉大なティカル王のそれと重ねあわせることによって王権を強化したようである。ティカルの代々の神聖王が埋葬された「北のアクロポリス」を大規模に増改築し、シフヤフ・チャン・カウィール王（通称「嵐の空」王）が建立した「石碑三一」を「北のアクロポリス」正面中央の大神殿ピラミッド「建造物五D―三三」内に儀礼的に埋蔵した。また、同王の時代を模してか、暦のカトゥン（約二〇年）周期の終了記念日を祝う儀礼を壮大に執行し、三つの双子ピラミッド複合体を建造した。

ハサウ・チャン・カウィール王の遺骸は、「神殿一」内の持ち送り式アーチを有する壮麗な石室墓「墓一一六」に埋葬された（図61）。遺骸の下には、王権のシンボルであるジャガーの毛皮、その下には同様に王権のシンボルの筵が敷かれていた。多数の多彩色土器、マヤの神々の彫刻や小さなマヤ文字が精巧に刻まれた三七の骨製品、真珠、貝製の装身具、ほら貝の形に造形されたアラバスター（雪花石膏）製皿、アカエイの尾骨などが、計三・九キログラムにおよぶ翡翠製品（頭飾り、首飾り、耳飾り、ブレスレット、足首飾りなど）とともに副葬されていた。有名な蓋付の翡翠モザイク製容器は、古典期マヤ文明の翡翠製美術の傑作である。蓋には、ハサウ・チャン・カウィール王の名前や「四カトゥン（約八〇年）を生きた王」など一二のマヤ文字が刻まれた。蓋の取手の彫刻は、同王の顔を表象するとおもわれる。

七三四年に即位した二七代目イキン・チャン・カウィール王（通称「支配者B」）は、父の偉業を受け継ぎ、ティカルを古典期後期最大の都市として発展させた。同王は、七四三年にエル・ペルー、七四四年にナランホとの戦争に勝利した。そして「神殿四」や「神殿六」を建設し、「中央のアクロポ

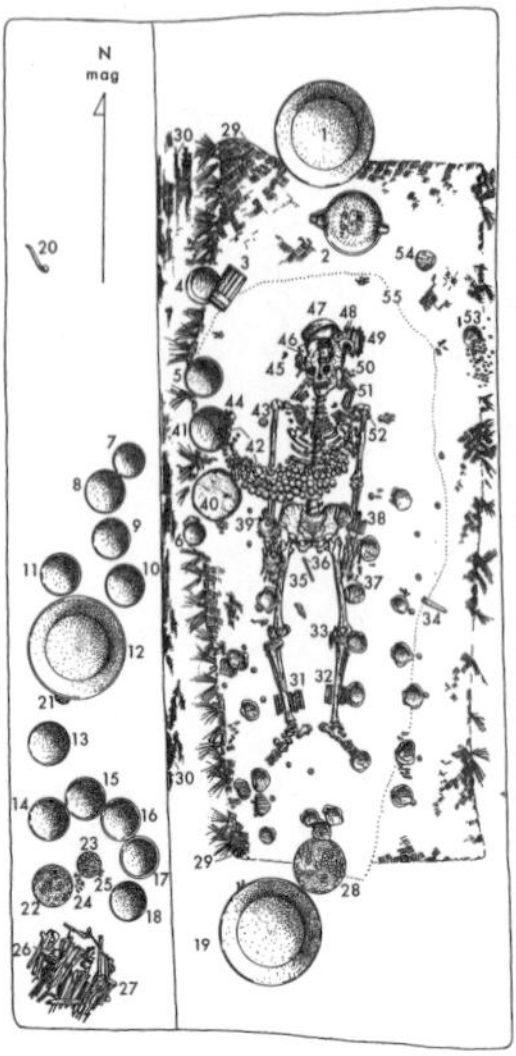

図60●ティカル遺跡の「神殿５」（右、筆者撮影）。
図61●ティカルの「墓116」（左、Harrison 1999：図85）。

リス」を増改築した。高さ七〇メートルを誇る「神殿四」は、ティカル最大であっただけでなく、古典期マヤ最大の神殿ピラミッドである。そして「大広場」を挟んで東西に向かいあう「神殿一」と「神殿二」、さらに「神殿三」、「神殿五」、「神殿六」、「北のアクロポリス」、「中央のアクロポリス」、「南のアクロポリス」、五つの球技場などが立ち並び、幅八〇メートルにおよぶサクベが張り巡らされた威容は、まさに古典期の「マヤ低地の摩天楼」といえよう。

ヤシュチラン王朝の「お家騒動」

メキシコとグアテマラの国境線をなすウスマシンタ川流域では、ヤシュチラン、ピエドラス・ネグラス、ボナンパック、アルタル・デ・サクリフィシオスなどの諸都市が栄えた。メキシコのチアパス州にあるヤシュチランは、ウスマシンタ川を見下ろす河岸段丘に立地する。「大広場」や二つの球技場があり、小高い丘には神殿ピラミッドや宮殿が配置された「大アクロポリス」、「南のアクロポリス」や「小アクロポリス」がある（図62）。マヤ文字が刻まれたリンテル（まぐさ石）は、メソアメリカ最多の六四を数える。三五の石碑とともに、王、王家の女性、戦士、捕虜、放血儀礼、儀礼的踊りなどの図像が刻まれている。碑文には、戦争や捕虜にかんする記録が多く、さかんに戦争を行っていたことがわかる。他のマヤ都市とくらべて、王妃や王の母親など女性の図像が多いのが特徴である（図63）。なお、碑文に刻まれた最後の日付は、八〇八年に相当する。

図62●ヤシュチラン遺跡の「神殿33」(上、筆者撮影)。
図63●ヤシュチラン遺跡の「リンテル24」。たいまつを持つイツァムナーフ・バフラム3世王の前で、ひざまずいた王妃が、舌に縄を通して放血儀礼を執行している(下、Tate 1992：図98)。

ヤシュチランでは、少なくとも一五名の王が君臨した。イツァムナーフ・バフラム三世王（「盾ジャガー三世」王、六八一―七四二年統治）とその息子の「鳥ジャガー四世」王（七五二―六八年統治）の治世が最盛期であって、大建造物群が建設・増改築された。六〇年をこえる統治を誇ったイツァムナーフ・バフラム三世王が死去した後の一〇年間（七四二―五二年）は、政治的な空白期間である。王位継承をめぐる熾烈な「お家騒動」があったようだ。ピエドラス・ネグラスの「石板三」には、ヤシュチランの「神聖王」が、七四九年に近隣のピエドラス・ネグラス四代目王（七二九―五七年統治）の暦のカトゥン（約二〇年）周期の終了記念日を祝う儀礼に立ち会ったと記録されている。しかし、この「神聖王」は、ヤシュチランの碑文には登場しない。この王がじっさいに即位していたのであれば、のちにヤシュチランの歴史記述から抹消されたことになる。「鳥ジャガー四世」は、父親が六〇歳代のときに側室から生まれ、王位継承の順位は低かったと考えられる。王に即位したときにはすでに四三歳になっていた。数多くの石造記念碑を建立してみずからと母を称え、王権を正当化・強化したのである。碑文の解読によれば、たとえば同王は数々の戦争に勝利し、七五九年には支配下にあった小都市ラ・パサディィタ王の援軍を得て、高位の人物の捕獲に成功している。

ボナンパック、ピエドラス・ネグラス、アルタル・デ・サクリフィシオス

ボナンパックは、メキシコのチアパス州、ヤシュチランの南西二一キロメートルに位置する。「石

碑一」や「石碑四」が立つ「大広場」の南に、高さ四六メートルの自然丘を人工的に整地した「アクロポリス」がそびえる。そのうえには数多くの建造物が建造され、マヤ文字や図像が刻まれたリンテルもある。「アクロポリス」の中腹にある宮殿（「建造物一」）の三つの部屋の壁画が、世界的に有名である（図64）。王と貴族の集会で楽隊が音楽を奏でる場面、戦闘の場面、勝者の前に恐れる捕虜、放血儀礼と儀礼的踊りといった七九〇—九二年の歴史的な出来事、およびマヤ文字の碑文が色鮮やかに描かれた。残念ながら壁画の保存状態はあまり良くないが、メキシコ市の国立人類学博物館に現物大の複製品が展示されている。碑文からボナンパック王が、ヤシュチラン、ピエドラス・ネグラス、ラカンハの王や貴族と交流したことがわかる。ボナンパックは、古典期後期末に衰退した。

ピエドラス・ネグラスは、グアテマラ側のウスマシンタ川東岸の四平方キロメートルの丘陵上に立地する。王や王族の女性の図像やマヤ文字が精緻に刻まれた、石碑、石板や玉座などの石造記念碑が傑出している。アメリカ人考古学者・碑文学者ハウストンらの発掘調査（一九九七—二〇〇〇年）によれば、先古典期中期に居住が開始されたが、古典期前期から繁栄しはじめる。この時期に宮殿や大神殿ピラミッドが建設された。最盛期の古典期後期には、ウスマシンタ川中流域で最大の都市となる。神殿ピラミッドや宮殿が立ち並ぶ「アクロポリス」、二つの球技場、儀礼用の蒸し風呂、住居などが増改築されたが、大部分の建造物に持ち送り式アーチがないのが特徴である。

碑文の解読によれば、初代王（六〇三—三九年統治）はパレンケ軍との戦争に勝利した。二代目王

図64●ボナンパック遺跡の「建造物１」の壁画（筆者撮影）。戦闘の場面。

（六三九―八六年統治）は、近隣の小都市ラ・マールを攻撃し、三代目王（六八七―七二九年統治）は、パレンケやヤシュチランと交戦した。四代目王は、支配下にあった小都市エル・カヨの王の即位の儀式に立ち会った。五、六、七代目王は、兄弟であった。七代目王（七八一―八〇八年統治）の治世中には、もっとも洗練された石造記念碑や建造物が建立された。同王は、七九二年と七九四年の二度の戦争でタバスコ州のポモナを攻撃し、高位の人物の捕獲に成功した。しかし七代目王は、八〇八年に長年のライバルであったヤシュチラン軍に捕獲された。ピエドラス・ネグラスの碑文の最後の日付は八一〇年に相当し、「祭壇三」に刻まれた。都市は、九世紀初頭に急速に衰退した。

アルタル・デ・サクリフィシオスは、グアテマラのエル・ペテン県南西部にあり、ウスマシンタ川の支流パシオン川南岸の小高い丘のうえに立地する。三つの広場が広がるが、持ち送り式アーチを有する石造神殿ピラミッドはなく、最大の「建造物B―一」の高さは一三メートルにすぎない。マヤ文字が刻まれた石碑の年代は、四五五―八四九年に相当し、セイバルとともに古典期終末期まで繁栄した。七五四年には、「建造物A―二」に高貴な女性が埋葬された。副葬された一九点の土器のうち一五点は、ウスマシンタ川中流域、エル・ペテン県中央部、アルタ・ベラパス地方などからの搬入品であった。マヤ文字が描かれた土器には、ティカル、ヤシュチランほかの都市の訪問者が葬式に参列した際に土器を献上したと記録されている。当然のことながら、王朝間の交流は戦争だけではなく、訪問や儀礼的な贈与交換もあった。

「マヤ低地の西の芸術の都」パレンケ、トニナ、コマルカルコ

メキシコのチアパス州にあるパレンケは、ユネスコ世界遺産に指定されている世界的に有名な都市遺跡である。マヤ低地の西端、広大なメキシコ湾岸平野を一望できるチアパス高地山腹の丘陵上に立地する。先古典期後期に居住が開始されたが、最盛期は古典期後期であった。マヤ文明ではまれな四重の塔が立つ、長さ九一メートル、幅七三メートルの「宮殿」を中心に、傾斜のある屋根、穴の開いた屋根飾り、外壁を飾る漆喰の美しい浮き彫りをもつ建物や球技場が立ち並ぶ（図65）。パレンケでは、パカル（フル・ネームは、キニッチ・ハナーブ・パカル）王やキニッチ・カン・バフラム王の人物像など、立体的な漆喰の浮き彫り彫刻が名高い。マヤ文字の碑文は石碑状の石彫一点を除き、主に石板や壁に刻まれているのが特徴である。マヤ低地南東部のコパンが古典期の「マヤ低地の東の芸術の都」であるならば、パレンケは「マヤ低地の西の芸術の都」といえよう。

ここでは、歴代一六人の王のうち女王が一人いた。一一代目のパカル王は、マヤ文明で最も有名な大王の一人である。パカル王は、以前は「女王の母から王位を継承した」と考えられていた。ところが最新のマヤ文字の解読によって、パカルの母は女王ではなく、一〇代目王（六一二―一五年統治）が、実は男性であったことが明らかになった。しかもパカル王の父はパレンケの王ではなく、外部出身であった可能性も指摘されている。パカルが、どのような状況で王に即位できたのかについては、

図65●パレンケ遺跡の「十字の神殿」。左後方に「宮殿」(上、筆者撮影)。
図66●パレンケ遺跡の「碑文の神殿」(下、筆者撮影)。

まだよくわかっていない。一二歳で王位を継承したパカル王は、六八年（六一五―八三年）にわたって統治したが、その初期には、母による「摂政政治」が行われている。彼の治世のもとで、パレンケは目覚しい発展を遂げた。

息子のキニッチ・カン・バフラム王（六八四―七〇二年統治）は、パカル王を、高さ二五メートルの最大の神殿ピラミッド「碑文の神殿」（図66）内に設けた長さ一〇メートル、幅四メートル、高さ七メートルの持ち送り式アーチを有する壮麗な石室墓に葬った（88頁、図23）。この神殿ピラミッドの基壇は九段あり、九層からなるマヤの地下界を象徴する。上部の神殿と墓は、神殿ピラミッド内部の階段と通気孔で結ばれた。この墓の発掘によって、「マヤの神殿ピラミッドは墓ではない」という従来の定説が否定されたのである。これは、キューバからメキシコに移住した考古学者ルスが調査を開始して四年目の一九五二年に発掘した。マヤ考古学史において最大の発見のひとつとされる。

「碑文の神殿」の隣にある小さな神殿ピラミッド「神殿一三」では、一九九四年に石室墓が発見された。一枚岩を加工した石棺には、四〇歳くらいの高貴な女性が、パカル王と同様な翡翠モザイク仮面をはじめとする豪華な副葬品とともに葬られていた。遺体は水銀朱で赤く染められていたので、「赤い女王」と呼ばれている。墓には碑文が見つからなかったために被葬者が誰なのかは断言できないが、DNA分析の結果、パカル王の肉親ではないことが明らかになった。「赤い女王」は、現在のところ、パカル王の妻と推定されている。

キニッチ・カン・バラフム王は、「太陽の神殿」、「十字の神殿」、「葉の十字の神殿」などを建設し、都市は繁栄をきわめた。七〇二年に弟のキニッチ・カン・ホイ・チタム二世王（七〇二―一一年統治）が即位する。しかし同王は、七一一年に、パレンケの南六五キロメートルの都市トニナとの戦争のさい捕虜となる。その後、パレンケでは少なくとも三人の王が統治したが、かつての栄光を取り戻すことはなく、土器に刻まれた最後の日付は七九九年に相当する。八世紀の前半まで過密であったパレンケの人口は減少し続け、都市は一〇世紀に放棄された。

トニナは、ツェルタル・マヤ語で「石の家」という意味であり、海抜八〇〇―九〇〇メートルの丘の山腹に立地する。高さ七〇メートルの「アクロポリス」は、山腹を人工的に整地した計七つのテラス状の基壇からなり、神殿ピラミッド、宮殿、石造記念碑などが配置された（図67）。その四段目には石をモザイク状に組みあわせて四つの巨大な雷文形の模様を表象した「雷文の宮殿」、五段目には「水の神の神殿」がある。六段目にある「四つの時代の漆喰彫刻」の保存状態はきわめて良好で、生首が吊るされた羽毛の生えた枠によって図像の場面が四分されている。七段目には有名な「捕虜の神殿」がある。基部に縛られて跪いた捕虜の漆喰彫刻が施され、二つの部屋の持ち送り式アーチがほぼ完全に残っている。アクロポリス最上部には、主神殿の「曇った鏡の神殿」がある。そのうえからは、オコシンゴ盆地を一望できる。その下の「大広場」には、二つの球技場などの建造物が立ち並ぶ。

三百以上の砂岩製彫刻や漆喰彫刻には、王や戦争捕虜の図像、トニナの紋章文字をはじめとするマヤ文字の碑文が刻まれている。トニナとコパン、メキシコのベラクルス州北部を中心とするワステカ・マヤ文化では、立体的な丸彫り彫刻の人物像が石碑に彫られた。トニナの石碑は、立体的であると同時に低く（二メートルほど）、多くの人物像の背面にマヤ文字が彫られたのが特徴である。マヤ文字の解読によれば、少なくとも一〇名の王が君臨した。「石彫一〇一」は、九〇九年に相当するマヤ低地最後の長期暦の日付が刻まれた石碑であった。一〇世紀初頭に支配層の住居区が焼かれており、戦争があった可能性がある。

コマルカルコは、タバスコ州にある古典期前期から終末期の都市遺跡であり、マヤ低地の北西端、メキシコ湾岸平野に立地する。都市は、七平方キロメートルにわたって広がった。この地域には石灰岩などの適当な建設石材が産出しない。したがって、石碑もない。そのためにコマルカルコの人々は、マヤ低地ではきわめて珍しく石材を使用せずに、五〇〇年頃から粘土を焼成したレンガを積みあげ、牡蠣の貝殻から生産した漆喰を塗って建造物を造ったのである。マヤ文字の碑文が漆喰のうえに浮き彫りにされ、神殿ピラミッドの外壁には人物像や太陽神の顔などの漆喰彫刻が施された（図68）。宮殿や神殿ピラミッドからなる、高さ三九メートルの「大アクロポリス」、「北の広場」と「東のアクロポリス」が中心にあり、その周囲に住居跡が広がる。最大の神殿ピラミッド「神殿一」は、高さ二五メートルにおよぶ。「大アクロポリス」の西側の墓は、幅三・二五メートル、奥行き四メートル、高さ三・二五メートルのレンガ製の持ち送り式アーチの建物であり、墓が地下ではなく地上にある稀有

図67●トニナ遺跡の「アクロポリス」（上、筆者撮影）。
図68●コマルカルコ遺跡の「神殿７」の漆喰彫刻（下、筆者撮影）。その後ろにレンガを積みあげた建造物がみえる。

な例である。

「マヤ低地の東の芸術の都」コパンとキリグア

古典期マヤ低地南東部の政治・経済・宗教の中心地として栄えた大都市コパンは、ユネスコ世界遺産に指定されている。ホンジュラス西端に位置し、熱帯サバンナ気候に属する。コパンは、標高約六〇〇メートルのコパン谷中央に立地する防御に不向きな平地遺跡である。コパンには、ティカルのような高い神殿ピラミッドはないが、三万点以上のモザイク石彫が、神殿ピラミッド、王宮、貴族の邸宅を飾り、独特の丸彫りの立体的な石碑が林立する、古典期の「マヤ低地の東の芸術の都」であった。コパン谷全域について一九世紀末から百年以上にわたって数々の考古学調査が実施されており、マヤ地域のなかでも支配層だけでなく全社会階層についてもっともよく研究された地域である。*巻末文献38

ここでは、テオティワカンとの関連が示唆されるキニッチ・ヤシュ・クック・モ王が、四二六年に王朝を創設した。この王朝は、一六代目ヤシュ・パサフ・チャン・ヨパート王が死去した八二〇年頃まで継続した。コパンの全盛期は、古典期後期の前半にあたる。一二代目ブッ・チャン王（五七八―六二八年統治）は四九年間、一三代目カフク・ウティ・ウィッ・カウィール王（六二八―六九五年統治）はコパン王朝最長の六七年間、それぞれ統治した。六〇〇年頃から、大建造物の外壁は、漆喰彫刻に代わってモザイク石彫で装飾されるようになる。

一二代目王の遺骸は、「神殿二六」の埋蔵建造物「チョルチャ神殿」内の壮麗な持ち送り式アーチを有する石室墓に埋葬された。同王の遺骸は、ティカルのハサウ・チャン・カウィール王と同様に、王権のシンボルであった、少なくとも二枚のジャガーの毛皮と筵のうえに安置されていた。翡翠製品、海産貝、一一三の土器の容器などが副葬された。とくに注目に値するのが、同王と先代の一一名を模した計一二の土器の香炉である。初代キニッチ・ヤシュ・クック・モ王を模した香炉は、一六代目王がその四壁に歴代王の像を刻ませた「祭壇Q」の図像（108頁、図37）と同様に、メキシコ中央高地の雨の神トラロックのようなゴーグル状の目飾りを着用している。

一三代目ワシャクラフーン・ウバーフ・カウィール王の治世中（六九五―七三八年）には、コパン独特の丸彫り石彫様式が発展した（口絵3）。石碑や祭壇が立ち並ぶ「大広場」が建設され、マヤ地域で二番目に大きな「球技場A」が増改築された（図69）。七三一年に建立された「石碑A」には、コパン、ティカル、カラクムル、パレンケの紋章文字が刻まれており、一三代目王がこれらの大都市の王と交流したことがわかる。

マヤ文字の解読によれば、七三八年にそれまでコパンに政治的に従属していたキリグアのカフク・ティリウ・チャン・ヨパート王（七二四―八五年統治）が、コパン一三代目王を捕獲し殺害する。しかし、大規模な戦闘や建造物の破壊の証拠は、いずれの都市からも見つかっていない。少なくともキリグアがコパンを支配することはなく、その後もコパンの中心グループでは建設活動が継続され、コ

図69●コパン遺跡の「球技場A」(上、筆者撮影)。
図70●キリグア遺跡の「記念碑2」(下、筆者撮影)。

パン谷の人口は増えつづけた。筆者が現在まで得ているコパン谷から出土した石器のデータによれば、一三代目王の治世中およびその直後に武器の生産・使用が急増することはなかった。これは、七三八年のキリグア王による同王の捕獲・殺害は大規模な戦争ではなく、少数の支配層による奇襲によるものであったという仮説を支持する。

キリグアは、グアテマラのイサバル県にある小都市遺跡であるが、ユネスコ世界遺産に指定されている。コパンの北約五〇キロメートル、モタグア川下流域沿いの交易路上の戦略的な地点に位置した。上流のマヤ高地には、翡翠やエル・チャヤルの黒曜石の産地がある。先古典期後期に小規模に居住されたが、本格的な建設活動は古典期前期にはじまった。マヤ文字の解読によれば、コパンのキニッチ・ヤシュ・クック・モ王に政治的に従属した、キリグア初代王が四二六年に即位したとされる。古典期後期には四平方キロメートルの中心部に少なくとも三千人が居住したと推定されている。

七三八年以降、キリグアは全盛期を迎えた。カフク・ティリウ・チャン・ヨパート王は六〇年余り治世した。この時期に、マヤ地域で最長の長さ三二五メートル、幅一五〇メートルの「大広場」に、高さ一〇・七メートル、重さ約三〇トンの南北アメリカ大陸最大の石造記念碑「石碑E」、コパンの石碑を模倣した王権を象徴する筵状にマヤ文字を刻んだ石碑、同王の顔や超自然的なワニを彫刻した直径三・六メートルにおよぶ祭壇（玉座）など数々の石造記念碑が立ち並び、「アクロポリス」、球技場などが建造された（図70）。しかし、公共建築の規模や人口はコパンよりもはるかに小さかった。

したがって、こうした「建築ラッシュ」や大石造記念碑の建立は、新独立都市としての権威を正当化するための政治的な宣伝活動でもあったかもしれない。碑文に刻まれた最後の日付は八一〇年に相当し、キリグアは九世紀に放棄された。

第6章……コパン、アグアテカの事例にみる「石器の都市文明」

本章では、筆者によるホンジュラスのコパン谷とラ・エントラーダ地域（一九八六―九五年）、およびグアテマラのアグアテカ遺跡（一九九八―二〇〇八年）の調査研究の成果、とくに筆者が専門とする石器研究の成果の一部を紹介しよう。

古典期マヤ国家による経済活動の統御の程度、また古典期マヤ都市における手工業生産の性格については、研究者のあいだで大きく意見が分かれている。古典期マヤ文明を「都市なき文明」ととらえる見解が打破されてから、手工業専門の職人をはじめとする多数の非食料生産者の存在を想定する研究者がいるいっぽうで、古典期マヤ都市は周辺の小集落で生産された実用品の消費の場所であったにすぎないと考える研究者もいる。たとえば、ティカルの住居跡の発掘調査によって、土器、石器、木工品など食料以外の生産活動の痕跡が見つかったために、古典期マヤ社会は、神官支配層と農民からなる二階層社会であったとする従来の仮説よりも、はるかに複雑な社会経済組織を有したという議論が展開された。しかし、そうした証拠の多くは不十分であり、生産が専業者か半専業者によって担われたのか、最近までよくわかっていなかった。

古典期マヤ人の手工業生産にかんする、基礎的で実証的な研究がまだ不足している。その理由として、第一に、マヤでは都市の清掃維持活動や建造物の増改築などのために遺跡が形成されるのが普通である。その結果、マヤ都市では手工業生産に関連する遺物が存在しても、原位置から移動してしまっていることが多い。とりわけ徐々に放棄された都市遺跡では、手工業生産に関連する遺物の出土量が少ない。[*巻末文献39] 第二に、熱帯地域のマヤ低地では木製品、織物など手工業製品は腐敗しやすく、保存状態はきわめて良くない。そのために、手工業生産を復元するには困難な場合が多いのである。

1 古典期マヤ国家、都市性、交換、手工業生産と戦争——コパン

石器研究の現状

多くのマヤ学者の関心が、壮麗な大建築、マヤ文字、石彫や土器に集中してきたのにたいして、石

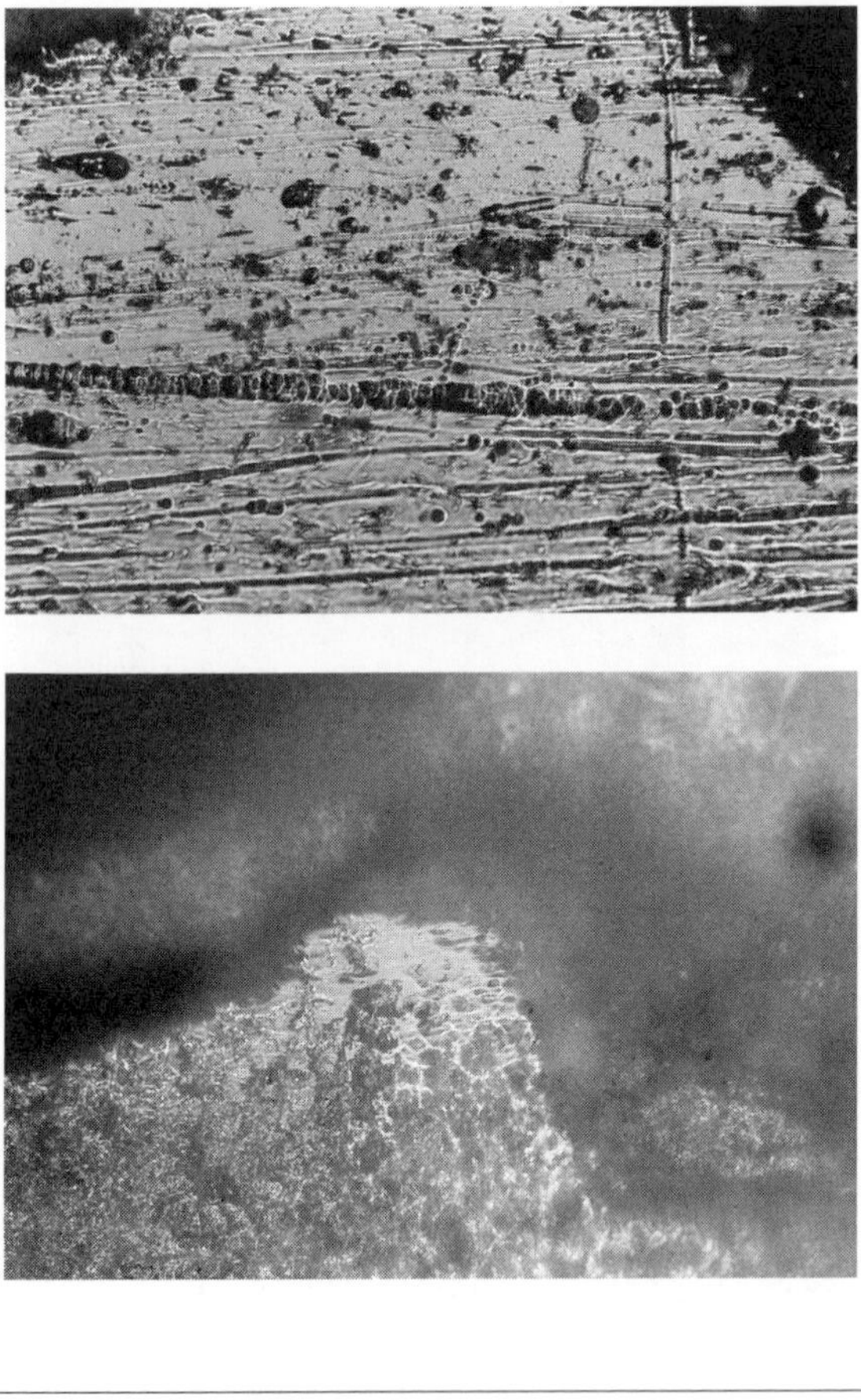

図71●アグアテカ遺跡の石器の使用痕の金属顕微鏡写真（倍率：200倍、筆者撮影）。

上：黒曜石製石刃の使用痕（パターンb、木の切断）

下：チャート製両面調整尖頭器の使用痕（D2Cタイプ、貝・骨の切断）

器の研究は軽視されてきた。金属器を実用化しなかったマヤ文明において、主要利器であった石器は大きく打製石器と磨製石器に二分される。打製石器の石材としては、火山ガラスの黒曜石とチャート（珪石）などの珪質堆積岩が主流である。とくに黒曜石は、メソアメリカではメキシコ、グアテマラ、ホンジュラスの高地に産地が限定されるから、交換や手工業生産の研究に利用できる。

マヤ考古学では、石器の機能にかんする詳細な分析は、まだ広範に実施されていない。従来の研究は、石器の形態や民族誌例からの主観的な類推、肉眼や低倍率の顕微鏡による石器の使用痕の観察に頼ってきた。しかし、一九八〇年代に、筆者や数人のアメリカやカナダのマヤ研究者が体系的な複製石器の使用実験をそれぞれ独自に開始した。アメリカ人考古学者キーリーが七〇年代に開発した高倍率の金属顕微鏡を用いる分析法であり、筆者は古代マヤ人が残した黒曜石製石器やチャート製石器の使用痕を研究している（図71）。肉眼や低倍率の顕微鏡では観察できない石器の使用痕を詳細に分析することによって、石器の機能を実証的に復元できるだけでなく、石器を用いる手工業生産や日常生活の諸側面にかんして、貴重な情報を提供できる。石器は、織物や木製品とちがって土中で腐敗しない。石器研究によって、古代マヤの政治経済組織や都市性の一側面を実証的に復元できるのである。

日本人チーム最初のマヤ考古学調査——ラ・エントラーダ考古学プロジェクト

ホンジュラスのラ・エントラーダ考古学プロジェクトは、日本人が組織的に行った最初のマヤ考古

図72●エル・プエンテ遺跡の「建造物1」の発掘・修復（筆者撮影）

学・中米考古学調査であった。それは日本の青年海外協力隊とホンジュラス国立人類学歴史学研究所による、同国西部のラ・エントラーダ地域における国際協力プロジェクトであり、三〇名以上の日本人が参加した。筆者は、第一期調査に青年海外協力隊員（一九八六―八九年）として、第二期調査に隊員チームのリーダーのシニア隊員（一九九〇―九二年）として調査に従事した。プロジェクトが大学調査団によって企画・実施されたのではないことは、特筆に値する。

第一期調査（一九八四―八九年）は、マヤ低地南東端のラ・ベンタ盆地とフロリダ盆地を中心とするラ・エントラーダ地域の基礎的な考古学データの収集に主眼を置いた。この地域は、それまで本格的な調査が行われていなかったのである。まず一五〇平方キロメートルにおよぶセトルメント・パターンの調査によって、先スペイン期の六三五遺跡を確認・登録した。そして、建造物跡を有する全遺跡の測量、無作為抽出した三七遺跡の試掘調査、および土器、石器他の遺物の分析を行った。第二期調査（一九九〇―九四年）では、ラ・エントラーダ地域で最大級のエル・プエンテ遺跡の集中発掘調査・修復・公園化を実施し、一九九四年にはコパンにつぐ国内第二の国立遺跡公園として一般公開された（図72）。さらに、考古学、形質人類学、生態人類学、地質学、植物学の学際的な研究を行った。そして、研究の方法や技術は、システムエンジニア、造園、視聴覚教育の分野もくわえて、現地スタッフに伝えられた。

これらの調査の結果、ラ・エントラーダ地域が、先古典期前期の後半から古典期終末期（前一四〇〇〇—九〇〇年）にかけて居住されたことがわかった。マヤ文化と非マヤ文化のクロスロードであったこの地域の文化変化の過程の解明が進められ、古典期マヤ文明の政治経済組織や大都市コパンその他の周辺地域との交流にかんする新しい知見がもたらされたのである。筆者らは、現地の学会におけるスペイン語の研究発表、現地の学術雑誌への論文執筆、スペイン語全三巻の研究書の出版によって、研究成果を現地に還元することができた。さらにラ・エントラーダ考古学博物館の開館に協力するとともに、啓蒙運動の一環として、地元や全国各地で考古学調査の成果や文化財保護の重要性にかんする講演会、地元の高校での考古学展示会を開催した。また筆者は、ホンジュラス国立自治大学で考古学の集中講義をスペイン語で行った。なおエル・プエンテ遺跡公園の展示室には、マヤ文明の遺物だけでなく、ホンジュラス国立博物館長の要請によって、「ホンジュラスと日本の友情のシンボル」として秋田県立博物館から寄贈された縄文土器と須恵器も陳列されている。

日本のマヤ文明研究にとって重要なのは、ラ・エントラーダ考古学プロジェクトが、中米を専門とする考古学者を輩出したことである。たとえば、猪俣健（アリゾナ大学）、中村誠一（金沢大学）、佐藤悦夫（富山国際大学）、長谷川悦夫、寺崎秀一郎（早稲田大学）や筆者が、プロジェクトの終了後もそれぞれ現地調査を行っている。

マヤ考古学最大級の石器のデータベース

筆者は、博士論文の執筆のための調査の一環として、一九八九、九三―九五年に、当時マヤ考古学で最大の調査団であったコパン・アクロポリス考古学プロジェクトに参加し、石器分析を通じて、コパン谷での古典期マヤ国家の形成・発展過程における交換の性格と役割について実証的に検証した。＊巻末文献40このプロジェクトは、ハーバード大学のファーシュの指揮のもと、中心グループの大建築群「アクロポリス」の主要建造物の発掘・修復、マヤ文字の解読、石彫の図像学研究、さまざまな遺物の分析、関連諸科学との学際的な研究によって、コパン谷における古典期マヤ文明の起源、発展、衰退の過程を調査研究したのである。

マヤ考古学では、伝統的に遠距離交換（本書では便宜的に一〇〇キロメートル以上離れた交換とする）の研究が主流であったけれども、筆者は、地域内交換と地域間交換の研究に力を入れた。そのために、コパン谷や北東約四〇キロメートルに位置するラ・エントラーダ地域の中小遺跡を含む、さまざまな地点の発掘調査で出土した九万一九一六点の打製石器を十年間かけて分析した。これは、マヤ考古学で最大の石器のデータベースのひとつである。

これらの石器は、筆者が調査に参加したコパン・アクロポリス考古学プロジェクト（一九八八―九六年）およびラ・エントラーダ考古学プロジェクト（一九八四―九四年）、さらにコパン考古学プロジェクト第一期調査（一九七七―七九年）、同第二期調査（一九八〇―八四年）、カーネギー研究所の調査（一九三五―四二年）により収集された。六万七二一〇点は黒曜石製、残りの二万四七〇六点は地元産チャート製であり、石材ごとに石器組成を検討した。石器の年代は、同じ層位から出土した土器やマヤ文字の年代から決定した。このうち他の時代の遺物が混入していない同一の時期の居住層から出土した石器は、三万四七〇五点であった。これらは、先古典期前期（前一四〇〇―前一〇〇〇年）から後古典期前期（九五〇―一一〇〇年）にわたる、二五〇〇年間の政治経済組織についての通時的研究に役立てることができる。

黒曜石製石器にかんして、まず肉眼で産地を同定し、これに中性子放射化分析を組みあわせた。無作為抽出した百点の黒曜石製石器の中性子放射化分析の結果、肉眼による産地同定は九八パーセントの精度を示した。さらに二名のアメリカ人、一名のカナダ人、筆者の計四人の研究者によるブラインド・テストによって、肉眼による原産地同定の高い精度（九六パーセント以上）が再確認され、この同定法が反復可能な分析法であることが実証された。

石器の機能を実証的に推定するために、二六七点の黒曜石製とチャート製の石器を複製し、これらの複製石器を用いて、木、その他の植物、骨、角、貝、皮、肉、石、土などのさまざまな被加工物の体系的な使用実験研究を行った。そしてマヤ考古学では、まだあまり広範には使われていない高倍率の金属顕微鏡を用いた分析法で、コパン谷とラ・エントラーダ地域出土の計三二三二点の石器の使用痕を研究した。使用痕の観察には落射照明付金属顕微鏡を用いて、一〇〇倍から五〇〇倍、とくに二〇〇倍で行った。

黒曜石の産地と石器の製作

コパン谷では打製石器の原石として地元産のチャートが豊富であり、剥片が各世帯で製作されている。しかし、コパン谷での石器の原材料の主流は黒曜石であって、少なくとも七つの産地から相当量の黒曜石がコパン谷へ持ち込まれた。打製石器の石材は、先コロンブス期を通じて、七〇パーセント以上が黒曜石だったのである。

九八パーセント以上の黒曜石が、マヤ高地の主要産地のひとつであるイシュテペケからもたらされた。コパンは、そこから北東八〇キロメートルに位置している。マヤ高地の産地からもっと遠く離れていたアグアテカや、マヤ低地のさらに北の諸都市とくらべると、かなり近いといえる。コパンからイシュテペケまで歩いて片道三日、黒曜石の採掘に丸一日かかったとしても、往復一週間で良質の黒曜石を直接獲得することが可能であった。先古典期の前一四〇〇―一五〇〇年までは、黒曜石を自然石ないし未加工の自然面を残した大きな石片として手に入れ、必要に応じて各世帯で剥片を生産した。

コパン谷では一五〇〇―四〇〇年に、大きな社会変化が起こった。この時期の建造物の規模、建築材や墓の副葬品に違いがみられるから、コパン社会はすでに階層分化していたと考えられる。イシュテペケから、円錐形に加工、整形された黒曜石製の石刃核がもたらされるようになり、石刃が専門的に生産されはじめたのも、この時期であった。社会政治組織が複雑に発展したために、石刃の生産が開始されたのである。使用痕分析や出土状況によれば、石刃は主に実用品であり、木、肉、皮、骨、貝、角などの加工に用いられた。

威信財として珍重された緑色黒曜石

四二六年に王朝を創設したキニッチ・ヤシュ・クック・モ王は、直線距離で一二〇〇キロメートル以上離れているメキシコ中央高地パチューカ産の緑色黒曜石製の石器を完成品（主に石刃と石槍）として手に入れた。同王の命令で建設された「ヤシュ建造物」から出土した黒曜石製石器のなかに緑色黒曜石が占める比率（九・八パーセント）は、古典期マヤ低地でもっとも高い数値を示すもののひとつである。緑色黒曜石製の石器は、古典期前期のコパン谷では王家や有力貴族の住居跡からのみ見つかっており、一般庶民の住居跡での出土は皆無である。

このような少量の遠距離交換品が、経済的に大きな役割をもったとは考えられない。むしろ王がコパン谷の貴族の忠誠や後援を得るために再分配し、支配層が権威を強化するために用いた威信財というべきである。注目すべきことに、コパン谷の緑色黒曜石製の石器は古典期前期の後半には減少し、最盛期の古典期後期（六〇〇—八〇〇年）までに消失する（図73）。メキシコ中央高地の大都市テオティワカンの勢力が弱体化したことにくわえて、外部出身のキニッチ・ヤシュ・クック・モ王が創設した王朝が地元に同化するにつれて、あるいは後世の王たちが石碑や大神殿ピラミッドの建造などの他の手段によって権威・権力を確立するにつれて、遠距離交換品によって権威を強化する必要性が薄れていったためと考えられる。

古典期前期の戦争の証拠

セロ・デ・ラス・メサスは、古典期前期の初頭に創設された山上要塞遺跡であり、コパンの中心グループの北西二キロメートルの山のうえに立地する。ハーバード大学のファーシュ夫妻は、キニッ

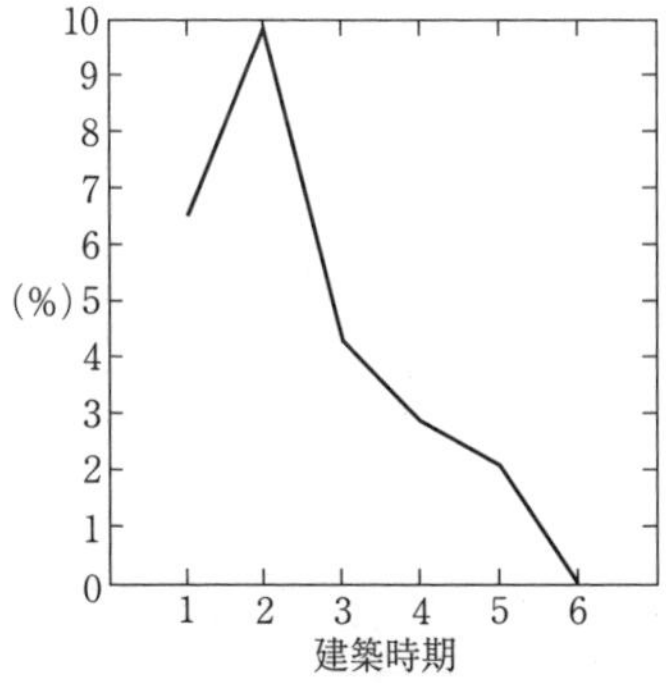

図73●古典期のコパン遺跡の黒曜石製石器のなかに緑色黒曜石が占める比率の変化（Aoyama 1999 より作成）。

チ・ヤシュ・クック・モ王と従者らが、セロ・デ・ラス・メサスに要塞を建設してコパン地域を制圧したのちに、コパン谷中央部に中心グループを建設したと推定している。筆者の石器分析の結果は、ファーシュ夫妻の仮説を補強する。この遺跡から出土した黒曜石製石器のなかに緑色黒曜石が占める比率（六・七パーセント）は、古典期前期のコパン谷で二番目に高い。さらにセロ・デ・ラス・メサスの黒曜石製石器における石槍の比率（四・四パーセント）は、古典期前期のコパン谷の平均値（〇・四パーセント、標準偏差〇・九）よりも突出して高く、戦争が頻発していたことの証拠とみなすことができる。

コパン地域の同時期の他の山上遺跡としては、現在コパン遺跡村が立地する「グループ九」、セロ・チノ、ロス・アチョテスなどがあるが、それらは古典期後期までに放棄される。古典期前期のセトルメント・パターンは、谷間や山腹部に住居が集中する古典期後期のそれと大きな対照をなす。中心グループの「フナル神殿」内の墓で発見されたキニッチ・ヤシュ・クック・モ王とされる遺体の右腕前腕部には骨折の痕跡があり、戦闘による傷跡と考えられる。これは、一六代目王がその四壁に歴代王の像を刻ませた「祭壇Q」正面のキニッチ・ヤシュ・クック・モ王の図像——右腕前腕部を庇うかのように小さな盾を持つ戦士の装い——と一致する。つまり、古典期前期のコパン谷の戦争は、人口過剰や環境破壊によって起こったのではない。それは、外部から侵入したキニッチ・ヤシュ・クック・モ王一派によって引き起こされたのである。

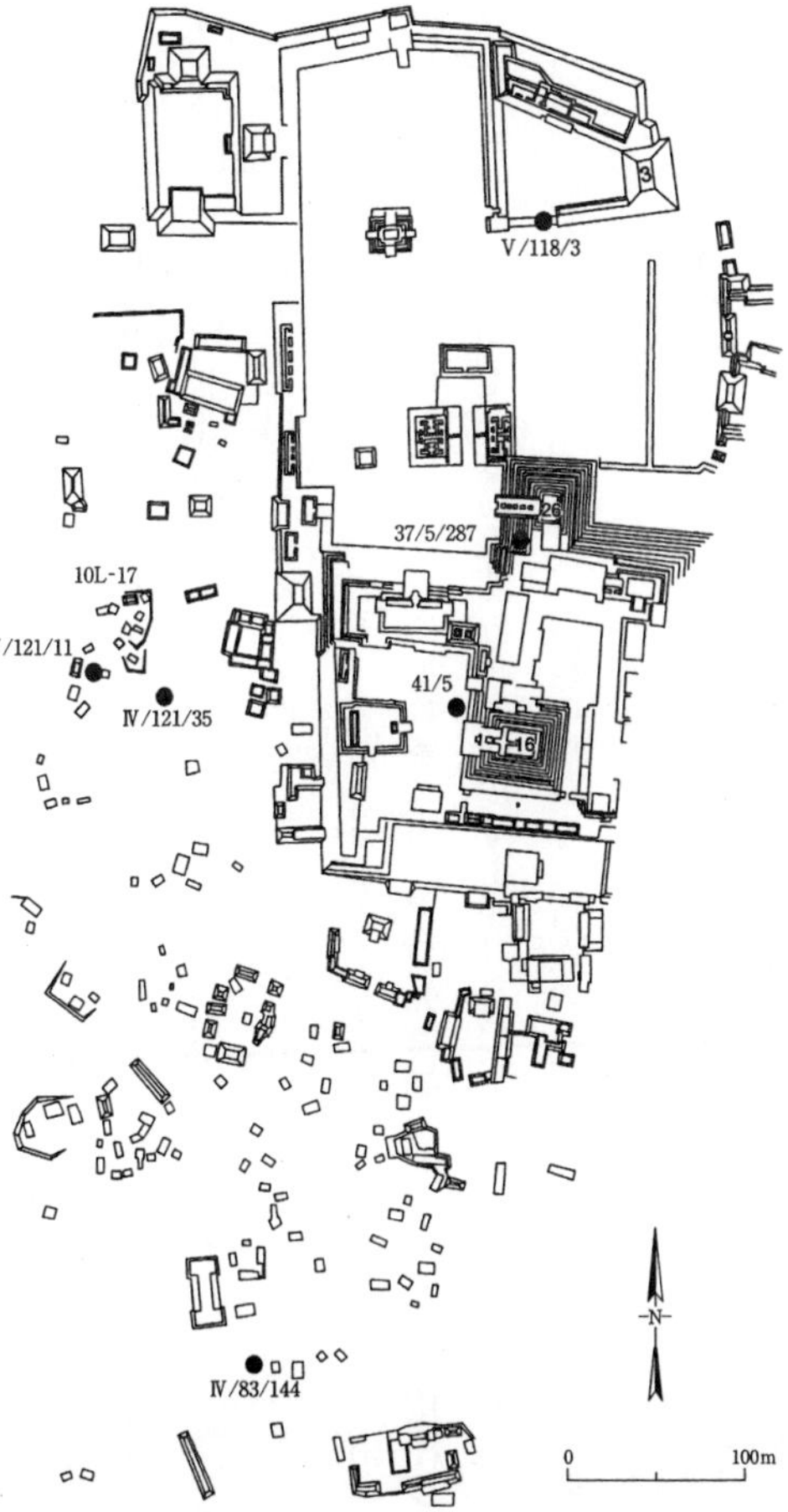

図74●古典期のコパン遺跡中心部の専門手工業生産に関連した石器群の出土地点（青山 2002：図 3）。「住居グループ 10L-17」、「神殿 16」と「神殿 26」以外の数字は発掘番号。

コパン都市中心部の手工業生産

古典期のコパンには専業工人や工人集住区は発見されていないが、都市中心部で周囲の小集落よりも明確な専門手工業生産の証拠が見つかっている（図74）。これまでに石刃の工房から廃棄された石器群が、古典期前期の中心グループの二つの公共建築の盛り土の一部として確認されている。そのひとつは、「神殿二六」内の埋蔵建造物「グラン・コルニサ基壇」内に廃棄されていた。黒曜石製石器が一立方メートルあたりに出土する密度（四八三五点、七九七九グラム）は、これまで筆者が扱った資料のなかでもっとも高い。工房から廃棄された石器群には、住居跡からはほとんど出土しない石刃核の整形作業のための大型の剥片、さらには数多くの石刃の失敗品・破損品や石刃核片などが含まれる。石器の使用痕分析によって、その大部分が未使用であり、石刃工房からの廃棄品であることが確認された。石器の複製実験にもとづいて石刃核一点から二百点の石刃を押圧剥離できたと仮定すると、工房で生産された石刃によって一三〇〇—一五〇〇人の年間消費を満たしたと推定される。この推定値は、石刃の生産がコパン谷外への輸出を示唆するような大規模なものではなく、古典期マヤ都市コパンの地元住民によって消費されたことを意味する。熟練した半専業石刃工人がこれらの石刃を生産するのに十日もかからなかったであろう。

現在のところ、中心グループの外部では古典期前期の石刃の工房跡や石刃の工房から廃棄された石器群は見つかっていない。これらの廃棄された石器群が公共建築の盛り土の一部として使われたことは、支配層が石刃の生産および廃棄に深く関わっていたことを示唆する。また、中心グループから六〇メートル西に位置する、都市中心部の「エル・ボスケ地区」の「住居グループ一〇L―一七」では、古典期前期の黒曜石製の両面調整尖頭器（石槍）および古典期後期の黒曜石製エクセントリック石器の工房から廃棄された石器群が見つかっている。

筆者は、使用痕分析によって、古典期後期の海産貝製の装飾品を製作する工房で廃棄された石器群を、コパン最大の神殿ピラミッド「神殿一六」の前部で検出することができた。石器群は、黒曜石製石器とチャート製石器からなっており、一六代目王の統治中（七六三―八二〇年）のものであった。これらは、四種類の海産貝製の装飾品の未製品や貝殻片とともに出土した。海産貝製の装飾品は、コパン谷では王家と有力貴族の邸宅だけで見つかっている。支配層は、こうした威信財を誇示することによって、権威・権力を正当化・強化した。出土石器は、木製品の加工や動物の生贄といった儀礼にも使用された。宮廷人または王に従属した高位の工人が、海産貝製の装飾品を半専業で生産したと考えられる。この人物は、海産貝製の装飾品だけでなく、その他の工芸品の生産や行政・宗教的な業務などにもたずさわっていたのであろう。いずれにせよ古典期のコパン都市中心部は、イシュテペケ産黒曜石製の石刃という重要な実用品、石槍、儀式石器、王や貴族の威信財の半専業の生産地だったのである。

イシュテペケ産の黒曜石製石刃核の流通の統御

古典期前期のコパン谷では、イシュテペケ産の黒曜石製石刃核の流通と石刃の生産が増大した。イシュテペケ産の黒曜石製石刃はコパン谷の大小すべての住居跡から出土しており、全社会階層に流通した実用品であったことがわかる。しかし、コパン谷のすべての世帯が石刃核を入手して、石刃を生産したわけではなかった。都市周囲の小集落の多くの農民は少量の石刃を製品として入手し、先古典期と同様に、主として大型の剥片や小さな原石から剥片を生産していたのである。

古典期後期のコパン谷の住居跡のゴミ捨て場から出土した黒曜石製石器のデータは、コパン王が経済的にもっとも豊かであったことを示すだけでなく、王を中心とする宮廷、つまり国家がイシュテペケ産黒曜石の獲得・地域内交換を中央集権的に統御していたことを証明している（図75）。その理由としては、第一に、打製石器のなかで黒曜石製石器が占める比率は、王家とその直属の宮廷人が居住した中心グループでもっとも高く、また大住居跡（貴族の住居）の方が小住居跡（農民の住居）のゴミ捨て場よりも高いからである。逆に地元産チャート製石器が占める比率は、小住居跡のゴミ捨て場ほど高くなる。このことは、経済的に富んだ世帯ほど、より多くの黒曜石製石器を手に入れ消費していたこと、貧しい世帯は不足分をチャートで補充していたことを示唆している。第二に、中心グループのゴミ捨て場の一立方メートルあたりに黒曜石製石器が出土する密度は、その他の住居跡よりも飛び

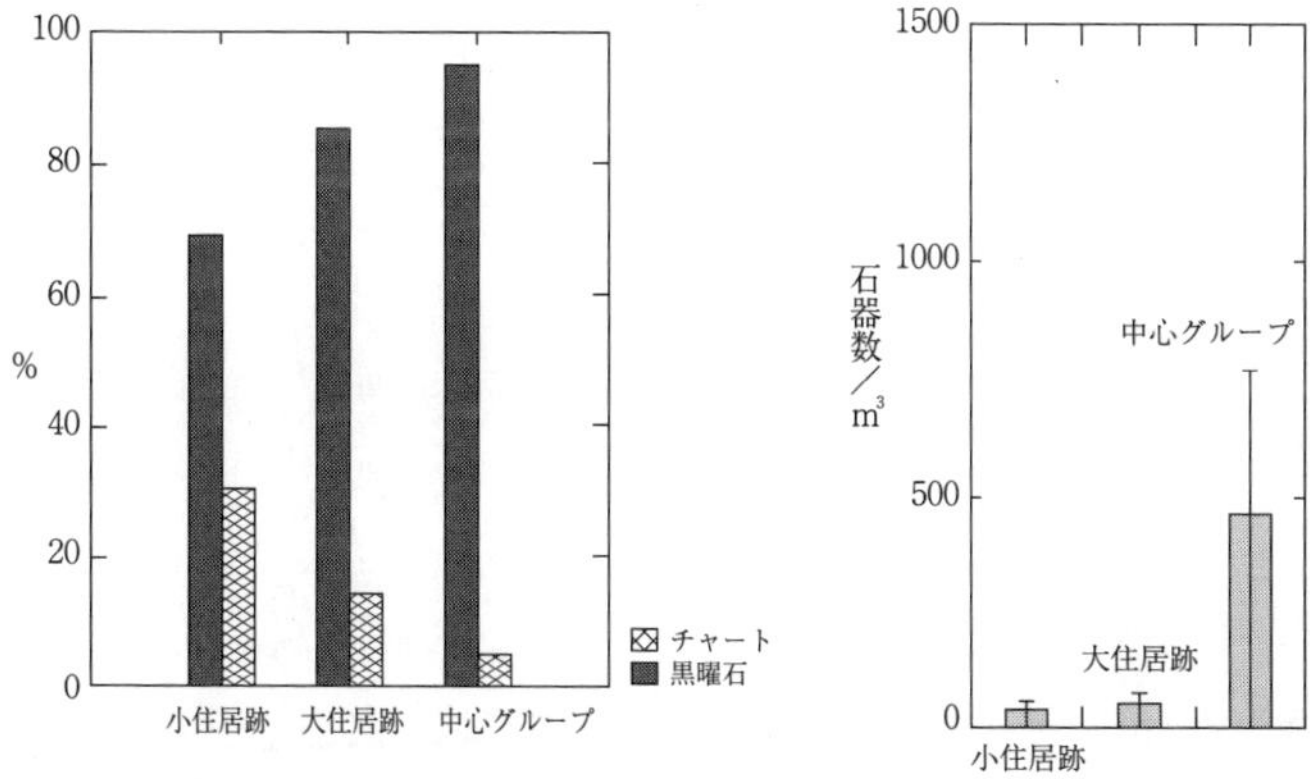

図75●古典期後期のコパン谷の住居跡のゴミ捨て場から出土した黒曜石とチャート製石器の比率（左）と、黒曜石製石器の平均出土密度と標準偏差（右）（Aoyama 2001 より作成）。

抜けて高い。第三に、中心グループでは、幅が広く大きな石刃が、より多く所有・消費された。いっぽう農民は、大建造物の建設・維持の賦役に従事したり、支配層に農作物を提供することと交換に、黒曜石製の石刃などを受け取っていたとおもわれる。

中心グループの「大広場」(口絵3)から出土した、長さ三〇センチメートル、幅一五センチメートルにおよぶ七百点以上のイシュテペケ産黒曜石製の特大の大型石刃と大型剥片の供物は特筆に値する。これらは、大型の石刃核から生産され、一二代目か一三代目王の治世中に埋納された。こうした大量で特大の石刃と剥片は、コパン谷の他の場所はおろか、コパン以外のマヤ低地でもまったく見つかっていない。これらは国家が産地から石刃核を直接に入手し、その流通を中央集権化していたことを示唆する重要な資料なのである。神聖王の石碑が立ち並ぶ「大広場」における、コパン王による特大の石刃と剥片の埋納儀礼という劇場的パフォーマンスは、王の権力と権威を強化したにちがいない。

コパン王朝と後背地——ラ・エントラーダ地域

ホンジュラス高地では、ラ・エスペランサとグイノペという二つの黒曜石産地の存在がすでに知られていた。筆者らは、考古学・地質学調査と中性子放射化分析を組みあわせて、一九九二年にラ・エントラーダ地域の東三〇キロメートルのサン・ルイスでホンジュラス第三の先コロンブス期の黒曜石産地を確認した。サン・ルイス産黒曜石は、石刃の生産には適さない長さ六センチメートルほどの小石であり、不定形な剥片のみ生産された。交換財としての価値は低く、コパン谷のような遠隔地までは流通しなかったのである。

コパンの宮廷は、イシュテペケ産黒曜石製の石刃核の入手と地域内交換を統御しただけでなく、近隣地域へも供給した。たとえば、ラ・エントラーダ地域南部のエル・アブラやロス・イゴスの支配者たちは、コパンの宮廷から直接に石刃核を手に入れている。古典期後期のラ・エントラーダ地域南部では、イシュテペケ産黒曜石が主流を占めた。しかしラ・エントラーダ地域北部では、コパンから約六〇キロメートルの地点でイシュテペケ産黒曜石の出土が急減し、サン・ルイス産黒曜石製石器が大部分を占める。この距離は、古典期のマヤ低地に半径二五キロメートルごとに小都市国家が数多く並立したという説にではなく、半径五〇—八〇キロメートルごとに複数の広域国家が存在したという仮説に有利に働く。

交換は、経済的側面のみならず宗教的・社会的側面をもつ。このことは、ラ・エントラーダ地域南部の支配者たちがコパンの支配層文化を模倣して、マヤ文字が刻まれた石造記念碑、石彫、切石を使った神殿ピラミッドをのこしていることに反映されている。ラ・エントラーダ地域では、ロス・イゴスをはじめとする地方都市の後背地間で黒曜石の分布に明確な差が認められる。少なくとも、イシュテペケ産黒曜石のような価値の高い一部の実用品の流通は、地元の支配者たちによって統御されていたのである。

コパン王朝の衰退と石刃核の流通の終焉

コパン遺跡の「アクロポリス」から出土した黒曜石製石器のデータによれば、古典期後期の後半に石刃核の入手量が減少した。最後の王たちが地域内・地域間交換を統御することは、最盛期の王たちとくらべて困難になっていたのである。このことは、古典期後期の後半が政治的に不安定な時期であり、コパン王朝の衰退がけっしてとつぜんではなかったことを示唆する。

古典期後期末のコパンの黒曜石製石槍や弓矢の生産の増加は、戦争の激化を物語る。コパンの「アクロポリス」から多くの武器が出土していること、戦士の装いをした一六代目王をはじめとする戦争に関連した図像や都市中心部の建造物の破壊といった証拠から、戦争がコパン王朝衰退の要因のひとつであったことがわかる（第7章参照）。

注目すべきは、九世紀初頭に中央集権的な王朝の権威が失墜したのち、石刃核の流通が断絶したことである。後古典期前期（九五〇―一一〇〇年）には、都市中心部の「エル・ボスケ地区」が小規模に再居住された。住人は、すでに廃墟になっていた「神殿一八」や王宮の石彫や切石のブロックを再利用して、低い基壇の簡素な住居群を建設したのである。彼らは、先古典期と同様に石刃核を使用せず、主に不定形な剥片を生産するようになった。これは、後古典期前期の住人が、イシュテペケ産黒曜石を主に大型の石片として搬入するとともに、古典期の住人が廃棄した大きめの黒曜石片を拾い集めて、剥片を剥離する石核として再利用したためであった。こうした王朝崩壊後における石刃核の流通の断絶は、王を中心とする宮廷が黒曜石の入手・流通を統御していたという仮説を補強するだろう。

しかし、同じ後古典期前期には、古典期前期の後半に衰退した黒曜石の遠距離交換が復活した。メキシコ中央高地のパチューカとメキシコ西部のウカレオ産の黒曜石製石刃がコパン谷に少量ではあるが搬入されたのである。このことから、コパン王朝衰退後のコパン谷の住人は、周辺地域から孤立していたのではなく、発達しつつあった後古典期メソアメリカの遠距離交換網に参加していたということがわかる。しかし、コパン谷での遠距離交換品の量は、けっして多くはなかった。そして遠距離交換の復活にもかかわらず、コパン王朝が蘇ることはなかったのである。

後古典期前期には、石槍を製作するための適切な大きさの黒曜石が不足したために、チャート製石槍の生産が増加した。この時期の一住居跡（「建造物一一L―七七」）の全面発掘調査で出土した石槍の数は、百点におよぶ。その大部分は破損し、最終居住面に散在していたので、戦闘によって堆積したことがわかる。この建造物や隣接する住居群は、一一世紀に破壊され炎上している。こうした大量の破損した武器の存在や建造物の破壊は、後古典期前期の戦争の激化を強く示唆する。

石器からみえる経済組織と戦争

コパンの石器研究の成果をまとめてみよう。古典期のコパン都市中心部では、専業工人が存在した証拠はない。しかし古典期マヤ都市コパンは、一部の研究者が示唆するように、都市周辺の小集落で生産された実用品の消費の場所と理解してはならない。都市中心部では黒曜石製石刃のような実用品、石槍、黒曜石・チャート製エクセントリック石器のような儀式石器、海産貝製の装飾品のような威信財が半専業生産された。とくにイシュテペケ産の黒曜石製石刃は、古典期のコパンの全社会階層に流通した重要な実用品のひとつであった。石刃の工房から廃棄された石器群が中心グループの公共建築の盛り土の一部として使われたことから、支配層が石刃の生産および廃棄にも深く関わっていたと考えられる。コパンは、消費の中心地であっただけでなく、半専業者による実用品と威信財の生産の中心地でもあった。さらにイシュテペケ産黒曜石は、古典期のコパンの全社会階層に流通した石刃を製作するために、石刃核の形で地域内を流通した。王を頂点とする宮廷による地域内交換の統御は、その他の要因と相互に作用して、古典期マヤ国家のひとつ、コパンを発展させ、維持するうえで大きな役割を果たした。つまりコパン都市には、国家的な宗教儀礼や政治活動のほかに経済的な機能もかなり集中していたのである。

緑色黒曜石製の石器は威信財として、古典期前期の遠距離交換のルートに乗り、少量が支配者層間を流通した。これらは経済的というよりも、社会的・象徴的に重要であった。むしろ、古典期国家コパンを発展させるうえで経済的により重要であったのは、イシュテペケ産黒曜石で作られた石刃核の地域内・地域間交換であった。古典期マヤ国家コパンは、少なくとも一部の実用品の地域内・地域間交換を集権的に統御していた。イシュテペケという良質の黒曜石産地に比較的近いという立地を大いに利用して、石刃核を産地から直接に入手したのである。このことは、遠距離交換によって黒曜石製石刃核を手に入れたアグアテカや、マヤ低地のさらに北の諸都市と好対照をなしている。コパンの宮廷は、石刃核を産地から直接獲得し、コパン谷内に分配し、ラ・エントラーダ地域などの近隣地域に供給した。少なくとも古典期マヤ国家コパンでは、実用品であったイシュテペケ産黒曜石の石刃核の入手・流通は、宗教および血縁関係や個人的な人間関係だけにもとづいていたのではない。血縁関係や個人的な人間関係を超越した、かなり中央集権的な経済組織によりなされていたのである。

古典期前期のコパン谷の要塞であったセロ・デ・ラス・メサスにおける大量の石槍の存在は、他の山上遺跡、図像資料、戦闘による傷跡のある人骨とともに、戦争が古典期前期のコパン谷における複雑社会の発展の要因のひとつであったことを強く示唆する。古典期後期末の武器の生産の増加、戦争に関連した図像資料、コパン都市中心部の建造物の破壊から、戦争がコパン王朝の衰退に大きな役割を果たしたといえよう。さらに後古典期前期の大量の石槍の存在や建造物の破壊から、戦争の激化が最終的にコパン谷を無人化した一因であったと結論できる。コパン谷では戦争が、古典期マヤ文明の発展と衰退の過程において従来示唆されてきたよりも重要な役割を果たしたのである。

2 古典期マヤ支配層の手工業生産と日常生活——アグアテカの宮廷人

アグアテカの世帯考古学

古典期マヤ文明を築きあげた人々の日常生活の様子については、まだよくわかっていないことが多い。たとえば、マヤ文字の解読、図像学や民族史料にもとづいて、古典期マヤ支配層に属した書記が、美術品の製作をはじめとする手工業生産に従事した可能性が示唆されてきた。*巻末文献41 しかし古典期マヤ人の手工業生産にかんして、発掘調査によって得られた実証的な考古資料は少ない。グアテマラのアグアテカ遺跡中心部で見つかった、敵の攻撃によって短時間に放棄された住居跡から出土した遺物は、古典期マヤ支配層の生活の「最後のとき」にかんするタイム・マシーンの役割を果たしている。豊富な出土量と唯一といってよい良好な保存状態ゆえに、アグアテカは世界的に有名になった。古典期マヤ支配層の手工業生産を実証的に検証し、日常生活の諸活動を復元するうえで理想的な考古資料である。

米国科学財団（NSF、研究代表者：猪俣健）、日本の科学研究費補助金と三菱財団（研究代表者：青山和夫）その他の研究助成を受けて、アグアテカ考古学プロジェクト第一期調査（一九九六—二〇〇三年）が、実施された。その一大目的は、アグアテカ遺跡の発掘調査で出土した全遺物の分析を体系的

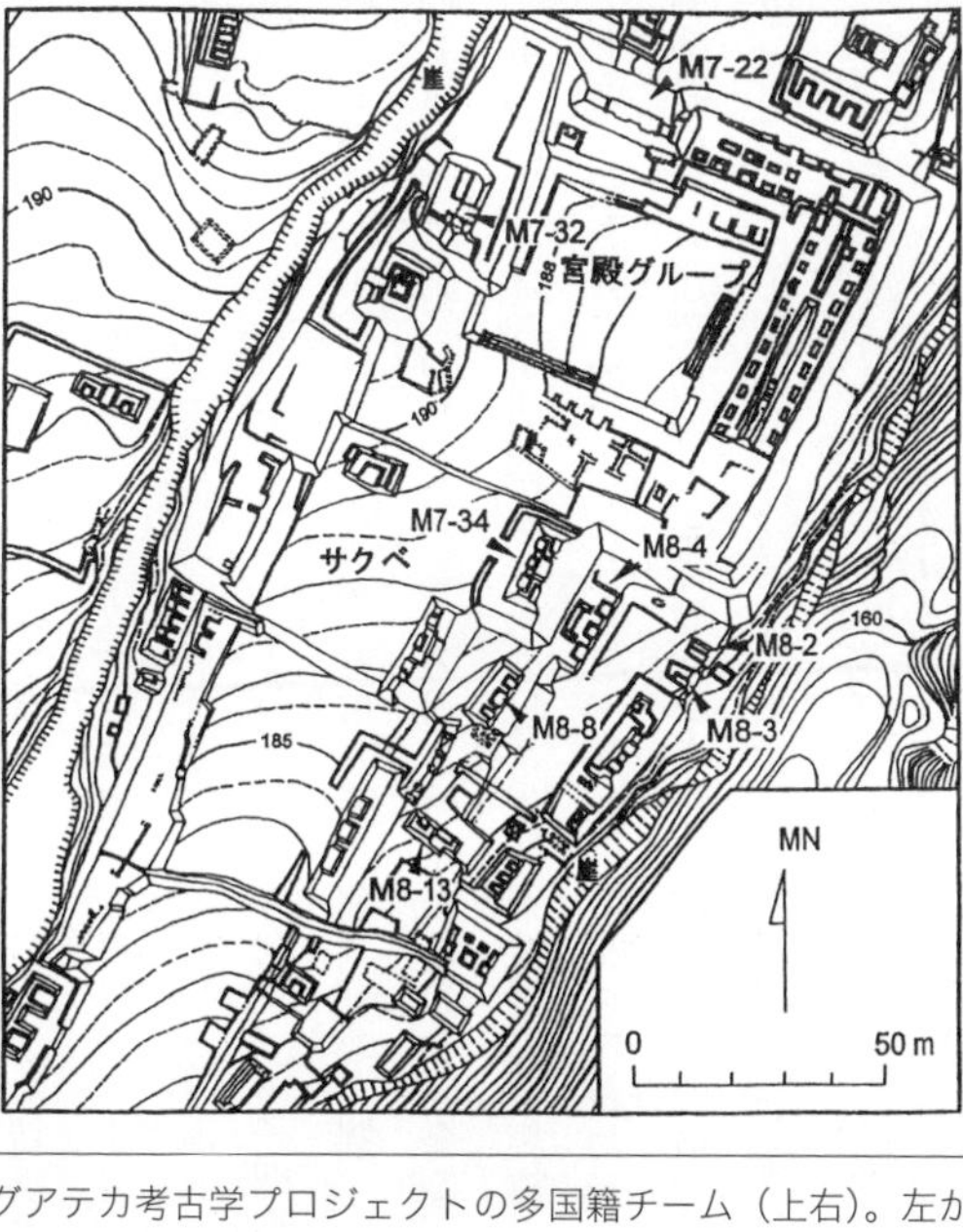

図76●アグアテカ考古学プロジェクトの多国籍チーム（上右）。左から2番目が筆者。

図77●アグアテカ遺跡で働くケクチ・マヤ人、筆者（左から3番目）と調査団長の猪俣健（中央）（上左）。

図78●アグアテカ遺跡中心部の第1期調査の全面発掘建造物跡（下、青山2003：図2）。

に行い、古典期マヤ人の日常生活の様子を研究することであった。八一〇年頃の敵襲によって焼かれた住居跡の全面発掘調査により出土した、豊富な一次堆積遺物の多種多様な基礎的かつ実証的な考古学データをたがいに検証して学際的な研究を行うのが、このプロジェクトの大きな特徴である。筆者は、団長の猪俣健（アリゾナ大学教授）、グアテマラ、アメリカ、カナダ、スイス、ドイツ、ポーランドの国際的な調査団員とともに、一九九八年から共同調査団長として調査に従事した（図76）。発掘作業の中心メンバーは、遺跡周辺の村落に住むケクチ・マヤ人である（図77）。第一期調査では、都市中心部に住んだ王や貴族に焦点を当てたが、二〇〇四―〇五年の第二期調査の発掘では、第一期調査の研究成果にもとづいて、都市周辺部の支配層と被支配層の両方の住居跡の全面発掘調査とさまざまな出土遺物の分析を行い、都市全体における古典期マヤ人の日常生活と社会経済組織を研究した。

アグアテカ考古学プロジェクト第一期調査では、一九九六年―九九年の四回にわたって戦争によって短時間に放棄された都市中心部の八つの建造物跡とその周囲を全面発掘し、その他の建造物や発掘区を部分発掘した（図78）。サクペに面した支配層居住区では、六つの建造物跡を発掘した。「メタテの家（建造物M七―三四）」、「鏡の家（建造物M八―四）」、「石斧の家（建造物M八―八）」、「建造物M八―一三」は複数の部屋を有したのにたいして、「建造物M八―二」と「建造物M八―三」は一部屋からなる。王家の人々が居住した「宮殿グループ」では、「仮面の家（建造物M七―二二）」と「骨の家（建造物M七―三二）」を全面発掘した。両方とも複数の部屋を有した建造物跡で、貴族の住居跡とは

図79●アグアテカ遺跡の「宮殿グループ」(上、筆者撮影)。
図80●アグアテカ遺跡の貯蔵用の大型実用土器の修復（下、筆者撮影)。支配層世帯は、80 ほどの土器を所有したが、そのうち少なくともひとつはこうした大型の貯蔵用土器であった。

異なり、持ち送り式アーチを有した(図79)。

調査研究にあたって、「世帯考古学」の方法論を用いた。これは住居跡や出土遺物から、世帯およびその生産、消費、居住などの行動・観念を復元することによって、考古学的貢献を目指すものである。当然のことながら、考古学では親族関係を直接観察することはできない。しかし、世帯にかんする情報を得ることはある程度可能である。ここでは、世帯を「住居、食事、その他の基本的な経済活動をともにする集団」と定義しておこう。いうまでもなく世帯は、ほとんどの人間社会においてもっとも基本的な社会・経済単位である。

建造物の発掘調査では、古典期後期末の最終居住期の原位置に残された一次堆積遺物を収集することに主眼を置いた。土器の容器や石器のほかに、土偶、翡翠製品、貝製品、骨製品、動植物遺存体など多数にのぼるが、全出土遺物を分析対象とした(図80)。とくに、どのような人が、住居内外のどこで、何をしたのかについて研究することに重点を置いた。アグアテカ考古学プロジェクトは、古典期マヤ人の日常生活の復元に寄与するだけでなく、住居ごとの家族構成、所有物、活動の違い、ジェンダー間の活動の違い、手工業生産、分業制、社会階層、黒曜石などの搬入品の流通組織などを研究することによって、古典期マヤの社会経済組織の復元にも大きく寄与することを目指した。

こうした分析とマヤ文字の解読から、たとえば「仮面の家」と「骨の家」は王宮を構成し、「鏡の家」と「石斧の家」は支配層書記の世帯の住居であったことがわかった。「建造物M八—一三」は、地位の低いマヤ人世帯の住居であった。「メタテの家」は住居ではなく、饗宴や儀礼などが行われた集会所であった可能性が高い。「建造物M八―二」と「建造物M八―三」は、支配層の従者の住居であったとおもわれる。

支配層書記の住居には核家族的な世帯が住んだと考えられ、その空間利用には一貫性がみられる。たとえば、「鏡の家」と「石斧の家」の北の部屋では、書記の妻が食料の貯蔵・調理や織物の生産を行った。中央の部屋は、書記の活動のほかに、訪問者の接待や会議にも用いられた。換言すれば、支配層住居はたんなる家族生活の住居空間だったのではなく、政治活動にも利用された。つまり宮廷の行政機能は、空間的に複数の地位の高い貴族の住居に分散していたのである。*巻末文献42

宮廷人による実用石器の生産と流通

筆者は、アグアテカ考古学プロジェクト第一期調査・第二期調査とグアテマラ政府によるアグアテカ修復プロジェクト第二期調査（二〇〇二―〇三年）によって出土した二万八九九〇点の石器を分析した。さらに、高倍率の金属顕微鏡を用いて三七四七点の石器の使用痕分析を行い、石器の機能面から手工業生産を解明することに重点を置いた。高倍率の金属顕微鏡を用いた大量の石器の使用痕分析をグアテマラ考古学で行ったのは、筆者の研究が初めてであり、マヤ考古学では一遺跡あたり最大の石器の使用痕データのひとつである。*巻末文献43

アグアテカ考古学プロジェクト第一期調査で出土した一万八四五点の石器のうち、八三二二点は打製石器、二五二三点は磨製石器である。打製石器のうち六一五三点はチャート製、二一六九点は黒曜石製で、後者の九六パーセント以上はグアテマラ高地のエル・チャヤル産、残りはグアテマラ高地のイシュテペケとサン・マルティン・ヒロテペケ産であった。エル・チャヤル産黒曜石は、主にあらかじめ整形された石刃核としてアグアテカに搬入された。分析の結果、書記を兼ねる工芸家が、主に実用品であった黒曜石製の石刃を半専業的に生産し、他の世帯に流通していたことがわかった。

黒曜石製の石器のデータによると、アグアテカ王が経済的にもっとも豊かであっただけでなく、王を中心とする宮廷が、黒曜石の獲得および都市内の流通を中央集権的に統御していたと考えられる。第一に、大型の石刃や剥片から製作されたエクセントリック石器は、王に関連した建造物からのみ見つかった。第二に、完形の石刃は、王に関連した建造物や支配層書記の住居からもっとも多く出土している。第三に、王と支配層書記は、幅が広く大きな石刃をより多く所有・消費した。第四に、石刃片の接合を試みた結果、支配層書記の住居であった「鏡の家」と「石斧の家」でもっとも多くの石刃の接合が可能であった。「鏡の家」出土の石刃片は、地位の低いマヤ人の住居跡であった「建造物M八―一三」他の建造物から出土した石刃片とも接合することができた。このことは、各世帯ですべての石器を自家生産していなかったことを示唆する。第五に、イシュテペケとサン・マルティン・ヒロテペケ産黒曜石製の石器は、王宮や支配層書記の住居に集中するのである。

地元産チャートから製作された石器もまた、主に実用品であった（147頁、図49）。各支配層世帯でももっとも多く製作されたのは、「直接打法」により剥離された剥片である。当然のことながら、すべての剥片が石屑であったわけではなく、使用されたチャート製剥片は、多機能な不定形石器であった。剥片は、主に皮製品の製作や調理のほかに、骨製品、貝製品、木製品の生産や石の加工に用いられた。チャート製定型石器では、両面調整尖頭器や両面調整楕円形石器のような両面調整石器が多いのが特徴である。両面調整楕円形石器もまた多機能な石器であった。主に石の加工に使用されたが、皮製品、木製品、骨製品、貝製品の生産、調理や土掘りにも用いられた。いずれにせよ、書記を兼ねる工芸家をはじめとする少なくとも一部のアグアテカの宮廷人が、こうした主に実用品であった石器を半専業的に生産したのである。

戦士でもあった王や支配層書記

古典期マヤ人の戦争において、石槍（両面調整尖頭器）は弓矢よりも重要な武器であった。金属顕微鏡による使用痕分析および突き刺された瞬間に生じた先端部の破損の観察によって、すべての石槍が武器あるいは狩猟具としてのみ使用されたわけではないことが明らかになった。その一部は、武器や狩猟具として用いられただけではなく、骨製品、貝製品、木製品などの美術品や手工業品の生産にも使用された万能ナイフでもあった。アグアテカの支配層書記を兼ねる工芸家の各世帯は、こうしたチャート製石槍、黒曜石・チャート製弓矢の矢尻などの潜在的な武器を所有していた。くわえて、アグアテカ王は、黒曜石製石槍を有した。王または支配層書記を兼ねる工芸家が、こうした潜在的な武器の少なくとも一部を使用していたとすると、彼らは戦士でもあったといえる。

大部分の武器兼加工具は破損しており、支配層住居の内外の最終居住面に散在した状態で出土した。このことは、これらの石器が、戦闘の結果、堆積したことを示唆する。アグアテカ遺跡の石器のデータは、戦争で捕獲されたのちに指を切断された古典期マヤ書記にかんする、ピエドラス・ネグラス、ボナンパック、パレンケなどの図像資料と符合する。換言すれば、アグアテカ王だけでなく、王の偉業を記録する書記を兼ねる工芸家もまた、敵の標的になったといえよう。そして書記を兼ねる工芸家は、無抵抗に敵の捕虜になるか、あるいは逃亡したのではなく、屈強に応戦していたのである。

書記を兼ねる彫刻家の住居であった「石斧の家」

「石斧の家」からは、大小さまざまな大きさの計二二一点の磨製石斧が出土した（図81）。また、書記が顔料などを準備した石皿や摺り石、樹皮紙を製作するための叩石バークビーターなども見つかっている。石斧はアグアテカのすべての発掘区から出土しているわけではなく、支配層に関連した遺構、とくに支配層住居跡で見つかっている。これにたいして、一部屋からなる従者の住居跡の「建造物M八―二」と「建造物M八―三」からはまったく出土しなかった。使用痕を分析することで、これらの

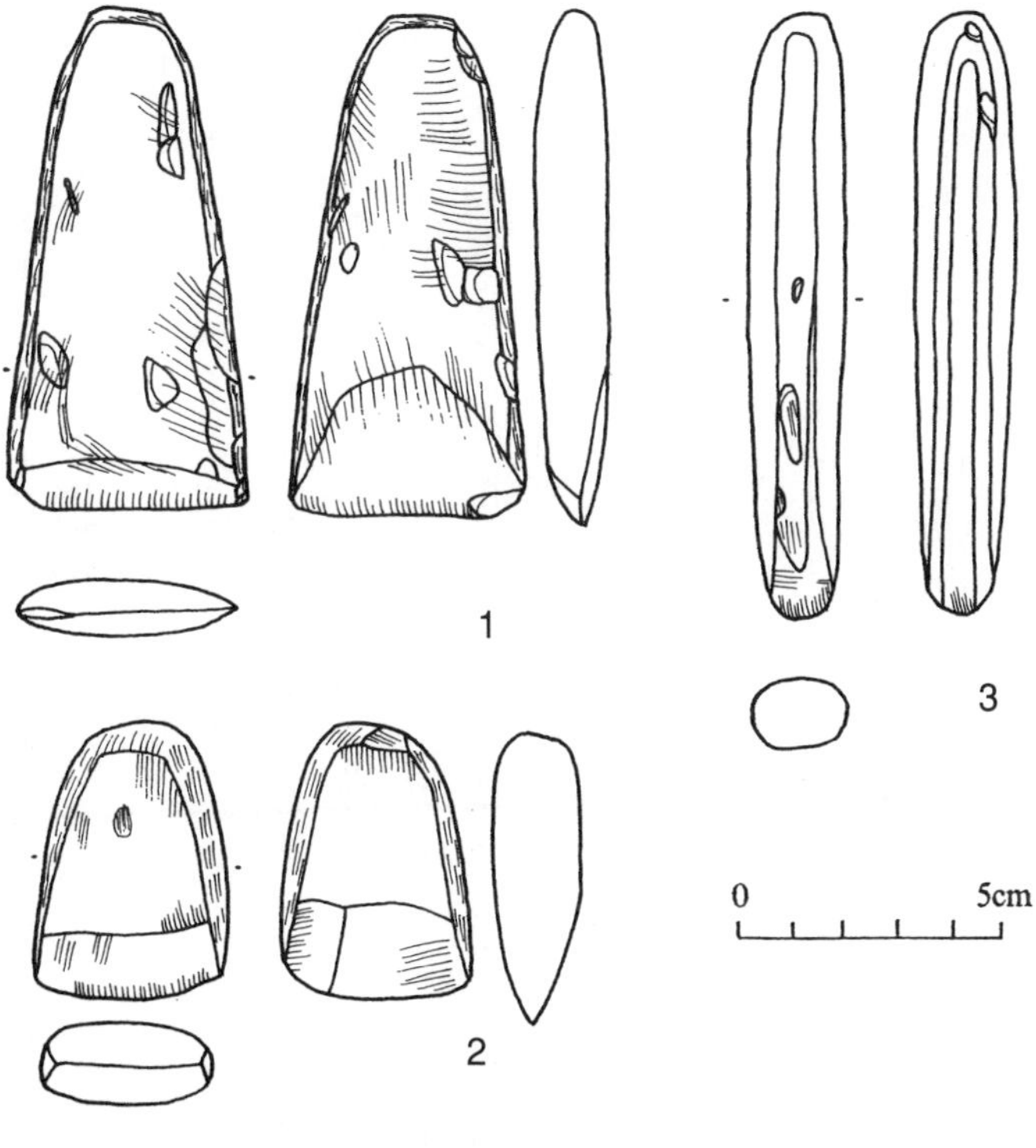

図81●アグアテカ遺跡の支配層書記の住居跡「石斧の家」出土の磨製石斧（青山 2003：図7）。

石斧が石碑を彫るための道具セットであったことが確認された。言いかえれば、「石斧の家」の支配層書記は、王のために石碑を彫った半専業の彫刻家であった。石斧は、二一点が翡翠などの硬質緑色石製、一点が薄緑灰色翡翠製である。こうした石材が選択されたのは、ただたんに石灰岩よりも硬いという実践的な理由だけではなかった。すでに述べたように、古代メソアメリカの世界観では緑は世界の中心の色であり、磨製石斧の色自体が社会的・象徴的な意味をもっていた。つまり、神聖王の偉業を称える石碑を彫るにあたって、緑色の石斧には特別な意味が込められていたのである。

「石斧の家」から出土した石器は、石碑の彫刻のほかに、皮製品、木製品、貝製品、骨製品の生産などに用いられており、書記はこうした美術品や実用品の生産にも従事したことがわかる。さらに、石器の使用痕分析によれば、書記の妻も調理や織物の生産だけでなく、少なくとも木製品などの手工業生産の一部を担っていた。

王の装身具が多く製作された「鏡の家」

黄鉄鉱製鏡のモザイク片が三百点ほど見つかった「鏡の家」は、王家が居住した「宮殿グループ」に隣接した支配層書記の住居であった。アグアテカの紋章文字をはじめとする、マヤ文字の碑文が刻まれた骨製品もここで発見されており、住人が高位の宮廷人であったことがわかる。「鏡の家」出土の黒曜石製石器（四四一点）とチャート製石器（一一四八点）は、発掘されたその他の建造物跡よりもきわだって多い。このことは、「鏡の家」世帯の地位の高さ、経済的な豊かさを示し、また世帯成員が手工業生産に強く関わっていたことを示唆する。

「鏡の家」では、他の支配層住居とくらべて、貝・骨製装飾品の生産が重点的に行われた。中央の部屋や南の部屋から、書記が顔料などを準備したと考えられる一三点の石皿と二点の摺り石が出土している。南の部屋から出土した石器には、使用痕分析の結果、王の儀礼用の装束を飾った貝・骨製装飾品の製作の証拠がもっとも多く見つかった。この部屋では、王が使った黄鉄鉱製モザイク鏡、および王が装着したサック・フーナル（王権の守護神）を表象したアラバスター（雪花石膏）製の儀礼用王冠が出土した。南の部屋の外側で見つかった石器の多くが、こうした石製品の加工に用いられたのである。王に従属した書記を兼ねる工芸家が、さまざまな美術品や王権の宝器を半専業生産した。また、碑文の解読や多彩色土器の図像から、こうした人物は、美術品の生産のほかに行政・宗教的な業務などにも従事していたことがわかる。

北の部屋では、紡錘車、メタテ、マノ、調理・貯蔵用の実用土器など女性に関連した遺物が主に出土している。この部屋から出土した石器は、調理だけでなく、木製品、骨製品、貝製品、土器の製作や石の加工にも用いられた。また、剥片石核（剥片を打ちかいた原石の中心部側の石）も出土した。書記の妻は、織物、土器、剥片石器、木製品、骨製品、貝製品などの手工業生産を担ったのである。

地位の低い世帯の「建造物M八―一三」

「建造物M八―一三」は、支配層住居よりも小さく、建造物の造りが粗雑であって、地位の低い世帯が住んだとおもわれる。ここからは、翡翠製品のような美術品や書記の業務に関連した磨製石器が発見されていない。また、支配層住居跡とくらべると、石刃をはじめとする黒曜石製石器の出土数(一二四点)が非常に少ない。黒曜石と同様にアグアテカに搬入された磨製石斧は、二点の破片しか見つかっていない。この建造物から出土した石器は、皮製品、木製品、骨製品の手工業生産および調理だけでなく、支配層住居跡では検出されなかった草刈や土掘りにも用いられた。このことは、「建造物M八―一三」に住んだ世帯の社会的地位の低さと関連している。

骨製品の製作に用いられた石器は、「建造物M八―一三」の西の部屋、中央の部屋、建造物の正面と後面から出土した。カナダ人動物考古学者エメリーは、これらの場所で骨製針などの大量の骨製実用品の未製品および製作屑を確認している。したがって、こうした場所が、骨製実用品を製作する作業場であったことがわかる。とくに、女性が主に使用した西の部屋からは、調理・貯蔵用の実用土器、メタテ・マノといった調理用石器や剥片石核が出土し、骨製品の生産の証拠がもっとも多く見つかった。この女性は、調理だけでなく、骨製品、木製品、剥片石器などを製作していたのである。

王宮における生産活動

王宮を構成した「仮面の家」と「骨の家」出土の石器には、貝・骨製装飾品の製作の証拠は認められなかった。王家の人々はこうした美術品の製作に従事せず、「鏡の家」の支配層書記のような宮廷人から完成品を受け取っていたのである。これは、古典期マヤ支配層内の社会経済的な階層性を示している。いっぽうで、王家の所持品の一部が収納されていた「仮面の家」の東端の部屋から出土した石器の使用痕分析によれば、王家の人々は、木製品や皮製品のような手工業生産に半専業で従事していた。

「仮面の家」からは、「石斧の家」についで「鏡の家」と同じく、計七点の硬質緑色石製の磨製石斧が出土している。使用痕分析によれば、すべて石の加工に使用された。言いかえれば、五代目王を含む王家の人々は、なんらかの形で石造彫刻に関わっていたと考えられる。

古典期マヤ文明の未完成の神殿ピラミッド

グアテマラ政府によるアグアテカ修復プロジェクト第二期調査では、「大広場」を囲む神殿ピラミッド他の公共建築、サクベに面した住居跡や「宮殿グループ」などが発掘・修復された。猪俣健らは、建築データや未完成の石造祭壇のマヤ文字の解読にもとづいて、「大広場」に面するアグアテカ最大の神殿ピラミッド「建造物L八―八」が、八一〇年頃に敵の急襲により建設途中で放棄されたという説を提唱している。建造物とその周囲の発掘調査によって、完成した壁面と未完成の壁面、および神殿内部に建造中であった王墓へつづく作業用の傾斜路などが確認された。

筆者は、同プロジェクトの調査によって出土した計四〇七六点の石器を分析した。「建造物L八―八」の石器群は、アグアテカ考古学プロジェクト第一期調査で出土した都市中心部の八つの建造物跡の石器群ときわめて異なる。その特徴としては、(1)割れやすい黒曜石製の石器が、打製石器に占める比率(七・三パーセント)が低い。(2)黒曜石製の石器としては、分厚い剥片石器が目立つ。(3)分厚いチャート製剥片、つまり不定形石器がもっとも多く用いられた。(4)潜在的な武器(両面調整尖頭器)がほとんどない。(5)分厚い両面調整楕円形石器をはじめとして、破損したチャート製石器が多い。(6)チャート製の両面調整楕円形石器、剥片、叩石、磨製石斧、擦石など、建設作業に使用されたと考えられる石器が多数出土している、などが挙げられる。こうしたデータは、この神殿が建設途中で放棄されたという説を強く支持する。王宮や支配層住居跡では多数の武器が見つかっているのにたいして、武器がほとんどないという事実は、建設途中の神殿ピラミッドを防御する必要がなかったことを示している。「建造物L八―八」は、これまでにマヤ地域で確認された数少ない未完成の神殿ピラミッドなのである。

よみがえるマヤ支配層の日常生活

アグアテカ遺跡の研究成果をまとめてみよう。第一に、発掘されたすべての支配層住居跡から、美術品および実用品の半専業生産の証拠が見つかり、王家の人々や高い地位の宮廷人を含むアグアテカの支配層のあいだで、手工業生産が広く行われていたことが明らかになった。手工業生産は、支配層住居の内外で行われていたのである。こうしたデータは、古典期後期のアグアテカのマヤ支配層における手工業生産の多様性を示唆する。支配層世帯では、木製品や皮製品が半専業で生産された。書記の妻も、調理だけでなく、織物や他の手工業生産に半専業で従事した。いっぽうで「石斧の家」の支配層書記は石碑の彫刻を、「鏡の家」の支配層書記は貝・骨製装飾品や王権の宝器のような美術品の製作を重点的に行った。猪俣が述べているように、熟練した支配層工人が生産した、石彫、多彩色土器、貝・骨製装飾品、織物などの美術品は価値が高く、製作活動そのものが超自然的な意味を包含したと考えられる。*巻末文献44 こうした美的創造は、知識教養階層の王族貴族と被支配層との地位の差異を拡大し、宮廷における権力争いでも重要な役割を果たした政治的道具であった。

第二に、都市機能という面からみるとアグアテカは、コパンと同様に、実用品と美術品からなる手工業製品の生産と消費の場であった。二つの都市には、宮廷の宗教儀礼や政治活動だけではなく、経済活動もかなり集中していたのである。

第三に、アグアテカ遺跡から出土した石器のデータを検討すると、古典期マヤ支配層では、従来示唆されていたよりも多くの男性および女性が手工業生産に従事していた可能性がある。エルサルバドルのホヤ・デ・セレンでは、火山の噴火によって六三〇年頃に埋没した村落遺跡が発見されている（第4章参照）。この遺跡は、マヤ高地の黒曜石産地への距離がアグアテカよりもはるかに近い。しかしホヤ・デ・セレンの農民世帯は、平均して六点の石刃を含む計一三点ほどの黒曜石製の石器しか持っておらず、これらを完成品として手に入れていたのである。いっぽう、アグアテカの支配層世帯は、みずから石刃を生産し、二三〇—四四〇点以上の黒曜石製の石器を使っていた。この両者の差異はアグアテカ支配層の地位の高さを示すだけでない。支配層が黒曜石の遠距離交換や手工業生産に深く関わっていたことを示唆するのである。

第四に、ティカルやコパンのように徐々に放棄された古典期マヤ都市では、相対的に手工業生産に関連した遺物の出土量が少ないために、手工業生産の重要性が過小評価されてきたと考えられる。アグアテカ遺跡から出土した石器のデータは、古典期のマヤ支配層を構成した書記を兼ねる工芸家が複数の社会的な役割を担っていたとする猪俣の仮説を支持する。一部の書記を兼ねる工芸家は戦士でもあった。同一人物が書記であると同時に、石器、木製品、貝・骨製品といった手工業品を生産し、あるいは石碑の彫刻に従事し、さらに、戦争、天文観測、暦の計算、他の行政・宗教的な業務といった多種多様な活動に住居の内外で従事したのである。そして書記の妻は調理だけでなく、古典期マヤ文明を構成したさまざまな美術品や工芸品の生産の一翼を担った。古典期のマヤ支配層を構成したアグアテカの男性と女性の工芸家は、異なった状況や必要性に柔軟に対応して複数の社会的な役割を果たしたのである。

このように、マヤ文明の石器研究は、編年研究や記述的な型式分類にとどまらない。それにくわえて、古代マヤ国家の発展過程における地域内交換、地域間交換および遠距離交換の役割と性格、石器の機能、手工業生産の性格や戦争の一側面が実証的に検証され、日常生活の諸活動が復元されている。方法論としては、肉眼による観察と中性子放射化分析を組みあわせた大量の黒曜石製石器の産地同定、石材の比率、石器組成、一立方メートルあたりの石器の出土量をはじめとする定量分析、体系的な複製石器による使用実験研究の成果を拠り所として、高倍率の金属顕微鏡を用いる石器の使用痕分析などが導入されてきた。最近まで、マヤ考古学では、建築様式、マヤ文字、石彫や土器の研究とくらべると、石器の研究はあまり重要視されていなかった。しかし石器は、「石器の都市文明」の主要利器であっただけでなく、土中の保存状態が良好で、出土量も豊富といえる。石器を研究することによって、古代マヤ国家の起源・発展・衰退の過程、社会・政治・経済組織、職業の専門化、日常生活、都市性や戦争にかんする重要な情報を提供できるのである。

第7章　マヤ低地南部の「古典期マヤ文明の衰退」とマヤ低地北部の全盛

本章では、いわゆる古典期マヤ文明の衰退について考察してみよう。かつて古典期マヤ文明は、とつぜん「崩壊」したとされた。古典期終末期の九世紀になると、マヤ低地南部で石造記念碑と大建造物の建立が途絶え、多くの都市が放棄された。それはマヤ文明全体の衰退を意味し、つづく後古典期はマヤ文明の「退廃期」と考えられたのである。この現象は、いまなお「神秘的なマヤ文明の謎の崩壊」としてテレビ番組や一般書・雑誌に取りあげられることが多く、多くの人の関心を集めてやまない。

けれどもマヤ文明という高文明は、マヤ地域全体からみれば、けっして九世紀に「崩壊」して「滅び去った」のではない。*巻末文献45 マヤ低地北部では、古典期後期から、チチェン・イツァ、ウシュマル、コバー、エック・バラム、ツィビルチャルトゥンなどが栄えはじめ、マヤ低地南部の多くの都市が衰退した古典期終末期（八〇〇―一〇〇〇年）に全盛期に達した。セイバル、シュナントゥニッチやラマナイなどの一部のマヤ低地南部の都市、およびマヤ高地のチンクルティクやテナム・プエンテなどが古典期後期・終末期に繁栄しつづけた。その後も数多くの古代マヤ都市が、マヤ低地北部やマヤ高地を中心に興隆した。そして、その文化伝統は、マヤ諸語を話す先住諸民族によって現在まで生きつづけているのである。

1 古典期終末期のマヤ低地南部社会の大変動

マヤ低地南部の古典期マヤ文明は、とつぜん、一様に衰退したのではなく、八世紀から一〇世紀にかけて徐々に衰退した。たとえば、ドス・ピラスが敵の襲撃によって七六一年に破壊されたのにたいして、カラコルの中心部は九世紀末に戦争によって焼かれ、トニナでは少なくとも九〇九年まで石碑の建立がつづいた。つまり、マヤ低地南部の衰退は、一世紀以上の長い期間にわたって徐々に起こったのである。さらに、マヤ低地南部全域が衰退したのではなく、セイバル、アルタル・デ・サクリフィシオス、ラマナイ、ノフムルのように、九世紀を通じて高い人口を維持しつづけた都市もあった。なかでもラマナイは、後古典期、さらに植民地時代にいたるまで繁栄しつづけた。つまり、都市・地域ごとに、多様な社会変化の過程があった。

では、「古典期マヤ文明の衰退」とよばれる、古典期終末期のマヤ低地南部の社会変動の特徴とは何なのだろうか。ひとつは、神聖王を頂点とする国家的な政治組織の衰退である。このことは、王の図像や偉業を刻んだ石碑をはじめとする石造記念碑や王墓を内蔵する神殿ピラミッドなどの大建造物の建立が途絶えたことに強く反映されている。あとひとつは、諸都市の人口が激減したことである。アグアテカのように戦争によって都市が短時間に放棄された場合もあるが、大部分の都市では一世紀余りにわたって人口がしだいに減少していった。都市中心部だけでなく、周辺部でもかなり大幅に人口が減少し、究極的に多くの都市が放棄されたのである。

その結果、マヤ低地南部全体としては、古典期終末期に人口が激減した。マヤ低地南部の古典期マヤ文明の衰退は、たんなる王朝の交代や政治組織の改変ではなかった。衰退した都市では、支配層だけでなく、全社会階層を巻き込んだきわめて劇的な社会変動がみられたのである。そして、放棄された都市が再興することはなかったのが、マヤ低地南部の古典期マヤ文明の衰退の大きな特徴のひとつといえよう。マヤ低地南部の大部分は、ジャングルに覆われ、人口が希薄なまま今日にいたっているのである。

2 マヤ低地南部の古典期マヤ文明の衰退

複数の要因の相互作用

調査研究の積み重ねによって、古典期マヤ文明の衰退は、もはや「謎の崩壊」ではなくなっている。これまでに、(1)人口過剰、(2)環境破壊、(3)王朝内および王朝間の戦争、(4)気候の変化、(5)経済組織と交易路の変化、(6)外敵の侵入、(7)農民の反乱、(8)マヤの宗教にもとづく宿命的な末世観、(9)自然災害(地震、ハリケーン、害虫)、(10)疫病の流行など、さまざまな仮説が提唱されてきた。現在では、多様で複雑な社会変動の過程を単一の要因で説明することはできず、複数の要因の相互作用があったにちがいない、ということで研究者の意見が一致する。筆者も同意する。しかし、それぞれの要因の相対的な重要性と相互作用についての解釈は、研究者により大きく異なる。

このうち、(8)宿命的な末世観、(9)自然災害、および(10)疫病は、現在ではあまり重視されていない。また、(7)農民の反乱を示す直接的な証拠はない。(5)経済組織と交易路の変化は、古典期終末期に、交易などの経済活動の中心がマヤ低地北部に移り、それがマヤ低地南部の諸都市の衰退につながったという説である。しかし、マヤ低地南部の衰退の原因というよりむしろ、その結果として経済活動の中心が移った可能性が高い。同様に、(6)外敵の侵入があったとしても、それがマヤ低地南部の衰退の直接の原因ではなく、マヤ低地南部の混乱に外部の民族が乗じたとする説が有力である。つまり、(5)経済組織と交易路の変化や(6)外敵の侵入といった外的要因は、マヤ低地南部の諸都市の衰退に拍車をかけたと考えられる。

(4)気候の変化にかんしては、マヤ低地南部の多くの都市がしだいに衰退した七五〇—九五〇年にかけて降水量が減少したという説が、一九九〇年代に提出された。この干ばつ仮説は、マヤ低地北部の限られた数の湖の底に堆積した地層のデータにもとづいており、マヤ低地全域にこれが適用できるかどうかは、さらなる検証を待たなければならない。また降水量の減少は、大河川の近くに立地するヤシュチランやピエドラス・ネグラスのような都市では影響が少なかったと考えられる。いっぽう、マヤ低地南部で多くの都市が九世紀に衰退するなかで、より乾燥したマヤ低地北部では多くの都市が繁栄した。この矛盾はどのように説明できるのだろうか。干ばつ仮説は、遺跡ごと、地域ごとに検証していかなければならないのである。

筆者が領域代表をつとめる「環太平洋の環境文明史」(平成二一—二五年度)の学術調査において、グアテマラのセイバル遺跡近郊の湖でついに年縞を確認した。年縞とは、木の年輪と同様に、湖の底に年にひとつ形成される、いわば「土の年輪」であり、人類史に対応する精密な年代軸を提供する。マヤ地域で初の大発見であった。年縞から、降水量の変動だけでなく、森林環境の変化、農耕活動による環境破壊、水環境の変化など多様な環境変動を高精度に復元できる。考古学と環境史の研究成果から総合的に判断すると、干ばつが古典期末のセイバル衰退の主要因とはいえない。

周囲に大河川や湖がなく、大人口を擁したティカルやカラクムルでは、約二百年間の降水量の減少は、他の要因と相互に作用して、都市衰退の重要な要因のひとつであった可能性がある。カラクムル王朝は、六九五年にティカルとの戦争に敗北してから、しだいに衰退した。九世紀の都市周辺部の人口は、全盛期の一〇パーセントにまで減少した。人口は、カラクムル都市部およびその周辺の中都市のオシュペムルやラ・ムニェカといった、バホや貯水池などの水源の近くに集中した。人口が衰退するなかで、マヤ文字の碑文と神聖王の図像が刻まれた石碑は、カラクムルでは少なくとも八九九年まで、ラ・ムニェカでは八八九年まで建立された。いっぽう、ティカルでは八六九年まで、近隣の中小都市のヒンバル、ワシャクトゥンやシュルトゥンでは八八九年まで石碑が彫刻された。興味深いことに、シュルトゥンは巨大なバホに囲まれ、五つの貯水池があり、水源が豊富である。ティカルの八五〇年頃の人口は、全盛期の一五―二〇パーセントに減少していたと推定されている。そして、カラクムルとティカルの両都市とも一〇世紀に放棄されたのである。

現在のところ、マヤ低地南部の古典期マヤ文明衰退の直接的な要因としてもっとも重要視されているのは、(1)人口過剰、(2)環境破壊、(3)王朝内および王朝間の戦争という内的要因である。しかし、人口増加と環境破壊が原因となって戦争が起こったのか、あるいは環境破壊ではなく、支配層間の戦争・抗争によって、マヤ低地南部の古典期マヤ文明が衰退したのかについては意見が分かれる。

マヤ低地南部全体に目を向けるならば、古典期後期の後半から、王朝内および王朝間における戦争が激化し、王朝の権威が弱体化・失墜したことを示唆する証拠がある。古典期後期の後半には、戦争にかんする碑文や図像が激増した。マヤ低地南部の各地で、それまでマヤ文字が刻まれた石彫をもたなかった中小都市が、その建立を開始した。また、ペテシュバトゥン地域の小都市ラ・アメリアがドス・ピラスの紋章文字を、八五九年以降に小都市のヒンバルやイシュルーがティカルの紋章文字をそれぞれ用いはじめた。ヤシュチランをはじめとするウスマシンタ川流域では、サハルという称号を持つ有力貴族が、王とともに石造記念碑に刻まれた。一夫多妻制によって各王朝内で王族や貴族の数が増えたために、権力闘争が激化し、有力貴族が王の権威を脅かすようになったのであろう。

事例①――ペテシュバトゥン地域

古典期マヤ文明の衰退の過程がもっとも詳細に復元されているのが、ペテシュバトゥン地域とコパン谷である。上述のように、ペテシュバトゥン地域では、八世紀中頃から戦争が激化した。しかし、湖底堆積層の花粉分析によれば、環境は悪化しておらず、人骨の分析からは健康状態や栄養の悪化もみられない。第一首都のドス・ピラスは、七六一年に近隣の都市タマリンディートからの攻撃によって陥落した。その後、ドス・ピラス＝アグアテカ王朝は、第二首都のアグアテカに移り住んだ。

アグアテカは、ペテシュバトゥン川の比高九〇メートルの断崖絶壁のうえに立地する。主に古典期後期に居住され、八世紀後半に全盛期を誇った。これまでの発掘調査によれば、同地域の戦争の激化に伴い、中心部の王宮や貴族の居住区を幾重にも囲む長大な防御壁が建設された。その全長は六三三二メートルに達した（図82）。八一〇年頃に敵襲にあい、王や貴族が住んだ都市中心部が広範囲にわたって焼かれた。それは、七三五年にドス・ピラス＝アグアテカ王朝に敗北した近隣のセイバル王朝のリベンジであった可能性が高い。セイバルは、古典期後期末に衰退せず、古典期終末期にパシオン川流域で最大の都市として栄えた。

猪俣健らによるアグアテカ遺跡の貴族の住居跡の一九九〇年以来の発掘調査によって、床面に実用土器や製粉用の磨製石器メタテとマノなどの実用品だけでなく、翡翠製品、図像やマヤ文字が彫刻された貝・骨製装飾品といった数々の美術品なども含む、大量の完形または修復可能な一次堆積遺物が見つかり、貴族がその所持品の大部分を残したまま短時間に住居を放棄、あるいは敵に捕獲されたことが明らかになった（図83）。アグアテカ遺跡の長大な防御壁、マヤ文字の碑文、図像資料、敵によるアグアテカ中心部の徹底的な破壊、都市の短時間の放棄や住居跡から出土した使用済みの大量の武器兼加工具の存在は、戦争がアグアテカにおける古典期マヤ文明衰退の直接の原因であったことを強く示している（第6章参照）。敵がアグアテカを占領しつづけることはなく、都市周辺部に住んだ農民

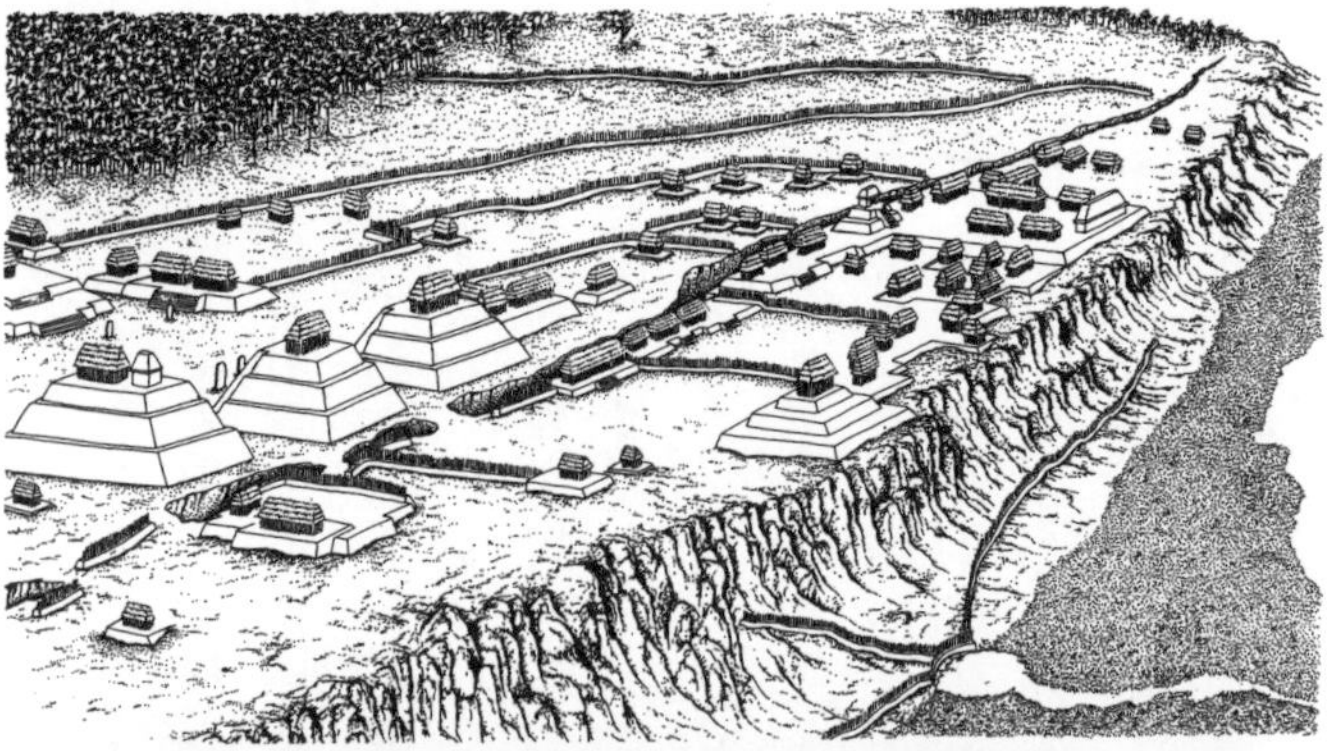

図82●アグアテカ遺跡中心部の復元図（上、Demarest *et al.* 1997：図7）。都市は、天然の要塞に築かれ、その中心部は長大な防御壁に囲まれていた。
図83●アグアテカ遺跡の支配層書記の住居跡「石斧の家」の発掘（下、撮影：猪俣健）。北の部屋では、調理・貯蔵用の実用土器、製粉用の磨製石器メタテとマノ、紡錘車など女性に関連した遺物が主に出土している。書記の妻は、食料の貯蔵・調理だけでなく、織物や木製品の生産も行った。

もその後まもなく、おそらく敵によって別の場所に移住させられ、アグアテカは九世紀初頭に無人化した。戦争の目的は、王朝や貴族を服従させるためでも、都市を占領するためでもなかった。それはまさにアグアテカ王朝と貴族の権力・権威を抹消するための、主に支配層間のきわめて破壊的な戦争であった。

事例②——コパン谷

コパン谷における古典期マヤ文明の衰退にかんして、ペンシルバニア州立大学の調査団は一九八〇年代に沼底の堆積層のボーリング調査を行い、センセーショナルな仮説を提唱した。花粉分析にもとづき、宅地や農地が拡張しつづけ、薪を集めるために大部分の森林が伐採されて、「八〇〇年頃までにコパン谷では周囲の山々が禿山になっていた」というのである。それ以来コパンは、マヤ文明の専門書だけでなく、文明史の一般書などでもマヤ文明の環境破壊の典型例とされてきた。

ところが、アメリカ人環境考古学者C・マクニールらは、二一世紀初頭に同じ沼を再調査して良好な堆積物サンプルを採取して反論を唱えた。花粉分析によれば、森林は、「アクロポリス」で大規模な建設活動が開始された五世紀に破壊され、その後はかなり保護されていた可能性が高い。コパンでは、七世紀頃から大建造物の外壁は、漆喰彫刻に代わってモザイク石彫で装飾されるようになった。コパンの人々は、森林を徹底的に破壊したのではなく、ある程度は森林を守る循環型の文明を創造していたといえよう。

コパン谷では、七三八年に一三代目王がキリグア王に捕獲・殺害されてから、王朝の権威が失墜しはじめた。一四代目王（七三八—四九年統治）は、石碑をまったく建立しなかった。八世紀前半のコパン谷には約二万人の人口があったと推定されており、人口超過の状態にあった。外部に食料などを頼った自給自足性を喪失した社会になっていたのである。コパン都市中心部の建造物跡の一平方キロメートルあたりの密度（一四四九基）はきわめて高く、古典期後期のマヤ都市の平均値（二一二・七基、標準偏差一〇六・三）を大きく上回っている。これは、最大幅が六キロメートルというコパン谷の狭小な地形のためだったかもしれない。筆者は、それにくわえて、都市の政治・経済・宗教的な吸引力、および都市化が進んで非食料生産者が増加したために、集住化が進んだ可能性もあると考える。

都市化に伴い、農耕地が不足し、さらに土地の酷使は生産力を低下させたであろう。古人骨の病理学研究は、農民だけでなく貴族の多くも栄養不良に陥り、病気であったことを証明している。八世紀後半には、都市人口が減少しはじめた。

五世紀から七回にわたり増改築され、一五代目王が七五三年に完成させた「神殿二六」は、二二〇〇以上のマヤ文字によってコパン王朝史が刻まれた「神聖文字の階段」を有する（図84）。これは、先コロンブス期のアメリカ大陸で最大・最長の石造文字資料である。しかし、その壮麗な外観とは裏腹に、この神殿ピラミッドや一五代目と一六代目王の治世中に成立した建造物は、乾燥した土と石を詰めただけのきわめて脆いものであった。総体的に中心グループの建造物の質がいちじるしく低下した。一六代目王は、七七六年にコパン最大の神殿ピラミッド「神殿一六」の完成後、大建造物を建設せず、比較的小さなみずからの埋葬神殿「神殿一八」を八〇〇年に建てただけであった。このことは、八世紀後半の王権の弱体化および都市人口すなわち労働力の減少を強く示唆する。

一六代目ヤシュ・パサフ・チャン・ヨパート王の治世中の七七五年以降に、マヤ文字が刻まれた石彫が中心グループの外に居住した地元の有力貴族の邸宅で増加した。さらに、コパンから徒歩で一日ないし二日の距離にあるリオ・アマリーヨやラ・エントラーダ地域のロス・イゴス、ラス・ピラス、エル・プエンテなどの地方都市でも、マヤ文字が石彫に刻まれるようになった。コパンの「アクロポリス」にある「建造物一〇L―二二A」は、一四代目王の治世中に建造された比較的小さな建築である（図85）。外壁には九人の人物座像や王権のシンボルである三枚の筵《むしろ》状のモザイク石彫があるから、この建物は、王朝が崩壊した八二〇年頃まで王と地元の有力貴族たちが政治的合議を行ったポポル・ナフ（会議所）であったと解釈されている。政治的合議は以前より行われていたとおもわれるが、より超自然的な権威をもつ神聖王による統治体制が弱まり、この時期に合議による国家運営の重要性がより高まった可能性がある。また、八世紀後半には神聖王の図像を刻んだ石碑がほとんど建立されなかったことも、この政治的傾向を反映するといえよう。

図84●コパン遺跡の「神聖文字の階段」(上、筆者撮影)。その前に立つのが15代目王の石碑。

図85●コパン遺跡の「建造物10L-22A」(下、筆者撮影)。正面に王権を象徴する筵状のモザイク石彫があり、王と地元の有力貴族たちが政治的合議を行ったポポル・ナフ(会議所)であったと解釈されている。

筆者の研究によれば、コパンでは、古典期後期末に黒曜石製の石槍と弓矢の生産が増加した明確な証拠がある。「神殿一六」や「神殿二六」の壁面は、戦士や骸骨・人骨といった戦争や死に関連するモザイク石彫のモチーフで装飾されていた。「神殿一八」の外壁には、戦士の装いをした一六代目王の図像が彫られている。さらに、コパン都市中心部のさまざまな建造物には、火災や破壊の証拠が存在する。こうした状況証拠は、コパン谷の貴族たちとコパン王朝の抗争といったコパン谷内の集団間、または外部集団との戦争・抗争、あるいは両方によって王権が崩壊した可能性を示唆する。いずれにせよ、コパン王権の最期は、けっして平穏ではなかった。コパン谷に残った人々も、その後、別の場所に移住していった。

多様で複雑な社会変動の過程と根本的な要因

ペテシュバトゥン地域では環境破壊の証拠はなく、戦争が古典期マヤ文明衰退の直接の原因であった。いっぽうで古典期後期のコパン谷では、人口過剰や環境破壊をはじめとする要因が本質的であって、それらが原因となって戦争が激化して、古典期マヤ文明が衰退した。古典期マヤ文明の衰退の要因は、複雑で地域によって異なったのであり、問題の解決のためには、地道な事例研究を積み重ねていくことが要請される。

ペテシュバトゥン地域は、古典期後期の後半になって人口が急増したために、古典期後期末になっても他地域ほど環境破壊が進行していなかった可能性がある。しかし、人口集中地帯からの移住によって人口が増加した可能性もあり、古典期後期にすでに土地問題が深刻化していたのかもしれない。旧大陸の歴史でも普遍的にみられるように、支配者間の戦争は、支配者の交代や政治組織の変化を生み出すが、人口の激減と大部分の都市の放棄という、マヤ低地南部の衰退のような劇的な結果を引き起こした例は皆無に近い。やはり、王朝間あるいは王朝内の戦争以外の要因についても考慮する必要があろう。

筆者は、農業を基盤とした古典期マヤ文明に一世紀以上にわたって衰退をもたらしたもっとも根本的な要因は、マヤ低地南部全域における人口過剰と環境破壊であったと考えている。古典期マヤ文明が衰退したのちにマヤ低地南部の人口が復興しなかった理由のひとつは、環境破壊であった。マヤ低地全体をみれば、古典期後期までに総人口が増加し、農耕地や住宅地の拡大によって森林が破壊され、農耕によって土地が疲弊した地域が多かった。熱帯低地では、土壌が薄く、浸食されやすい。しかも、いったん土地が疲弊すると、再生に時間がかかる。いっぽう古典期後期には、一夫多妻制のために王族や貴族など非農民人口が増加し、社会の階層化が強化された証拠がある。都市化が進むと、農耕地が不足し、さらに農業が圧迫された。

コパンの例にみられるように、各都市の神聖王は、地元貴族との確執、他の王朝との抗争などのさまざまな問題を抱えていた。諸王は、生態系の悪化に対応するために、現代の私たちからみると、最悪のときに最悪の解決策を講じた。すなわち、神々の助けを請い、みずからの権威を正当化するために、より巨大な神殿ピラミッドを建設・更新・維持したのである。賦役に駆り出された農民の負担は、さらに大きくなったとおもわれる。こうした大建造物の建築活動は、各王朝が競争して行った政治的な宣伝活動であると同時に、マヤの宗教・世界観と結びついた儀礼行為でもあった。いずれにせよ農業がさらに圧迫され、その結果、食料が不足し、多くの人々が栄養不良に陥り、支配層間の抗争がさらに激化したのであろう。

古典期終末期のメソアメリカ全域の大変動

マヤ低地南部の古典期マヤ文明の衰退を理解するうえで、古典期終末期が、マヤ低地南部だけでなく、メソアメリカ全域を通して大変動期であったことを忘れてはならない。メキシコ中央高地最大の都市テオティワカンが六〇〇年頃に、オアハカ盆地最大の都市モンテ・アルバンが七五〇年頃に衰退したのちに、各地で中規模の都市が割拠するようになった。要塞都市が増加し、戦争が激化した。さらに古典期終末期のメソアメリカでは、ナワ語を話す人々をはじめ数多くの民族集団の大規模な移動があったことが、民族史料から明らかである。周辺地域と交流しながら発展したマヤ低地南部の諸都市が、このような周辺地域の大変動と無関係であったとは考えられない。マヤ低地南部の古典期マヤ文明の衰退という複雑で多様な社会現象を、古典期終末期のメソアメリカの社会的・文化的な状況の

図86●セイバル遺跡出土の精胎土オレンジ色土器（Sabloff 1975：図 384）。良質の粘土とオレンジ色の表面が特徴。土器の外面の図像は、彫刻された塑像の押し型によって押し付けられた。二つの場面とも、帽子をかぶり、盾を有する２人の人物が向かいあい、抽象化されたジャガーの顔のうえに座っている。

なかで検証していく必要がある。

古典期終末期には、メキシコ中央高地のイダルゴ州パチューカ産の緑色黒曜石製石器やプエブラ州サラゴサ産の黒曜石製石器、メキシコ西部のミチョアカン州ウカレオ産の黒曜石製石器、グアテマラ太平洋岸低地産のプランベート土器、ウスマシンタ川流域産の精胎土オレンジ色土器、グアテマラ高地産の翡翠、中央アメリカ南部産の金や金・銅の合金製品などが遠距離交換によってマヤ低地に搬入され、図像などの観念がもたらされた（図86）。たとえば、キリグアでは、チャックモール（仰向けになって腹部に皿を乗せた男性戦士の石像）の石彫、緑色黒曜石製石器、銅製品が出土しており、古典期終末期に小規模な再居住があった。

古典期後期・終末期（六〇〇—一〇〇〇年）のグアテマラ太平洋岸低地では、独特の石彫様式と文字体系を有するコツマルワパ文化が栄えた。じっさいにはひとつの都市であったエル・バウル、ビルバオ、エル・カスティーヨがコツマルワパ中核部を構成し、少なくとも六平方キロメートルにわたって広がった。石碑には、球技や人身犠牲の図像が多いが、王と貴族、あるいは神々との交流のような歴史的あるいは神話的な場面を叙述的に表すものもある。また、メキシコ中央高地の雨の神トラロックの石彫もある。球技の場面が多く、球技具の様式はメキシコ湾岸低地のそれと類似する。短い碑文には、日付や個人の名前の文字などが刻まれた。暦の日付は、マヤ低地ではなく、西方のメキシコ湾岸低地やメキシコ中央高地で使われたものである。興味深いことに、コツマルワパの石彫には、古典期終末期のマヤ低地南部のセイバルの石碑と類似点がある。西の先住民集団の移住あるいは文化的な交流が、コツマルワパ様式の形成に大きな役割を果たしたといえよう。

ショチカルコは、メキシコ中央高地モレーロス州にある七〇〇—九〇〇年の中規模の要塞都市であった。その芸術様式はメキシコ中央高地の伝統に、オアハカ盆地、メキシコ湾岸低地、マヤ低地などの文化要素が織り交ぜられている。有名な「羽毛の生えた蛇の神殿」はタルー・タブレロ様式の建築で、羽毛の生えた蛇の図像や日付の文字などが刻まれているが、人物像はマヤ的である。

カカシュトラは、メキシコ中央高地トラスカラ州にある古典期終末期の中規模の要塞都市である。一九七四年に出土した「建造物A」や「建造物B」の壁画によって一躍世界的に有名になった。壁画には、生々しい戦闘、複数の人物、神や文字が描かれている。メキシコ中央高地的な人物とともにマヤ低地の神やマヤ的な服装の人物もあり、ショチカルコ以上にマヤ的な要素が強い。じっさいにマヤ低地から来た芸術家が描いた可能性が高い。つまり、テオティワカンが衰退したのちも、マヤ低地と他地域の間の人々の移動、物資や情報の交換はつづいていたのである。

3　古典期終末期のマヤ低地南部の都市の繁栄

九世紀にマヤ低地南部の多くの都市が衰退していくなかで、高い人口を維持し、繁栄をつづけた都市もあった。衰退した諸都市からの避難民や移民があったとおもわれる。ペテシュバトゥン地域のプンタ・デ・チミノは、古典期終末期に全盛期を誇った。先古典期中期から古典期終末期まで居住されたが、九世紀初頭にアグアテカが敵襲によって陥落した後、一〇世紀半ばまで同地域で最大の要塞都市として栄えた（図87）。ペテシュバトゥン川の幅が広がる小さな湖のような場所に突き出た半島状の土地に立地し、マヤ地域でもっとも高い、高さ一八メートルに達する三重の防御壁と二重の濠で防御されていた。ペテシュバトゥン地域で最大の球技場、宮殿、神殿ピラミッド、王の図像やマヤ文字が彫刻された石碑などがある。支配層の住居には、広い基壇（一〇×二〇メートル）のうえにふんだんに漆喰が塗られたものもあった。

セイバルは、パシオン川の比高一〇〇メートルの断崖上に立地する。先古典期中期の前一〇〇〇年頃に公共建築や公共広場が建設され、発展しつづけた（第2章参照）。五〇〇年頃に一時的に衰退したが、古典期後期に復興した。古典期終末期にパシオン川流域で最大の都市として栄え、人口は一万人を超えた。都市の面積は、一二平方キロメートル以上あった。計五七の石碑のうち二二にマヤ文字が

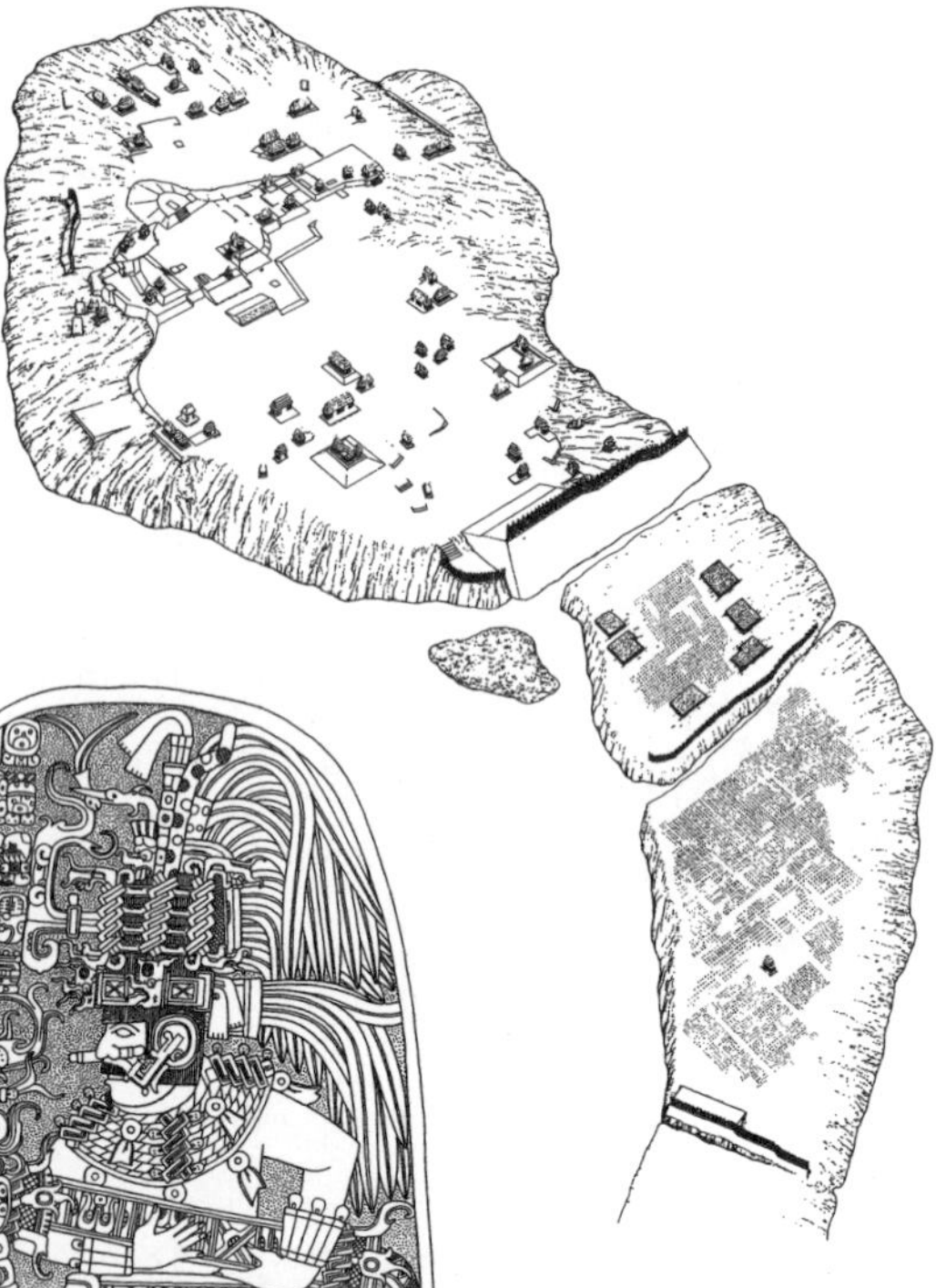

図87●プンタ・デ・チミノ遺跡の復元図（上、Demarest *et al.* 1997：図10)。
図88●セイバル遺跡の「石碑10」(下、Stuart 1993：図6)。

刻まれたが、八三〇―八八九年に少なくとも一七の石碑が建立された（図88）。有名な「石碑一〇」には、セイバル、ティカル、カラクムル、モトゥル・デ・サン・ホセの紋章文字が八四九年に刻まれている。三つの主要建築グループをサクベが結び、二つの球技場があった。ギリシア神話に登場するアトラスのような二人の人物像が支える石造祭壇の前には、古典期のマヤ低地では稀有な円形建造物が建てられた。大量に搬入された精胎土オレンジ色土器の図像は、古典期終末期の石碑に刻まれた非古典期マヤ人的な顔、衣装、装飾との類似点が多い。

セイバル王朝の最後は、アグアテカほど劇的ではなかったが暴力を伴った。猪俣や筆者らによる二〇〇五年からの発掘調査によって、一〇世紀に王宮が破壊され、火をかけられたことがわかった。しかも王宮を飾った漆喰彫刻の男性像の顔が、儀礼的に打ち首にされていた。王宮では、破壊儀礼が行われたのである。また「中央広場」に面する神殿ピラミッドでも、同様に破壊儀礼が執行されたことが判明した。

モトゥル・デ・サン・ホセは、ペテン・イツァ湖の北三キロメートルに立地し、先古典期中期に居住が開始され、最盛期は古典期後期である。都市は四平方キロメートル以上にわたって広がり、高さ二〇メートルの神殿ピラミッドや六つの石碑があった。古典期終末期に放棄されることはなく、後古典期前期まで継続的に居住された。

エル・ペテン県南東部のモパン川流域やマヤ山地では、一部の都市が衰退するいっぽうで、イシュトントン、ウカナル、サクルなどの都市が古典期後期・終末期に繁栄した。とくに「Eグループ」が、古典期終末期まで継続的に使用されたことが注目される。これらの都市は、後古典期前期までに衰退した。シュナントゥニッチは、ベリーズ中央西部にある古典期後期・終末期の都市遺跡で、別称はベンケ・ビエホである。グアテマラ国境近くのモパン川を見下ろす丘陵上に立地する。主要な居住は六〇〇—八九〇年で、マヤ低地南部の多くの大都市が衰退した九世紀に発展しつづけた。マヤ文字が刻まれた三つの石碑は、八二〇—四九年に建立された。最大の神殿ピラミッドは、高さ四三メートルの「エル・カスティーヨ」である。増改築が繰りかえされたが、最後から二番目の建設段階の持ち送り式アーチを有する神殿の外壁は、漆喰彫刻で装飾された。サクベや三つの球技場があり、周囲の山腹部には段々畑が広がっていた。

ノフムルは、ベリーズ北部にある先古典期後期・古典期の都市遺跡である。四〇〇—八〇〇年に人口が減少したが、マヤ低地南部の多くの都市が衰退した八〇〇—一一〇〇年に再興して、ラマナイと同様に、高い人口を維持した。チチェン・イツァの建築と酷似した円形基壇や住居建築が見つかっている。これらの都市は、海岸沿いの交易路の近くに立地し、カカオや綿のような重要な交易品が生産可能な地域に位置していた。いっぽう、マヤ低地南部の内陸部では土壌の浸食がひどく、再居住して以前の栄華を取り戻すような経済的な動機はなかったと考えられる。

4　古典期後期・終末期のマヤ低地北部の諸都市の発展

マヤ低地北部の諸都市の全盛期

マヤ低地北部では、古典期後期から、チチェン・イツァ、ウシュマル、コバー、ツィビルチャルトゥンなどが栄えはじめた。これらの大都市や、エック・バラム、ラブナ、サイル、カバフなどが、マヤ低地南部の多くの都市が衰退した古典期終末期に全盛期に達した。マヤ文明の中心は、マヤ低地南部からマヤ低地北部に移った。つまりマヤ低地北部の大部分の都市では、九世紀の古典期マヤ文明の衰退はなかったのである。

マヤ低地北部では、化粧張りの石造建築の導入、切石のモザイク石彫による建物正面の装飾、部屋を広げるための持ち送り式アーチに代わる円柱の使用の増加など建築様式にさまざまな革新が加えられ、多彩色土器に代わってよりいっそう簡素な土器が製作された。また、古典期終末期が終わる頃までには、マヤ文字の碑文が石碑に刻まれなくなった。しかし、都市計画、大石造建造物、石造記念碑、威信財・美術品の製作技術、国家的な政治組織、数字と暦、宗教、暦の周期の終了記念日の儀礼、世界観、農業体系などにおいて、マヤ低地南部とマヤ低地北部の間に顕著な類似・継続性がみられる。

長期暦は、九〇九年にトニナで刻まれたのを最後に石碑に刻まれなくなったが、最近の研究ではその後もマヤ低地で使用されつづけたことがわかっている。王家の守護神カウィールを表象する王笏を持つ神聖王の図像が、エツナ、ウシュマル、ツィビルチャルトゥン、オシュキントック、サイル、エック・バラムなどの石碑に刻まれた。総体的な類似・継続性は、差異をはるかに上回っていた。古典期マヤ文明は、全体としては「崩壊」していなかったのである。

リオ・ベック様式、チェネス様式、エツナ、ハイナ島

古典期後期・終末期のマヤ低地北部では、リオ・ベック様式、チェネス様式やプウク様式といった特徴的な建築様式が発達した。カンペチェ州南東部のリオ・ベック地方には、リオ・ベック様式を共有する標識遺跡のリオ・ベック、ベカン、シュプヒル、チカンナ、オルミゲーロなどが隣接する。リオ・ベック様式の建築は、同地方を中心に、キンタナロー州南西部にも分布した。複数の部屋を有する宮殿建築のうえに高い塔（擬似神殿ピラミッド）を組みあわせた、「宮殿・塔建築」が特徴である。宮殿建築の正面と怪物の口状の入口は、複雑なモザイク石彫で装飾された。塔正面の急勾配すぎて登れない擬似階段は装飾であり、そのうえに擬似入口をもつ擬似神殿と屋根飾りがあった。こうした塔は、ティカルをはじめとするペテン様式の大神殿ピラミッドを象徴的に模倣したと考えられる。

ベカンは、古典期後期・終末期のリオ・ベック地方最大の都市として発展した。高さ三二メートル

の神殿ピラミッド「建造物九」、二つの塔が立つ「宮殿・塔建築」の「建造物一」（高さ二三メートル）や球技場が建造された。リオ・ベックには、二つの球技場やマヤ文字が刻まれた石碑がある。シュプヒルは、約五平方キロメートルに広がる。底辺の長さ五三メートル、高さ一八メートルの「建造物一」は、「宮殿・塔建築」の傑作である（図89）。一二の部屋を有する宮殿建築のうえに、他のリオ・ベック地方の「宮殿・塔建築」のような二つの塔ではなく、三つの高い塔が立つ。チカンナの主要時期は古典期後期だが、一部の建造物は古典期終末期に建設された。「建造物一」は「宮殿・塔建築」で、宮殿建築のうえには擬似階段とモザイク石彫で装飾された二つの塔が立っている。

チェネス様式は、リオ・ベック様式と同様に、複雑なモザイク石彫で装飾された建物正面と怪物の口状の入口を有する宮殿建築が特徴であるが、神殿ピラミッドに似せた高い塔はない。チェネス様式の建築は、古典期後期・終末期にカンペチェ州北東部のチェネス地方にあるサンタ・ロサ・シュタムパック、ツィビルノカック、タバスケーニョやホチョブなどをはじめ、ユカタン州にも分布した。チェネス地方は、リオ・ベック地方とプウク地方のあいだにあり、人々は相互に交流した。たとえば、ツィビルノカックの「建造物一」は、長さ七六メートルの基壇のうえに、リオ・ベック様式の擬似階段を有する三つの塔が立っていた（ひとつの塔のみ現存する）。いっぽう、チカンナの「建造物二」は、その入口が天空と大地の神イッツァムナーフの洗練されたモザイク石彫で装飾された、チェネス様式の傑作である（図90）。サンタ・ロサ・シュタムパックの居住は、先古典期後期に開始された。全盛

図89●シュプヒル遺跡のリオ・ベック様式の「建造物1」（上、筆者撮影）。
図90●チカンナ遺跡のチェネス様式の「建造物2」（下、筆者撮影）。天空と大地の神イッツァムナーフの口のなかに入るかのように、神聖な山を表象する建物内に入っていく。

期は古典期後期・終末期で、チェネス地方最大の都市として栄えた。都市の範囲は九平方キロメートル以上に広がり、球技場やマヤ文字が刻まれた石碑もあった。チェネス様式が主流だが、プウク様式の建築要素もみられる。「三層の宮殿」は四四の部屋を有し、建物内部に二つの階段があるマヤ地域では稀有の例である。

カンペチェ州のエツナにはユカタン半島西部で最多の三二の石碑があり、五一四―八一〇年に相当する長期暦の日付を含むマヤ文字の碑文や捕虜のうえに立つ王の図像などが刻まれた。底辺一六〇メートル×一四八メートルの「大アクロポリス」のうえに、高さ三一メートルの「五層のピラミッド」がそびえ立つ（口絵6）。「大広場」の西に長さ一三五メートルを誇るマヤ地域で最大の宮殿建築のひとつ「ノホッチ・ナフ（ユカタン語で「大きな家」を意味する）」、南には球技場がある。エツナでは、古典期後期にペテン様式の建築に代わって、あるいはそのうえにプウク様式やチェネス様式の建築が建造され、古典期終末期まで大建造物が増改築されつづけた。

カンペチェ州北部沿岸のハイナ島は、前三〇〇年頃に居住が開始され、その後、海を埋め立てて一平方キロメートルの面積になった。古典期前期・後期の男性、女性、動物の彩色土偶の見事な作品が、墓の副葬品として大量に出土することで有名である。胎土（土器製作用の粘土）の化学分析によれば、土偶はタバスコ州北部やカンペチェ州南西部で製作され、ハイナ島だけでなくベラクルス州、ユカタン州、キンタナロー州のシェルハまで海沿いに遠距離交換された。ハイナ島からは五つの石碑と二枚の石板が見つかっており、碑文には六五二年や八五四年に相当する日付が刻まれている。

プウク地方の諸都市

プウク地方は、高低差一〇〇メートル以上の丘陵地帯であり、マヤ低地北部でもっとも肥沃な土壌が広がる。プウク様式とよばれる、古典期後期・終末期の優美な建築美で名高い。装飾用の円柱、見事に加工・接合された切石のモザイク石彫によって、幾何学文様だけでなく、ウィッツ（山）を表す顔、人物像、男根、家といった写実的な図像を表象した建造物外壁の入り組んだ装飾が特徴的である。多くの図像が反復されており、モザイク石彫の部品は大量生産されたと考えられる。しかし、チェネス様式の建築のような複雑なモザイク石彫で装飾された怪物の口状の入口はない。ユカタン州南西部ではウシュマル、カバフ、ラブナ、サイル、ノフパットやシュキプチェ、カンペチェ州北端ではシュカルムキン、カンキやチュンフフブなどが栄えた。多くの都市がたがいに近くに位置し、たとえば、サイルは、カバフの南七キロメートル、ラブナの西五キロメートルにある。ウシュマルは、ノフパットを経由する長さ一八キロメートルのサクベでカバフと結ばれている。プウク地方の諸都市のあいだには、密接な政治的協力関係があったと考えられる。古典期終末期のプウク地方の土器は、蝋のような滑らかな表面のスレート土器を特徴とし、ケフペッチ土器とよばれる。

シュカルムキンでは、古典期前期に居住が開始され、古典期後期にプウク様式の建築が建造されはじめた。その脇柱、リンテルや石板には、七二八年や七四三年に相当する日付やウスマシンタ川流域と同様なサハルの称号を含むマヤ文字の碑文および人物像などが彫刻された。古典期前期・後期に栄えたオシュキントックは、古典期終末期までにその政治権力を失っていた。「石碑二一」には、八五九年に相当する日付が刻まれている。

ユネスコの世界遺産ウシュマルは、古典期後期・終末期のプウク地方最大の都市として栄華を誇った（図91）。都市の面積は、少なくとも一〇平方キロメートル以上あった。七五〇年頃から発展し、中心部が石壁で防御されていた。「尼僧院」とよばれる建築群は、幾何学文様、蛇、ウィッツ（山）を表す顔、ジャガー、人物像や家などの洗練されたモザイク石彫で装飾され、プウク様式の建築をもっとも見事に示している（口絵5）。その南に二つの球技場のひとつ「大球技場」がある。「尼僧院」と「大球技場」の外壁には、古典期終末期メソアメリカの「国際的な」石彫様式のひとつ、羽毛の生えた蛇の石彫が残っており、ウシュマルが遠距離交換に参加していたことを示す。

都市中心部には、高さ三五メートル、底辺八五メートル×五〇メートルの「魔術師のピラミッド」や「金剛インコの神殿」を頂く高さ三〇メートルの「大ピラミッド」がそびえ立つ。「総督の館」は、長さ九九メートル、幅一二メートル、高さ九メートルあり、先スペイン期のメソアメリカ最大の宮殿建築のひとつである。外壁に複数の人物の坐像や筵状のモザイク石彫があり、ポポル・ナフ（会議所）であったとされる。その前の広場中央にある、双頭のジャガーを彫刻した石造玉座が有名である。

図91●ウシュマル遺跡中心部（筆者撮影)。「大球技場」（左前)、「尼僧院」（左奥）と「魔術師のピラミッド」（右）がみえる。

主要建造物に伴うマヤ文字の日付は、「チャーク王」とよばれる強力な神聖王の治世中の八九五—九〇七年に相当する。「石碑一四」には、おびただしい数の羽根で頭を飾り、盾と投槍器を手にもち、双頭のジャガーの玉座のうえに立つ同王の図像やその名前をはじめとするマヤ文字の碑文が彫刻されている。一九九二年の発掘調査によって、チチェン・イツァの天文観測所「カラコル」と類似した、直径一八メートルの円形神殿も見つかっている。ウシュマルは、一〇世紀に衰退した。

ウシュマルからつづく幅五メートル、長さ一八キロメートルのサクベの終点は、カバフの持ち送り式アーチの門を支える基壇であった。カバフは、先古典期中期に居住が開始され、古典期終末期に都市へと発展した。都市の面積は五平方キロメートルで、中心部の一平方キロメートルの範囲にプウク様式の建築が林立する。長さ四六メートルの「コッツ・ポープ（仮面の宮殿）」は、ウィッツ（山）を表す二七〇以上の顔や王と考えられる人物立像のモザイク石彫で装飾されていた（図92）。その石彫が施された脇柱には、碑文や戦士たちが捕虜を捕らえる図像が、「コッツ・ポープ」の前にある低い基壇状の祭壇には、ウシュマルの「チャーク王」の名前や両都市の紋章文字と考えられるマヤ文字が、それぞれ刻まれている。二層の「大宮殿」が立つ基壇には、十四のチュルトゥン（地下貯水槽）がある。

サイルは、古典期終末期に居住された都市であり、チャックⅡ遺跡の南東一・七キロメートルに位置する。八〇〇—九五〇年には、四・五平方キロメートルの範囲に一万人が、その周囲に七千人が住

図92●カバフ遺跡の「コッツ・ポープ（仮面の宮殿）」（上、筆者撮影）。その外壁を飾る270以上の顔のモザイク彫刻は、以前は雨の神チャークと解釈されていたが、最近の図像研究によって、全体の図像がウィツ（山）を表象することがわかっている。
図93●サイル遺跡の「大宮殿」（下、筆者撮影）。98の部屋を有した。

んだと推定される。プウク様式の三層の「大宮殿」は、外壁がウィッツ(山)を表す顔や「急降下する神」のモザイク石彫で装飾され、九八の部屋を有した最大の建造物である(図93)。「大宮殿」の南にサクベが通り、「エル・ミラドール神殿」、マヤ文字が刻まれた石碑が集中した「石碑の基壇」、球技場や二層の「南の宮殿」などを結んでいる。ラブナも、古典期終末期が全盛期であった。二層の「大宮殿」は六八の部屋を有し、「エル・ミラドール神殿」を含む建築群とサクベで結ばれた。後者の近くに立つ「アーチ」は、幾何学文様や家を表象した外壁の入り組んだ装飾が美しい、プウク様式の持ち送り式アーチの傑作である(51頁、図12)。

九五〇年頃から、プウク地方の諸都市は衰退しはじめた。その要因としては、人口過剰、農耕による環境破壊、干ばつ、プウク地方内やチチェン・イツァとの戦争などが挙げられる。宮殿のような大建築の増改築作業が途中で放棄された例が、ウシュマル、ラブナ、シュキプチェ、チュンフフブなどで報告されている。このことは、こうした都市の中心部が急速に放棄されたことを意味するのかもしれない。しかし、プウク地方全域が一様に放棄されたのではなかった。カンペチェ州北端のシュッチをはじめとするプウク地方西部は、古典期終末期から後古典期にかけて継続的に居住されたのである。

コバー、ヤシュナ、エック・バラム、ツィビルチャルトゥン

キンタナロー州にあるコバーは、先古典期後期に居住が開始されたが、最盛期の古典期後期・終末

期にユカタン半島東部でもっとも重要な大都市であった。[*巻末文献46] カリブ海の内陸四五キロメートルにあり、四つの湖と雨季の湿地のほとりという、マヤ低地北部ではまれな水源が豊富な地理的環境に立地する。六三平方キロメートルの範囲に、四万二千―六万二千人の人口が推定されている。都市中心部には、先スペイン期のマヤ低地北部でもっとも高い（四二メートル）「ノホッチ・ムル」、高さ二四メートルの「ラ・イグレシア」とよばれる大神殿ピラミッドや二つの球技場がある（図94）。中心部から四六のサクベが放射状に張り巡らされ、コバーとイキルを結ぶサクベは二四キロメートル、メソアメリカ最長のコバーとヤシュナを結ぶ「サクベ一」は一〇〇キロメートルであった。「シャイベ（ユカタン語で「交差点」を意味する）宮殿」は、四隅が円形、平面が方形の高さ一五メートルの建造物で、「サクベ一」を含む四つのサクベの交差点に建造された。

　マヤ文字が刻まれた二三の石碑を含め、計三二の石碑が発見されており、その数はユカタン半島東部で最多である。長期暦の日付は、六二三―七八〇年に相当する。古典期後期・終末期の建築は、グアテマラのティカルに代表されるペテン様式の建築と類似する。古典期後期の土器も同様であるが、古典期終末期には多彩色土器がなくなり、プウク地方のケフペッチ土器と類似するようになる。一一〇〇年頃に放棄されたが、後古典期後期に再居住された。この時期に増改築された「ノホッチ・ムル」ピラミッド上の神殿の外壁には、トゥルムと同様な「急降下する神」が表象されている。

　ユカタン州のヤシュナは、古典期後期には一〇〇キロメートルのサクベでコバーと結ばれ、二〇キ

図94●コバー遺跡の「ノホッチ・ムル」ピラミッド（上、筆者撮影）。
図95●ツィビルチャルトゥン遺跡の「7つの人形の神殿」（下、筆者撮影）。

ロメートル離れたチチェン・イツァに対抗するためのコバーの要塞になった。古典期終末期には、球技場、プウク様式のポポル・ナフ（会議所）や宮殿が建設された。また、「北のアクロポリス」は、四つの出入り口をもつ防御壁で囲まれた。古典期終末期のチチェン・イツァとの戦争で陥落した後、人口は大きく減少した。発掘調査によって、建築途中の建造物や儀礼的に破壊された建造物が見つかっている。しかしヤシュナは、後古典期も居住されつづけた。

エック・バラムもユカタン州にあり、チチェン・イツァの北東四一キロメートル、コバーの北西六〇キロメートルに位置する。先古典期中期から居住され、数多くのセノーテが分布する。最盛期の古典期後期・終末期（七〇〇―一〇〇〇年）に、都市は一二平方キロメートル以上にわたって広がった。アクロポリスは、高さ三二メートル、底辺一六二×六八メートルを誇る。一九九〇年代で最大の発見としては、初代王（七七〇―八〇一年統治）の墓がアクロポリスから発掘された。プウク様式の宮殿の平面は、ウシュマルの「総督の館」やチチェン・イツァの「鹿の家」のそれと類似する。「石碑一」には、王家の守護神カウィールを表象する王笏を持つ王が捕虜のうえに誇らしげに立つ図像、および古典期終末期のマヤ低地北部では珍しい九世紀の長期暦を含むマヤ文字の碑文が刻まれている。都市中心部は、切石を積みあげた二重の石壁で防御されていた。そこから五つのサクベが放射状に伸び、三つは一・八キロメートル以上の長さがある。プウク様式の球技場やポポル・ナフ（会議所）もあった。エック・バラムは、一一世紀に衰退した。

ツィビルチャルトゥンは、ユカタン州にある古典期後期・終末期のマヤ低地北部の大都市遺跡である。メリダ市の北方、海岸部の塩の産地から二二キロメートルに立地する。先古典期中期に居住が開始され、古典期前期に一時衰退した。最盛期は古典期後期・終末期で、測量された一九平方キロメートルの範囲に、八三九〇以上の建造物跡やマヤ文字が刻まれた石碑が登録されている。推定人口は四万二千人である。直径三〇メートル、深さ四三メートルの「シュラカフ・セノーテ」の周囲に、中央広場が建設された。その南に面する、長さ一三四メートル、幅二六メートルの「建造物四四」は、マヤ地域で最大の宮殿建築のひとつである。一一のサクベが放射状に張り巡らされ、中央広場、球技場、「七つの人形の神殿」ほかの建造物グループを結んだ（図95）。「七つの人形の神殿」は、出土した七つの土偶から名づけられ、その東西の出入り口は、春分と秋分に朝陽が射し込むことで有名である。古典期後期には、持ち送り式アーチを有する典型的な古典期マヤ文明の石造建築が建造され、古典期終末期にはプウク様式の建築が発達した。一〇〇〇年以降に人口は減少したが、スペイン人征服期まで居住されつづけた。中央広場には、スペイン人が建設した聖堂跡が残っている。

古典期のマヤ低地北部の国際都市チチェン・イツァ

ユカタン州にあるチチェン・イツァは、ユネスコの世界遺産に指定されており、古典期後期・終末期（七〇〇—一〇〇〇年）のマヤ低地北部の大都市である。都市は少なくとも三〇平方キロメートルの範囲に広がり、三万五千人以上の人口を推定できる。メソアメリカ最多の九〇を超えるサクベが通り（124頁、図41）、球技場は、マヤ地域で最多の一三を数える。戦争、人々、町などの場面の壁画が描かれた「ジャガーの神殿」は、長さ一六八メートル、幅七〇メートルのメソアメリカ最大の「大球技場」の一部を構成する（112頁、図39）。戦士、ワシ、ジャガーや捕虜の石彫で装飾された「戦士の神殿」の前には、かつて屋根が覆っていた多柱回廊「千本柱の間」がある（14頁、図6）。「尼僧院」や「教会」は、ウィツ（山）を表わす顔などのモザイク石彫で装飾されたプウク様式の建築であり、八四〇―八九年の日付を含む碑文が見つかっている。「カラコル」とよばれる天文観測所（90頁、図26）の上部基壇に立つマヤ文字が刻まれた石碑の日付は、九〇六年にあたる。

かつてチチェン・イツァは、メキシコ中央高地のトルテカ人、あるいはその影響を受けた外部民族がマヤ人を侵略して建設した後古典期前期の都市だと考えられていた。[*巻末文献47] 民族史料の伝承によれば、九八七年にトルテカ文明の首都トゥーラのトピルツィン王一行が、東方のチチェン・イツァにいたったとされる。けれども、近年の層位的な発掘調査、土器分析や放射性炭素にもとづく年代測定法によって、侵略仮説は否定され、チチェン・イツァが古典期後期・終末期のマヤ都市であったことが明らかにされている。先古典期後期に居住が開始されたが、古典期後期の七〇〇年頃から都市化が進み、最盛期は九〇〇―一〇〇〇年であった。つまりチチェン・イツァは、古典期のマヤ低地南部およびプウク地方などのマヤ低地北部の多くの都市と部分的に同時期に繁栄したのである。

図96●チチェン・イツァ遺跡の「戦士の神殿」上のチャックモール（筆者撮影）。

一〇世紀にプウク地方の諸都市が衰退するいっぽうで、チチェン・イツァは、マヤ低地北部で最大の広域国家の中心都市として栄華をきわめた。ここには、アメリカ南西部産のトルコ石、メキシコ中央高地のパチューカ産の緑色黒曜石製石器やサラゴサ産の黒曜石製石器、メキシコ西部のウカレオ産の黒曜石製石器、グアテマラ高地のイシュテペケ産の黒曜石製石器、グアテマラ太平洋岸低地産のプランベート土器、ウスマシンタ川流域産の精胎土オレンジ色土器、グアテマラ高地産の翡翠製品、中央アメリカ南部産の金や金・銅の合金などが遠距離交換によって搬入された。仰向けになって腹部に皿を乗せたチャックモールの石彫（図96）や頭蓋骨の石彫で装飾された基壇ツォンパントリなど、古典期終末期メソアメリカの「国際的な」石彫様式もみられる。春分と秋分に階段に蛇の姿を映し出すことで有名な「エル・カスティーヨ」ピラミッド（90頁、図25）と他の六つの建造物には、羽毛の生えた蛇を刻んだ石彫がある。チチェン・イツァの支配層は、メソアメリカのさまざまな文化と広範に交流していた。彼らは伝統的なマヤの神々を崇拝するだけでなく、遠距離交換網に参加して「国際的な」石彫様式を導入することによって、王権を正当化・強化したのである。

ユカタン半島北の沖合にあるセリートス島は、チチェン・イツァの交易港であった。二つの入口がある防波堤や桟橋の遺構が見つかっている。発掘調査の結果、島の面積を拡大するために、長期間にわたって人工的に盛り土されたこともわかっている。アメリカ南西部産のトルコ石、メキシコ中央高地やグアテマラ高地産の黒曜石製石器、グアテマラ高地産の翡翠製品などの遠距離交換品が出土している。

一〇〇〇年頃からのチチェン・イツァの衰退によって、古典期の低地マヤ文明は終わりを告げたといえよう。その居住は、プウク地方の大部分の都市よりも長く、後古典期前期の一一〇〇年頃まで継続したと考えられる。しかし、七〇〇年頃から宗教儀礼に用いられはじめた直径六〇メートル、深さ三六メートルの「聖なるセノーテ」は、後古典期後期になってもコスメル島の「イシュチェルの神殿」やイサマルの巨大な神殿ピラミッド群とともに、マヤ低地北部の重要な巡礼地として多くのマヤ人によって訪問されつづけた。

5 古典期のマヤ高地の諸都市の盛衰

グアテマラ盆地のカミナルフユでは、古典期後期に人口がふたたび増加した。しかし、先古典期後期のような中央集権的な政治経済組織は復興せず、後古典期前期に放棄された。チンクルティク、テナム・プエンテ、テナム・ロサリオ、ラガルテロといった、マヤ高地のグリハルバ川上流域に立地する小都市は、古典期・後古典期前期に全盛期をむかえた。古典期後期の同地域は、こうした小都市を中心にした複数の政体が割拠し、全部で八九の球技場が確認されている。チンクルティクは、チアパ

図97●チンクルティク遺跡の球技場と神殿ピラミッドの復元図（Taladoire 2001：図 127)。

ス州コミタン市の南東五〇キロメートル、グアテマラ国境の近くに立地する。先古典期後期の後半に居住されたのちに一時期放棄されるが、古典期に別の集団が再居住した。マヤ文字が刻まれた石碑などの石彫には、五九〇年や八四四年をはじめとする日付が刻まれている。高さ一〇メートルの神殿ピラミッド、球技場、住居跡など二百以上の建造物跡やサクベがあり、六つの主要建築グループを構成する（図97）。「アクロポリス」からの眺めは絶景である。その五〇メートル下に、「アグア・アスル（スペイン語で「青色の水」の意味）・セノーテ」がある。ポンプでセノーテを排水した結果、人身供犠にされた人骨や大量の土器片が見つかった。

テナム・プエンテは、古典期前期から後古典期前期まで栄えた小都市であった。コミタン市の南東一三キロメートルに位置する。遺跡名は、「要塞」を意味するナワ語のテナミトルと、古い農園の名称エル・プエンテ（スペイン語で「橋」を意味する）に由来する。古典期終末期の指標である、ウスマシンタ川流域産の精胎土オレンジ色土器やグアテマラ太平洋岸低地産のプランベート土器が出土している。二平方キロメートルの範囲に、高さ二〇メートルに達する神殿ピラミッド、三つの球技場や住居跡が広がる。マヤ低地で一般的な持ち送り式アーチがないのが特徴である。

次章でみるように、マヤ高地では、一六世紀にスペイン人が侵略するまで諸王国が割拠しつづけた。

第8章　後古典期マヤ文明とスペイン人の侵略

本章では、後古典期マヤ文明の盛衰について解説する。かつて後古典期は、「退廃期」とみなされていた。その芸術や建築には、たしかに古典期の壮麗さはなかった。しかし、後古典期の複雑な政治経済組織は、活気にあふれていた。遠距離交換網が発達し、商業活動がよりさかんになったのである。ユカタン半島の低地では、綿、カカオ、蜂蜜、塩などの特産品が生産され、マヤ高地から黒曜石、翡翠、ケツァルの羽根などが搬入された。後古典期には、古典期のような大神殿ピラミッドは建設されなかった。しかし、宗教は、後古典期マヤ人にとって古典期と同様に重要であり、多くの神々が信仰された。そして、神々を造形した精巧な土器の香炉が大量生産されることによって、被支配層にも流通するようになった。いうまでもなく、大量生産は、洗練された経済組織を要する専門技術である。芸術と建築の「退廃」は、かならずしも社会全体の衰退を意味しない。これは、たとえるならば、ヨーロッパの中世の城や都市と現代の画一的な家屋が立ち並ぶ住宅地区の芸術性や建築を比較して、現代ヨーロッパは退廃したと結論するようなものである。マヤ文明は、一六世紀にスペイン人が侵略するまで発展しつづけたのである。

1 発展しつづけた後古典期マヤ文明

後古典期前期(一〇〇〇―一二〇〇年)のマヤ低地北部では、チチェン・イツァが衰退し、中小都市が林立したが、一一五〇年頃にマヤパンが勃興した。後古典期後期には、大都市マヤパンを中心とするユカタン地方の諸都市、さらにカンペチェ州のチャンポトン、ユカタン半島東部のトゥルム、タンカフ、シェルハ、シュカレ、コスメル島のサン・ヘルバシオ、マヤ低地南部のラマナイやサンタ・リタ・コロサルなどのマヤ人が広範な海上遠距離交換網に参加した。彼らは、ホンジュラス北西部のナコやメキシコ湾岸低地南部のシカランゴといった、さらに遠くの都市の住民とも交流していた。水源に恵まれたグアテマラのペテン・イツァ湖周辺では、イシュルーやタヤサルなどが古典期から後古典期まで継続的に居住された。

後古典期後期は、頻繁に戦争が行われた時代であり、弓矢が重要な武器になった。マヤパン、トゥルムやシェルハなどの都市は石造の防御壁に囲まれており、マヤ高地のウタトランやイシムチェは防御に適した天然の要害に立地する。一五世紀半ばにマヤパンが衰退したのち、マヤ低地北部は小王国によって割拠された。後古典期後期のマヤ高地も、同様に割拠されていた。スペイン人侵略者が、一六世紀初頭に「発見」したのは、この群雄割拠の社会であった。

2 後古典期のマヤ低地北部の繁栄

ユカタン州にあるマヤパンは、後古典期前期の一一五〇年頃に勃興し、後古典期後期のマヤ低地北部で最大の都市として発展した。*巻末文献48 芸術や建築には古典期マヤ文明の壮麗さはなかったが、一五世紀半ばに戦争によって破壊されるまで、ユカタン半島北部の広範な地方に及んだ政治同盟の首都であった(図98)。民族史料によれば、マヤパンは、イツァ・マヤ人のココム家によって統治された。マヤパンの支配者は、メキシコ湾岸地域出身の傭兵を有したとされる。また、政治同盟を結んだ各地方の支配者の家族は、マヤパンに住むように義務づけられ、忠誠を誓ったのである。

石造の城壁に防御された四・二平方キロメートルの区域には、四千以上の建造物が密集した。その都市形態は、住居が広範囲に散在するそれ以前のマヤ都市とは異なっており、敵の襲撃にたいする備

図98●マヤパン遺跡の列柱を有する支配層住居跡（上、筆者撮影）。古典期のような切石がないために、以前には後古典期の建築の「退廃」の典型例とみなされていた。しかし往時は、厚い漆喰が、荒っぽく加工された石をきれいに覆っていた。

図99●トゥルム遺跡の「エル・カスティーヨ」ピラミッド（下、筆者撮影）。カリブ海を望む絶壁のうえに立地する。

えがこのような高い人口密度の都市を生んだのである。全長九キロメートルにおよぶ城壁には一二の門があり、その内部には二六のセノーテがあった。最近の調査によれば、都市の範囲は、城壁の外にも広がって八・八平方キロメートルほどあり、推定人口は一万七千人である。都市中心部にある高さ一五メートルの「エル・カスティーヨ」ピラミッドは、チチェン・イツァの同名の大神殿ピラミッドを模倣したミニチュア版であり、マヤパン最大の神殿ピラミッドであった。さらにマヤパンの支配層は、古典期マヤ文明を再生すべく、彫刻が施された少なくとも一三の石碑および無彫刻の二五の石造記念碑を建立した。彼らは、主要なマヤの神々を造形した土器の香炉の大量生産を組織し、広範な遠距離交換に従事した。民族史料によれば、マヤパンは一四四一年にシウ家の反乱によって破壊されたとされる。その後、ユカタン半島北部は、マニ、ソトゥータ、ホカバなどに中心を置く小王国によって割拠され、一六世紀にいたったのである。

第五章でみた古典期の大都市イサマルは、後古典期後期まで宗教的に重要な巡礼地であった。一六世紀のスペイン人は、大神殿ピラミッド群の規模に圧倒されるが、そのひとつを破壊して、そのうえに南北アメリカ大陸最大の中庭を有する巨大なカトリック修道院を建設した。植民地時代以来の開発に伴って都市遺跡の大部分が破壊されているが、二〇〇二年のメキシコ国立人類学歴史学研究所の調査によって一六三の建造物跡が登録されている。

カンペチェ州のチャンポトンは、古典期前期に放棄されたのち、七〇〇年頃に再居住され、後古典期後期まで交易港として繁栄した。一五一七年にエルナンデス・デ・コルドバが指揮するスペイン人が侵略を試みたときには、二五平方キロメートルの範囲に二万人の人口があったとされる。侵略者たちは、指導者モチ・コウォフが率いるマヤ人に大敗を喫してしまい、ここを「悪戦の入江」とよんだ。スペイン人は、一五四〇年にようやくチャンポトンを支配下に置いた。現在まで、遺跡のうえに建設された同名の町が繁栄しつづけている。

トゥルムは、キンタナロー州にある後古典期後期の小都市であった。ユカタン半島東部のカリブ海を望む、高さ約一二メートルの絶壁上に立地する風光明媚な遺跡である。都市のいっぽうは海に、三方は厚さ六メートル、高さ五メートルに達する石壁により防御されていた。石壁には持ち送りアーチの出入り口が五つあり、北西と南西の角には物見塔が立っていた。石壁内の面積は六・五ヘクタールである。一二〇〇年頃から一六世紀のスペイン人征服期まで交易港として栄えた。主要な神殿ピラミッド「エル・カスティーヨ」は、高さ七・五メートルの基壇のうえに小さな神殿を頂き、チチェン・イツァの建築様式と類似する（図99）。「フレスコ画の神殿」と「急降下する神の神殿」は、壁画や漆喰彫刻で装飾されている。一五一八年にユカタン半島に遠征したスペイン人侵略者グリハルバ一行は、トゥルムを目撃したようである。グリハルバの航海日誌には、「セビリアにも勝るとも劣らない大きな町」やその「高い塔」に驚嘆したことが書かれている。後者は、「エル・カスティーヨ」を指すとおもわれるが、グリハルバらは海上から見たために、じっさいよりかなり高く見えたのだろう。

キンタナロー州にあるコスメル島は、ユカタン半島東の沖合一六キロメートルにある。メキシコ最大の島であり、面積は三九二平方キロメートルにおよぶ。先古典期後期に居住が開始され、古典期終末期から人口が増加した。一五一九年にスペイン人コルテス一行が上陸するまでの後古典期後期が最盛期で、海上遠距離交換の中間港およびマヤの月、豊穣、妊娠、出産、織物の女神「イシュチェルの神殿」の巡礼地として繁栄した。三〇以上の遺跡が見つかっており、人口が密集していたはずである。最大の遺跡サン・ヘルバシオをはじめ、ブエナ・ビスタやラ・エクスペディシオンでは、建築様式がマヤパンやトゥルムと類似した支配層の住居跡が見つかっている。

神殿や宮殿に囲まれたサン・ヘルバシオの中央広場では、三つのサクベが終結する。中央広場からサクベのひとつを五百メートルほど進むと、サン・ヘルバシオ最大の神殿ピラミッド「カッナ・ナフ」がある。この神殿は、もともと漆喰が塗られ、赤、黄、青、緑、黒に彩色されており、「イシュチェルの神殿」であった可能性が高い。他の遺跡としては、エル・カスティーヨ・レアル、ラ・パルマ、エル・カラコル、エル・セドラル、アグアーダ・グランデなどがある。サクベが、交易品を積み降ろしたと考えられる北部の潟湖、内陸部のサン・ヘルバシオ、他のセンターや倉庫基壇群を結び、中央集権的な物資の流通の統御が示唆される。

コスメル島の西対岸のシュカレでは、先古典期後期に居住が開始され、最盛期の後古典期後期に交易港として栄えた。別称はポレで、神殿や住居跡が復元されている。その建築は、トゥルムやコスメル島などと同様に後古典期ユカタン半島東海岸の様式に属する。

3 後古典期のマヤ低地南部

ベリーズ北部のサンタ・リタ・コロサルは、後古典期後期にチェトゥマル湾に面した重要な交易港として栄え、一五〇〇年の推定人口は七千人である。先古典期中期から現在まで居住されつづけているために、遺跡は大きく破壊されている。おそらく民族史料に書き残されたチェトゥマル地方の同名の首都であった。彫刻が施された香炉、彩色された土偶や土器が有名である。一九世紀末に確認された壁画は、トゥルムの「フレスコ画の神殿」の壁画と類似したが、すでに破壊され現存しない。ラマナイは、先古典後期から、古典期、後古典期、さらに植民地時代にいたるまで繁栄しつづけた。一二、一三世紀にはオアハカ地方やメキシコ西部の金製品や銅製品が遠距離交換によって搬入され、一六世紀には地元で冶金術が発達し、一七世紀まで居住された。

グアテマラのエル・ペテン県最大の湖ペテン・イツァ湖周辺では、他にサクプイ湖、サルペテン湖、マカンチェ湖、ヤシュハ湖、サクナブ湖などが分布し、水源が豊かである。ここでは、古典期終末期に人口がある程度減少するいっぽうで、周辺地域からの大規模な移住があった。その一部は、ペテシユバトゥン地域などの戦乱を逃れた避難民であったかもしれない。そして、後古典期・植民地時代まで継続的に居住された。古典期後期の都市や集落が湖畔の平地に広がったのにたいして、後古典期には小規模で密集した小集落が、主に湖の島や半島などの天然の要害に形成されるようになった。戦争が激化したことがわかる。

サクペテンは、古典期終末期から植民地時代までサルペテン湖の半島にあり、防御壁と濠によって囲まれていた。同様に防御壁と濠で防御されていた、ペテン・イツァ湖西岸のニシュトゥン・チッチには、後古典期の大きな球技場があった。エル・ペテン県で最後の球技場であったとおもわれる。その他の周辺の後古典期の遺跡としては、イシュルー、マカンチェ、プンタ・ニマやタヤサルなどがある。

トポシュテは、トポシュテ島をはじめとするヤシュハ湖の四つの島に広がる。前四五〇年頃に居住が開始され、八〇〇年頃に放棄された。後古典期後期の一二〇〇年頃に再居住され、一四五〇年頃まで繁栄した。いくつかの建造物が発掘・修復されており、現在のところグアテマラ北部で後古典期マヤ文明の修復建造物をもつ唯一の遺跡である(図100)。

4　後古典期のマヤ高地の盛衰

マヤ高地は、先スペイン期に政治的に統一されることはなかった。チアパス高地のグリハルバ川上流域に立地するチンクルティク、テナム・プエンテ、テナム・ロサリオ、ラガルテロといった小都市は、古典期から後古典期前期まで継続的に居住されたが、一二五〇年頃に衰退した。

後古典期のグアテマラ高地では、ウタトラン、イシムチェ、サクレウ、ミシュコ・ビエホなどが繁栄した。ウタトランは、グアテマラのエル・キチェ県にある後古典期後期のキチェ・マヤ人の主要都市であった。ウタトランはナワ語で「葦の場所」という意味であるが、キチェ語ではクマルカーフである。一四〇〇年頃にクックマッツ（「羽毛の生えた蛇」という意味）という偉大なキチェ・マヤ王が都市を創設した。切り立った崖や深い渓谷に囲まれた天然の要害に立地し、二つの狭い道が都市へ通っていた。都市の面積は七平方キロメートルにおよび、ポポル・ナフ（会議所）、宮殿、神殿、球技場などがあった。発掘調査により、壁画のある宮殿、墓、金製装身具などが見つかっている。ウタトラン遺跡は、現在にいたるまでキチェ・マヤ人の聖地であり、多くの先住民が訪れつづけている。

イシムチェは、グアテマラのチマルテナンゴ県にある後古典期のカクチケル・マヤ人の主要都市であった。*巻末文献49 民族史料によれば、一四七〇年頃にウタトランのキチェ・マヤ人の支配から独立したカク

図100●トポシュテ遺跡中心部（上、筆者撮影）。
図101●サクレウ遺跡中心部。後方に球技場（下、筆者撮影）。

チケル・マヤ人が、イシムチェを建設した。深い渓谷に囲まれた崖上の天然の要害に立地し、都市へつづく一本道は壁と空壕で防御されていた。遺跡からの展望はすばらしい。中心部には、類似した二大建築群があり、それぞれ一対の神殿ピラミッドが隣りあわせになった広場、二つの球技場、ポポル・ナフ（会議所）、王宮があった。発掘調査により、壁画の一部や墓が見つかり、ジャガーの顔を鋳造した金製ネックレスなどの副葬品が出土した。

サクレウは、グアテマラのウェウェテナンゴ県にあるマム・マヤ人の主要都市であった（図101）。グリハルバ川の支流セレグア川の河岸段丘という天然の要害に立地し、都市の三方が川に囲まれている。古典期前期に居住が開始され、後古典期の神殿ピラミッドやI字型の球技場がある。発掘調査によって、洗練された石室墓のなかから複数の人骨と豊富な副葬品が出土した。一一六の墓から、マヤ地域で最多の人骨資料のひとつである二四九体の人骨が収集された。民族史料によれば、一時期ウタトランのキチェ・マヤ人に征服されたが、その後独立を果たしたという。

ミシュコ・ビエホは、グアテマラのチマルテナンゴ県にある後古典期後期の要塞都市であった。モタグア川上流域の崖上の天然の要害に立地し、海抜約九〇〇メートルである。一対の神殿ピラミッド、I字型の球技場、広場、住居跡などが広がる。民族史料によれば、ポコマム・マヤ人の要塞とされるが、カクチケル・マヤ人が居住したという説もある。

5　「未完の征服」とマヤ文明最後の都市タヤサル

一六世紀初頭のマヤ高地は、マヤ先住民諸王国が割拠していた。アルバラードが率いるスペイン人侵略者たちは、キチェ・マヤ人と敵対するカクチケル・マヤ人を味方につけて、一五二四年にウタトランを侵略・破壊した。さらにアルバラードらは、同年ツトゥヒル・マヤ人の本拠地アティトランを撃破したのである。伝説によれば、キチェ・マヤ人戦士テクン・ウマンは、おびただしい数のケツァルの羽根に身を飾り、鳥に変身してアルバラードと交戦したが、ついに戦死する。その地は、グアテマラ第二の都市ケツァルテナンゴ（「ケツァルの丘」という意味）になっている。ケツァルは、グアテマラの国鳥であり、貨幣の単位でもある。アルバラードらは、一五二五年にミシュコ・ビエホやサクレウを占領した。その後、マヤ高地のマヤ先住民諸王国をほぼその支配下に置き、一五三〇年には、一五二四年に蜂起したカクチケル・マヤ人の「反乱」（マヤ人にとっては国土回復戦争）を「平定」（マヤ人にとっては侵略）したのである。

モンテホ率いるスペイン侵略者たちは、一五二七年に小王国が割拠していたユカタン半島北部の侵略を開始した。彼らはマヤの諸都市を破壊して、一五四〇年にマヤの都市カン・ペッチ（またはアフ・キン・ペッチ）のうえにカンペチェ市を、一五四二年に大都市ティホのうえにメリダ市を建設した。しかし、スペイン人は、多様なマヤ人集団を短期間で支配下に置くことはできなかった。また、マヤ人をひとたび支配下においても、ただちに各地で「反乱」に遭った。征服事業は困難をきわめ、モンテホの息子らが一五四六年にようやく「平定」した。

スペイン人は、海岸部や高地の拠点にスペイン風の都市を建設して、マヤ地域の征服を宣言した。しかし、それは「未完の征服」にしかすぎなかった。植民地時代を通してマヤ人の「反乱」が絶えなかったのである。さらに、じっさいには植民地政府の管轄が直接及ばない地域が多く残されていた。多数のマヤ人が、一六世紀から一七世紀にかけて、そうした地域に逃亡・移住した。それは、現在のキンタナロー州を中心とするユカタン半島東部、半島中部、マヤ高地の大部分などであった。そこでは、マヤ神官たちが「伝統的な」宗教儀礼を復活・創造し、数々の小規模な共同体が営まれつづけたのである。

熱帯のジャングルは、スペイン人にとって都市の建設には不向きな、「野蛮」かつ危険きわまりない場所であった。熱帯雨林に守られたタヤサルは、グアテマラのエル・ペテン県中央部にある後古典期・植民地時代のマヤ低地南部のイツァ・マヤ人の都市として繁栄した。*巻末文献50 先古典期中期から継続的に居住され、マヤ文字が刻まれた古典期の石碑も見つかっている。後古典期の都市は、ペテン・イツァ湖の島ノフ・ペテン（現フローレス市）と湖岸に広がった。一五二五年にスペイン人侵略者コルテスは、ホンジュラスに遠征途中にタヤサルを訪れている。タヤサルには、二一の神殿があり、ペテン・

イツァ湖周辺、マカンチェやサクペテンを支配下に置いていた。馬を見たことがなかったイツァ・マヤ人は、コルテスが残した傷を負った馬を神として崇め、花を捧げ、香を焚き、動物の生贄を与えて治療しようとした。馬は餓死したが、彼らは馬の石像を造って崇めつづけた。しかし、イツァ・マヤ人が、スペイン植民地政府から隔絶、孤立していたのではない。彼らは、スペイン人の都市を行き来し、さまざまな情報を熟知していた。タヤサルは、コロンブスの航海からじつに二〇〇年以上経った一六九七年にスペイン人に侵略・破壊されるまで独立を保った。タヤサルは、マヤ文明最後の都市であった。

6　植民地時代のマヤ文化の創造と民族史料

スペイン人侵略後のマヤ人の歴史は、人類史上まれにみる悲惨なものである。マヤ文明の諸都市は、スペイン人によって破壊された。天然痘、はしか、チフス、インフルエンザなどの新しい病気の流行、スペイン人による過酷な強制労働、武力による制圧、カリブ海の島々への先住民奴隷貿易などのために、マヤ人の人口は激減し、一七世紀には十分の一未満になった。マヤ文化は深刻な変容を強いられ、なかには絶滅する民族もあった。その後、マヤ人の人口は回復したものの、植民地社会の最底辺に置かれ、服従と搾取を強いられたのである。

しかし、マヤ文化がスペイン文化に吸収されたのではなかった。マヤ人は、先スペイン期と同様に、外来の文化要素を取捨選択して、あるいは強制されたものを自己流に解釈して新たなマヤ文化を創造しつづけた。土着宗教を根絶してマヤ人をキリスト教徒に強制的に改宗する「魂の征服」は、失敗に終わった。多くのマヤ人が洗礼を受けさせられ、カトリック教会に通うようになった。しかし、キリスト教の絶対神はマヤの数多くの神々の一人にしかすぎず、基本的には多神教が存続した。そして、中世スペインのカトリックと土着宗教が融合した新たな宗教、フォーク（民俗）カトリシズムを創造していったのである。その特徴としては、一六世紀に導入された聖人信仰の卓越、さまざまな宗教儀礼（ニワトリの生贄、雨乞いの儀式や治療儀礼）、多数の蝋燭《ろうそく》やコパルとよばれる香の使用、占い、祈祷師、呪術師、二六〇日暦の使用などがある。

マヤ文字の使用は途絶えたが、マヤ人の貴族や書記はアルファベットを用いて、したたかかつ秘かに、先スペイン期から伝わる神話、歴史、暦などを筆写していった。キチェ・マヤ人の書記が、一五五四—五八年に歴史伝承とマヤ文字の書物を、アルファベットで書き残したキチェ語の創世神話・歴史書は『ポポル・ウーフ』とよばれる。神々による万物創造、優れた球技者であった双子の英雄の活躍や地下界シバルバ攻略、トウモロコシの練り粉から人間が創られたこと、キチェ王朝の創始にまつわる伝説、スペイン人の侵略などについて書かれた貴重な民族史料である。マヤ高地の植民地時代の民族史料としては、他に『カクチケル年代記』、『シュパンサイの歴史』や『トトニカパンの首長の記』などがある。

『チラム・バラムの書』は、チュマイェル、ティシミン、マニをはじめとするユカタン半島北部の各地で保存されていたマヤ先住民文書の総称である。「チラム」は、ユカタン・マヤ人の予言者・代弁者を指し、神官またはシャーマンであった。「バラム（バフラム）」は、ユカタン語で文字どおりジャガーを指すが、先スペイン期・植民地時代のユカタン半島で名誉ある個人名や称号だった。これらの史料は、一八世紀か一九世紀に筆写されたものである。内容は、七世紀から一九世紀までのユカタン・マヤ人の歴史、伝説、予言、占い、暦、天文学、言語、宗教儀礼、医術など多岐にわたる。スペイン語からの借用語、スペインの占星術や物語の翻訳も含まれている。

考古学者は、文献史料を慎重に取り扱って考古資料を解釈する必要がある。なぜなら、先スペイン期・植民地時代のマヤ人は、歴史、神話、伝説、予言、政治的宣伝を明確に区別しなかったからである。二〇世紀半ば頃まで、マヤの文化史研究において、民族史料があたかも完全に客観的な「歴史的事実」であるかのように無批判に利用された。たとえば、『ユカタン事物記』は、一六世紀にスペイン人司教ランダが書き残したもっとも重要なスペイン語史料である。しかし、「魂の征服」を徹底的に行ったランダの史料には、多くの主観的な見方、誤解や憶測も含まれている。いっぽう、ランダのマヤ人情報提供者（インフォーマント）や先住民文書を書き残したマヤ人は、スペイン植民地文化の影響によって大きく文化変容していた。時間を循環的に捉える時間哲学をもっていたユカタン地方のマヤ人は、歴史的事実、歴史は一三カトゥン（約二五六年）ごとに繰りかえすという予言、伝説などを明確に区別せず、政治的宣伝のために歴史の改ざんも行った。さらに、ランダの主要な情報提供者のなかには、後古典期・植民地時代のユカタン半島西部の名門シウ家や同時期のユカタン半島の名門でマヤパンを支配したとされるココム家の末裔も含まれており、それぞれ自分たちに都合よく改ざん・ねつ造した「歴史」をランダに伝えた。たとえば、『チュマイエルのチラム・バラムの書』には、シウ家の「歴史的解釈」が記されたのにたいして、『ティシミンのチラム・バラムの書』にはユカタン半島東部の名門イツァ家のそれが書かれたのである。

第9章 マヤ文明と現代世界

1 一次文明としてのマヤ文明――文明の多様性と共通性

マヤ文明は、いまから一万二千年以上前にアジア大陸からアメリカ大陸へ進出した先史モンゴロイド先住民の末裔が、旧大陸世界と交流することなく独自に築きあげた都市文明である。それは、メソアメリカのモンゴロイド土着文明のひとつであった。マヤ文明は、先古典期中期（前一〇〇〇―前四〇〇年）から周辺地域との交流を通して、外来の文化要素を取捨選択しながら、独自かつ徐々に形成されていった一次文明ということができる。先古典期中期（前一〇〇〇―前四〇〇年）には、マヤ低地南部のセイバル、ナクベ、ワクナやシュルナル、マヤ低地北部のショクナセフやポシラなどで神殿ピラミッドが建設された。先古典期後期（前四〇〇—二五〇年）には都市や文字が発達し、メソアメリカ史上最大の石造神殿ピラミッドがエル・ミラドールに建造された。古代マヤ人は、金属利器や大型の家畜や荷車を結果的に必要とせずに、石器を主要利器とする「新石器段階」の手作業の技術と人力エネルギーで、「石器の都市文明」を築きあげた。しかも、農耕定住村落が確立した前一〇〇〇年以降、数百年という比較的短期間で都市文明を形成したのである。「原始的な石器時代」という旧大陸の歴史観やイメージは、根本的に改めなければならない。

古代マヤ人は、大河川流域の灌漑農業ではなく、変化に富むモザイク状の生態環境を活用して、焼畑農業とさまざまな集約農業を組みあわせて多様な作物を生産した。海産貝や翡翠のような威信財や黒曜石などの遠距離交換、周辺地域との美術・建築様式、文字、暦などの知識の交換、沼沢地やバホ周辺の肥沃な土壌や豊富な水陸資源、王権や宗教などの新しい観念体系の発達、および都市間の戦争などが、先古典期マヤ文明形成の重要な要因といえよう。

古典期には都市を核として初期国家群が発達し、多くの労働力を動員して王宮が建造されるようになった。マヤの大都市は、数万人の大人口を擁したと同時に、神聖王を頂点とする政治・経済・宗教の中心地であった。王は、神々と特別な関係をもち、神格化された先祖からの系譜を強調し、その雄姿や偉業を石造記念碑に刻むことによって、王権を正当化した。国家儀礼、儀礼的踊りや音楽といった、王や貴族の劇場的パフォーマンスを通して伝達、強化される宗教は、王権を強化するうえで重要であり、マヤ文明には劇場国家的な側面があった。一部の王朝は、宗教儀礼および血縁関係や個人的な人間関係だけではなく、公共貯水池や集約農耕地の管理、あるいは良質な黒曜石のような実用品の地域内・地域間交換といった経済活動の集権的な統御によっても王権を強化した。威信財の遠距離交換の統御と再分配、外来の美術・建築様式の誇示、王権を正当化するシンボルの創造、政治的道具としての文字、暦や天文学の知識および洗練された美術などの宮廷文化、膨大な労働力が必要な神殿ピラミッド、王宮や球技場などの公共建築、舗装堤道サクベや公共貯水池などの建設・維持、人工の神聖な山を意味した神殿ピラミッドの更新、神聖な地形を利用した都市計画、および偉大な戦士としての王の功績などによって、王権はさらに正当化・強化された。

古典期マヤの都市には、碁盤の目状の都市計画、極度な集住形態や大きな食料倉庫はなかったが、多くの都市の中心部からサクベが張り巡らされた。神殿ピラミッドのなかには、王や王家の重要人物を葬り祀る王陵として機能したものもあった。一部の古典期マヤ都市は囲壁集落であったが、大部分のマヤ低地の都市は平地に立地し、防御に向かないものが多い。しかし、王朝間や王朝内で戦争や権力闘争が繰り広げられた。ティカルやカラクムルなど一部の強力な王朝は、他の王朝に内政干渉した。有力な王朝と同盟関係を結ぶために、政略結婚が行われることもあった。マヤ文明は、たえず変化しつづけた動態的な文明であり、複数の広域国家が形成された時期と、小都市国家が林立した時期が繰りかえされた。

マヤ文明には統一王朝がなく、先スペイン期を通して、マヤ地域が政治的に統一されることはなかった。後古典期マヤ文明の複雑な政治経済組織は活気にあふれ、社会全体としては発展しつづけた。マヤ文明は、一六世紀以降にスペイン人の侵略によって破壊されたが、その文化伝統は、八百万人以上の現代マヤ人によって創造されつづけている。

マヤ文明は、(1)旧大陸世界と交流することなく独自に発展したモンゴロイド先住民の土着文明、(2)石器を主要利器とした「石器の都市文明」、(3)大型家畜や荷車を必要としなかった人力エネルギーの文明、(4)農耕定住村落の確立後、数百年という比較的短期間で形成された都市文明、(5)主に非大河灌漑農業を基盤にした文明、(6)その一部が熱帯雨林のなかで興隆した文明、(7)大部分の都市が非囲壁集落といった、旧大陸の四大文明とは異なる特徴を有し、人間社会や文化の多様な可能性についてあらためて目を開かされる。

いっぽうで、マヤ文明には、(1)都市という居住形態、(2)初期国家という政治形態、(3)文字、(4)神聖王、(5)その一部が王陵である神殿ピラミッドなどの巨大な記念碑的建造物、(6)洗練された美術様式、(7)貧富・地位の差異、(8)農業を基盤とした生業、(9)戦争、(10)政略結婚といった、旧大陸の諸文明との共通性も多く認められる。マヤ文明は、それほど神秘的でもユニークでもない、世界の他の古代文明と比較しうる特徴をもった文明なのである。

2 「マヤの水晶ドクロ」のいかさま

こうした新しいマヤ文明観は、残念ながら日本ではまだ定着していない。それどころか、謎や神秘性をおもしろおかしく強調したマヤ文明観は、いまなおはびこっている。非良心的なマスメディアが、「神秘的で謎のマヤ文明観」を再生産し、多くの人々によって消費されつづけている。

たとえば、「マヤの水晶ドクロ」は、いわゆる「超古代文明」による場違いな加工品「オーパーツ(Out of Place Artifacts)」とされ、マヤ文明の理解を妨げ歪めている言説のひとつである。それは、当時では考えられない超人間的な技術を使ってひとつの原石から精巧に研磨・加工したとされる高さ二五センチメートルの水晶製頭蓋骨で、その加工には現代の技術をもってしてもかなりの時間と困難を要するという。テレビ番組や一般書・雑誌のなかには、「古代マヤ人が宇宙人と接触して超人間的な英知を得た」という、誤った説を流布するものもある。この水晶ドクロは、一九二七年にイギリス人探検家ミッチェル=ヘッジスがベリーズ(当時の英領ホンジュラス)南部のルバアントゥン遺跡を探検したときに同行した養女アナが発見したといわれている。しかも彼女の一七歳の誕生日に、神殿の「石造祭壇」に倒れかかっていた壁を取り除いたときに見つけたというのである。

ちなみにルバアントゥンは、古典期マヤ低地南部の小都市遺跡で、古典期後期・終末期の七〇〇―

八五〇年の比較的短期間に居住された。遺跡の周囲はカカオの栽培に適しており、カカオの図像を有する土器があることから、古典期にも栽培されたと考えられる。球技場が三つあるが、持ち送り式アーチを有する建造物や石碑などの石造記念碑はなかった。ウスマシンタ川流域産の精胎土オレンジ色土器やユカタン半島北部産の土器、マヤ高地産の黒曜石製石器などの遠距離交換品が出土している。

さてミッチェル＝ヘッジスの「発見」物語は、まったくの嘘である。その確実な証拠はなく、唯一の「証拠」とはアナ自身の「証言」だけなのだ。ミッチェル＝ヘッジスは自伝で水晶ドクロに言及しているが、どのように入手したのかは明かせないとしている。しかし、同氏の自伝やその他の著作ではアナの「発見」はおろか、彼女がルバアントゥンに同行したことさえ述べられていない。

さらに同遺跡を一九〇三年に確認し、一九二四年─二五年に発掘したアメリカ人考古学者ガン、および一九二六─二七年に大英博物館による発掘調査を率いたイギリス人考古学者ジョイスの調査報告や著作にもアナのことや水晶ドクロは記載されていない。アナが一九二四─二七年にルバアントゥンを訪れたこと自体疑わしいのである。一九七〇年にルバアントゥンの再発掘調査を行ったイギリス人考古学者ハモンドも懐疑的な態度を表明している。同遺跡に「石造祭壇」はなく、水晶ドクロはマヤ文明の美術様式に適合しない。そのうえ、他のメソアメリカ諸文明やアメリカ大陸のいかなる遺跡の学術発掘調査でも、同様な大きさや形の水晶製遺物は出土していないのである。

じつは「マヤの水晶ドクロ」は、ルバアントゥンやその他のマヤ文明の遺跡はおろか、先コロンブス期のアメリカ大陸から出土したのでもなく、ミッチェル＝ヘッジスがイギリスで購入した一九世紀ドイツのねつ造品である。水晶ドクロは、一九三四年にロンドン在住の収集家バーニー所有の一品であり、大英博物館所蔵の「アステカの水晶ドクロ」（現在では一九世紀に回転式機械で作られたねつ造品であることが判明している）と比較検討され、一九三六年にイギリスの学術雑誌『MAN』に紹介された。バーニーは、水晶ドクロをオークションで売りさばくことに失敗したのち、一九四三年にロンドンでミッチェル＝ヘッジスに売却した。同氏の死後、水晶ドクロはアナに遺産相続され、一九六〇年代頃から彼女自身がルバアントゥンで発見したと主張しはじめて数多くの「特別展示会」で金儲けに利用し、各国の一部のマスメディアがそれを興味本位に取りあげているのである。

3　マヤ＝現在進行形の生きている文化伝統

筆者が強調したいのは、マヤ文明がわれわれ「人類」の歴史の重要な一部であるだけでなく、現代からも隔絶したものではないことである。一六世紀以降のスペイン人の侵略によってマヤ文明は破壊されたが、その子孫である三〇のマヤ諸語を話す先住諸民族は八百万人を超える。マヤ文化は、旧大陸文化の影響を受け、メキシコや中央アメリカ北西部の国民文化の形成に影響を与えながら、変容をつづけてきた。現在においても、マヤ文化は、これらの国々においてさまざまな旧大陸の文化との交流によって形成されてきた現代ラテンアメリカ文化の一部を構成している。現代マヤ文化は、過去の文化や歴史の総和であり、現在進行形の生きている文化伝統なのである（図102）。また、国によって差異はあるが、マヤ文明の諸遺跡はメキシコや中央アメリカ諸国の「国民の誇り」であり、そうした文化遺産が国民文化の文化的アイデンティティ形成へ与える影響はけっして小さくない。

しかし、こうした文化伝統を受け継ぐ先住諸民族の現在の境遇は、恵まれていないことが圧倒的に多い。一六世紀以降のスペインの植民地支配、さらに一八二一年のメキシコと中央アメリカ五国独立後の国内植民地主義のもと、マヤ系先住民の多くは、社会の最底辺に置かれ、抑圧と搾取の対象とされつづけてきた。近代国家の独立は、スペイン人移住者の子孫によるスペイン本国からの独立であり、先住諸民族によるものではなかった。非先住民の為政者たちは、偉大なマヤ文明を国家・国民の誇りとして政治的に利用するいっぽうで、現代マヤ人を近代国家発展の障害とみなしたのである。マヤ人は、スペイン語や同化政策を強いられ、いわれなき不当な差別・偏見、貧困や人権侵害に苦しんだり、開発により先祖代々の土地を追われたりしてきた。さらにそうしたさまざまな抑圧からの解放を目指した先住民復権運動や内戦で反体制「ゲリラ」として虐殺の犠牲になった人々も少なくない。グアテマラでは、国民人口千五百万人（二〇一二年推計）のうちマヤ系先住民が六〇パーセント以上を占める。その三六年間の内戦（一九六〇—九六年）で六二六の村落共同体が完全に破壊され、一五万人以

図102●グアテマラの現代マヤ人の母娘（筆者撮影）。

上が大量虐殺され、五万人以上が「行方不明」になった。さらに、百五〇万人以上が「国内難民」、一五万人以上が隣国のメキシコ、アメリカやホンジュラスなどへの国外難民になったのである。

日本の学校教育やマスメディアは、このような現代マヤ人の現状、彼らの歴史や文化にほとんど触れてこなかった。一部のテレビ番組や一般書・雑誌のように、マヤ文明を「謎の崩壊」を遂げた「神秘的で謎の文明」として、現代マヤ文化と隔絶したものとみることは、現代マヤ人の豊かな歴史・文化伝統にたいする侮辱である。それが、「マヤ＝宇宙人起源説」などが横行する土壌ともなる。また、現代マヤ人が「大昔から同じ生活をつづけている」という見方も、彼らの文化的創造性にたいする差別である。グローバル化が進むなかで、地球上のあらゆる文化はハイブリッド・カルチャーなのであり、日本文化やマヤ文化もその例外ではない。言いかえれば、先スペイン期の文化や歴史ぬきに、現代マヤ人の歴史・文化伝統やマヤ文明が興隆したラテンアメリカ諸国の文化・社会・歴史を良く理解することはできないのである。

マヤ文明は、アメリカ大陸で独自に発展したモンゴロイド先住民の土着文明のひとつであった。しかし、一九世紀にマヤ文明の諸遺跡が欧米の探検家・研究者によって「再発見」されて以来、マヤ文明は、エジプト、ギリシア、ローマ、フェニキア、ケルト、イスラエル、メソポタミア、インド、中国、日本、はては「失われたアトランティス大陸」あるいは「ムー大陸」といった架空の大陸からの移民によってもたらされたとする数々の誤った言説が生み出されてきた。

その根底にあるのは、「先住民は独自に高文明を発展できない」という権力格差や人種偏見に根差した歴史観なのである。現在も横行している「マヤ＝宇宙人起源説」や「宇宙人接触説」と関連した「マヤの水晶ドクロ」も、そうした脈絡のなかで批判されるべきであろう。このような誤った言説の生産と消費は、現地社会にたいして絶対的に優位な権力格差をもつ日本の一部の非良心的なマスメディアによる異文化表象のひとつである。またこうしたデマ・うそが、多くの日本人にとってまだ親近感の薄いマヤ地域の豊かな歴史・文化伝統の正確な理解を妨げ、歪めている。

4 マヤ考古学と現代社会

近年の新しいマヤ文明観への変遷は、人文・社会科学には「絶対的な真理」はなく、「相対的な優劣」しかないこと、そして、困難な野外条件に立ち向かい近代マヤ考古学を切り開いた偉大な先達たちの学術業績のうえに立って、より客観的でより「科学的な」マヤ考古学の発展があったことを私たちに教えてくれる。考古学者は、考古資料の実証的な研究にもとづいて過去を「客観的に」研究しているかのようにみえるけれども、他の学問分野と同様に現代社会から超越した存在ではない。考古学者も「時代の子」なのである。みずからのもつさまざまなバイアスから逃れられず、過去の文化や社会を主観的にしか理解できない。こうしたバイアスとして、権力格差、文化的背景、歴史的背景、先入観、人種偏見、人間観、社会観、観念体系、パーソナリティー、国籍、ジェンダー、年齢、学歴、学問的パラダイム（大枠）、社会階級、時代の強制力などを挙げることができる。問題なのは、初期の欧米マヤ学者が、みずからのバイアスを認識することなく、考古資料を主観的に調査研究したことである。

アメリカの人類学者ウィルクは、一九八五年の「古代マヤ文明と現代政治」と題する論文において、アメリカ国内の政治問題と古典期マヤ文明の衰退にかんする仮説の相互関係を指摘している。一九六〇年代末にベトナム戦争が激化すると支配層間の戦争・抗争を主要因とする論文が増加し、七〇年代初頭に環境保護運動がさかんになると人口過剰と農耕による環境破壊が重視され、さらに七〇年代に宗教熱が高まると古代マヤ宗教にもとづく宿命的な末世観と古典期マヤ文明の衰退が関連づけられた。このことは、バイアスを認識してより広い視点から文化や社会を研究する難しさと重要性を物語る。

私たち人間は、みずからのバイアスを完全に除去することはできない。考古学をはじめとする人文・社会科学の研究によって、過去から現在までの文化や社会を完全に客観的に理解するのは不可能なのである。しかし、筆者は、優れたサンプリング法を用いることによって、個別の文化・社会および人類全体の共通性と多様性をより良く理解するうえで重要なパターンを認識し、「統計的事実」を得ることは少なくともできると考えている。一〇年後、二〇年後には、さらなる調査研究によって、マヤ文明の詳細がさらに解明され、よりいっそう客観的でより「科学的な」マヤ文明観が構築されていることであろう。マヤ文明研究の魅力は、まさにこのつきることのない調査研究の成果にある。

もうひとつの魅力は、何国人であろうと、博士課程大学院生のレベルで現地調査を実施することによって、より新しいマヤ文明観の構築に多少なりとも貢献できることである。アメリカを中心とする欧米および現地の考古学者だけでなく、日本人がマヤ文明を研究することによって、より多様で幅広い視点がもたらされつつある。なお現在のところ、日本人マヤ考古学者は男性が大部分を占めている。筆者としては、日本人女性マヤ考古学者の今後の活躍を大いに期待したい。いずれにせよ、マヤ考古学者がみずからのバイアスを認識して、超克しようと努力することによって、マヤ文明の研究は発展していくのである。

マヤ考古学は、数千年という、民族学の調査や人間の一生では観察不可能な長い時間枠のなかで、いつ、どこで、なぜ、どのように、文明、都市や国家が変化したのかという、文化変化の過程（プロセス）を明らかにし、説明することによって、文明論の構築に貢献できる。そればかりでなく、たとえば、現代社会とマヤ文明の環境、農業、政治、経済を比較研究することによって、マヤ文明の発展と衰退の原因が解明されるだけでなく、現代社会における大惨事回避の鍵となりうるかもしれない。

古代マヤ人は、土壌が薄く、浸食されやすい熱帯低地の変化に富む生態環境を柔軟かつ臨機応変に活用して、焼畑農業と集約農業を組みあわせることによってさまざまな作物を生産し、二千年近く、場所によってはそれ以上にわたって持続可能な発展を遂げた。しかし古典期後期のマヤ低地南部では、多くの都市において人口が増加し、農地・宅地の拡大に伴って森林が伐採され、都市化によって非農民人口が増加して農業が圧迫されていた。そのために食料が不足し、多くの人々が栄養不良に陥り、支配層間の戦争・抗争が激化した。心配なことに、こうした傾向はスケールや時代背景はまったく異なるものの、西洋科学文明の「進歩」を追求しつづけた結果、七〇億人以上の「宇宙船地球号」が直面している重大な危機、たとえば、熱帯雨林の減少やオゾン層の破壊といった地球規模の環境破壊、日本をはじめとする先進諸国における農業人口の減少、今後の地球人口の増大に伴う食料難の増加、さらに地球上で絶えることのない戦争やテロといった現状に酷似しているのである。

古典期マヤ文明の諸王は、当時の文化的バイアス、とくに観念体系にもとづいて、神々の助けを請うために、より巨大な神殿ピラミッドを建設・更新・維持した。賦役に駆り出された農民の負担は、さらに大きくなった。これは、一二〇〇年以上ものちに生きる私たちには、最悪のときの最悪の解決策にみえるかもしれない。しかし、三三世紀の考古学者が、「二一世紀の人類は、みずからのバイアスを認識して超克できないまま、諸問題にたいして悲惨な対応策を講じていた」という結論にいたらないという保証はない。マヤ文明の事例研究のように、比較研究を重視する人類学としての非西洋文明の研究は、ささやかながら地球時代の現代世界の諸問題の解決に光明を投げかけうる。

このように、新しいマヤ文明観を学ぶことは、紀元前からスペイン人の侵略までのマヤ文明にかんする知識を得るだけでなく、現代マヤ人の歴史・文化伝統やマヤ文明が興隆したラテンアメリカ諸国の文化・社会・歴史を理解するうえでも重要である。そして、旧大陸世界との交流なしに独自に発展した「石器の都市文明」であったマヤ文明を比較研究することによって、人類とは何か、文明とは何か、そして人間の社会や文化の共通性と多様性について、さらに文明、都市や初期国家の起源・発展・衰退をはじめとする文明論および現代地球社会の諸問題解決の糸口について、旧大陸の社会あるいは西洋文明と接触後の社会の研究だけからは得られない新しい知見を提供できるのである。

あとがき

マヤ文明の研究に従事するようになって、二〇年もの歳月が流れた。筆者の「マヤ文明との出会い」は、東北大学文学部史学科考古学専攻（卒業論文は「石包丁の実験使用痕研究」）を卒業したのち、一九八六年に青年海外協力隊考古学隊員としてたまたま中米のホンジュラスに派遣されたのがきっかけである。本文中にあるように、同国西部のラ・エントラーダ地域で実施された、ホンジュラス人類学歴史学研究所と青年海外協力隊の国際協力プロジェクトの一員として、マヤ文明の調査にたずさわるようになった。たまたまホンジュラスに派遣されたというのは、遺跡の踏査・測量・発掘調査および大学で専門的に学んだ石器の研究などの遺物の分析といった、協力要請の内容が、自分の微力な能力をもっとも生かせそうだったので任国として希望したにすぎない。つまり、「国際協力」に微力ながら貢献できればというのが協力隊に参加する最大の動機だったのであり、マヤ文明が大好きな「マヤおたく」ではなかったどころか、正直にいってマヤ文明にかんする知識は皆無に等しかった。

最初の予定では、二年の任期が終了したのちに日本に帰って、大学院の試験を受けるつもりであった。ところが、結果的には予定に反して、十年間ホンジュラスでマヤ文明の調査に従事することになってしまった。協力隊員として派遣される前は、ホンジュラスがどこにあるのかさえ正確に知らなかったが、急速にマヤ文明の研究の面白さに吸い込まれ、没頭していったからである。もうひとつ予定外だったのは、ホンジュラスに着任して二ヶ月ほどで意中の女性（現在の妻ビルマ）に出会ったことであった。スペイン語も大学生のときはまったく知らなかったが、協力隊の国内集中語学訓練（四ヶ月）、メキシコでの現地語学訓練（六週間）、任地での協力活動や生活を通してかなり上手くなった。でも、やはり「愛の力」が一番大きかったようで、ビルマと知りあってから格段に上達した。筆者にとって、「遠い外国の遠い昔の文明」が、「恋人が生まれた国の古代文明」になった。

結局、任期を延長してラ・エントラーダ考古学プロジェクト第一期調査に三年一ヶ月（一九八六—一九八九年）ほど参加した。野外調査や遺物の整理は、朝七時すぎから、午後四時頃まで行う。ラ・エントラーダ市はコパン県で二番目に大きな市町村であるが、隊員時代（人口約一万五千人）には水道も電気も電話もなく（現在はすべて完備されている）、家主の自家発電機で朝六時頃に一時間ほど時間供給される井戸水を貯めて炊事や水浴をし、夕方六時から一〇時まで時間供給される電気の下で、そののちはコールマン社製のランプの光の下で、遺物を分析したり、専門書を読んで暮らした。

それから現地で結婚して、一九八九年七月から一一月まで、ウィリアム・ファーシュ博士（現ハーバード大学人類学部教授）が指揮するコパン・アクロポリス考古学プロジェクトに、ホンジュラス国立人類学歴史学研究所の研究員として参加する機会を与えられた。

一九九〇年から一九九二年まで、ラ・エントラーダ地域の第二期調査に隊員チームのリーダーであるシニア隊員として、同地域屈指のマヤ文明遺跡のひとつエル・プエンテの発掘・修復・遺跡公園化および業務調整に没頭した。シニア隊員時代は、調査・研究よりも業務調整に忙殺されたが、そうした経験も今日にいたるまでいろいろな意味で大いに役立っている。またホンジュラスで長女さくらが生まれ、マヤ文明は「妻と長女が生まれた国の愛の文明」になった。

一九九二年から一九九六年まで、筆者はホンジュラスだけでなく、メソアメリカ全体の文化・歴史、そして人類学・歴史学としてのマヤ文明の研究についての見識をさらに広め、深めるために、マヤ考古学の権威ジェレミー・サブロフ博士を擁するピッツバーグ大学大学院人類学部博士後期課程に留学した。教授会におけるサブロフ博士のご推薦により、幸いにもハインツ財団から出資されるラテンアメリカ考古学特別研究員（Heinz Fellow）に日本人として初めてなることができた。授業料が免除されるだけでなく、毎月の研究・生活費が支給された。一九九二年から一九九五年までは、毎年九月から四月まで、ピッツバーグ市で大学院の授業単位を取得すべく猛勉強した。また、毎年五月から八月までの四ヶ月間は、博士論文の研究のためにホンジュラスでコパン・アクロポリス考古学プロジェクト唯一の日本人調査員として研究に従事した。そして、一九九六年は、ピッツバーグ市で生まれた二女美智子の元気な泣き声を聞きながら、十年間の研究成果をまとめた博士論文の執筆に専念した。

筆者は、一九九七年に、日本のマヤ民族学のパイオニア落合一泰先生（現一橋大学大学院社会学研究科教授）の後任教員として、茨城大学人文学部に就職し、一九九八年から、親友の猪俣健博士（アリゾナ大学人類学部教授）が指揮するグアテマラのアグアテカ遺跡の調査に共同調査団長として参加した。猪俣博士は、ホンジュラスでは筆者の先輩協力隊員（一九八三―一九八五年）であり、筆者と同様に、そののち単身アメリカにわたり、バンダービルト大学に留学してアグアテカ遺跡の調査を開始した。本文中にもあるように、国際的な調査団員とともに多国籍チームを編成して、学際的な研究を実施したのである。

振り返ると、十八歳でふるさとの京都市を出なかったならば、今日の自分はないとおもう。多くの人とのかけがえのない出会い、偶然と幸運が重なり、そしてスペイン語・英語・日本語の論文を数多く書くことによって自分の道を切り開き、マヤ考古学者になったのである。

本書は、筆者が平成一六年度に日本学術振興会の特定国派遣研究者として、一年間メキシコのカンペチェ州立自治大学客員教授として「古典期マヤ人の日常生活と手工業生産」の研究に従事した機会に執筆した。同大学のウィリアム・フォーラン先生やロサリオ・ドミンゲス先生には、さまざまな有益なご教示をいただいた。国立民族学博物館の関雄二先生は、本書を書くきっかけを与えて下さった。国立民族学博物館の八杉佳穂先生、アリゾナ大学の猪俣健先生、「諸文明の起源」シリーズ監修者の前川和也先生と京都大学学術出版会の小野利家氏は、原稿に目を通して、貴重な助言を下さった。サンタフェ研究所のジェレミー・サブロフ先生、チューレン大学のウィル・アンドリュース先生、ボストン大学のノーマン・ハモンド先生、人類学調査環境研究基金（FARES）のリチャード・ハンセン先生、テキサスA&M大学のロリー・ライト先生、カルフォルニア大学サンディエゴ校のジェフリー・ブラスウェル先生、メキシコ国立自治大学のロドリーゴ・リエンド先生、ユカタン州立自治大学のラファエル・コボス先生、バジェ大学のバルバラ・アロヨ先生、サン・カルロス大学のエクトル・エスコベド先生をはじめとする多くの方から、まだ出版されていない最新の調査研究の成果や筆者の理解のいたらない点についてご教示いただいた。ホンジュラスにおける筆者の十年間の継続的な現地調査（一九八六—九五年）とグアテマラにおける現地調査（一九九八年以降）は、ホンジュラス国立人類学歴史学研究所とグアテマラ国立人類学歴史学研究所の許可と協力のもと、ピッツバーグ大学人類学部ハインツ財団、ティンカー財団、メソアメリカ学術振興財団（FAMSI）、日本学術振興会の科学研究費補助金（平成一一—一五、一七—二〇年度）、三菱財団、高梨財団、国際協力事業団他の研究助成によって行われた。ピッツバーグ大学人類学部大学院でご指導を受けたサブロフ先生とロバート・ドレナン先生、コパン遺跡の調査で有益なご教示を賜ったハーバード大学のウィリアム・ファーシュ先生、日本や現地でご指導・応援いただいた増田義郎先生と大貫良夫先生、さまざまな有益なご教示や協力をいただいているアリゾナ大学のダニエラ・トリアダン先生、エリック・ポンシアーノ先生、エステラ・ピント氏をはじめとするアグアテカ考古学プロジェクトのメンバー、コパン遺跡とアグアテカ遺跡の石器のデータのコンピュータ入力を手伝った妻ビルマに深く感謝します。

二〇〇五年七月

青山和夫

増補版は、文部科学省の科学研究費補助金新学術領域研究「環太平洋の環境文明史」（領域代表：青山和夫、平成二一―二五年度）と日本学術振興会の科学研究費補助金基盤研究(B)「マヤ文明の政治経済組織の通時的変化に関する基礎的研究（研究代表：青山和夫、平成二一―二五年度）の成果の一部として執筆した。また増補版を出版するにあたり、京都大学学術出版会の山脇佐代子さんと高垣重和さんにお世話になった。

二〇一三年二月

青山和夫

［マヤ文明略年表］

石期（前1万―前八〇〇〇年）

前1万年以前、先史モンゴロイド先住民が、アジア大陸から陸橋ベーリンジアを越えてアメリカ大陸に進出。

古期（前八〇〇〇―前一八〇〇年）

トウモロコシなどの栽培化開始。生業の基盤は狩猟採集で、小集団が季節的に移動。

先古典期前期（前一八〇〇―前一〇〇〇年）

前一二〇〇年頃、メキシコ湾岸低地南部にメソアメリカ最古のオルメカ文明が興る。

先古典期中期（前一〇〇〇―前四〇〇年）

前一〇〇〇―前七〇〇年、メキシコ、グアテマラやベリーズのマヤ低地で複数の土器群が出現し、農耕を基盤にした定住村落が、ナクベ、ティカル、クエジョ、カハル・ペッチ、セイバル、アルタル・デ・サクリフィシオス、コムチェンなどに定着。

前一〇〇〇年頃、セイバルで公共建築と公共広場が建設され、前九世紀に神殿ピラミッドが建てられる。

前七〇〇—前四〇〇年、マモム土器が各地に広がり、土器の地域差がなくなる。土器を有する農耕定住文化がマヤ低地全域に拡散。マヤ低地南部のセイバル、ティカル、ナクベやその近隣のワクナやシュルナル、マヤ低地北部のショクナセフやポシラなどで、神殿ピラミッドが建設される。

先古典期後期（前四〇〇—二五〇年）

マヤ低地南部のカラクムル、ティカル、ワシャクトゥン、ラマナイ、ノフムル、マヤ低地北部のヤシュナ、エツナ、ベカンやチャンポトンなどが発達。

前四〇〇—後一〇〇年、マヤ低地南部のエル・ミラドール、ナクベ、ワクナ、ティンタル、シバル、セロス、マヤ低地北部のコムチェン、マヤ高地のカミナルフユやエル・ポルトンなどが全盛期を迎える。

前三世紀、サン・バルトロの壁画にマヤ文字やトウモロコシの神が描かれる。

前一世紀、サン・バルトロの「壁画の神殿」に壁画が描かれる。

後一世紀、ティカル王朝の創設。

後一〇〇—二五〇年、ナクベ、エル・ミラドール、ワクナ、ティンタル、シバル、コムチエン、エッツナ、セロス、カミナルフユやエル・ポルトンなどが衰退。

古典期前期（二五〇―六〇〇年）

マヤ文字の碑文が刻まれた石碑や多彩色土器などを伴う宮廷文化、神殿ピラミッドをもつ都市文明がマヤ低地南部を中心に興亡。マヤ低地北部では、オシュキントック、イサマル、アケ、アカンケフ、バラムクなどが栄えはじめる。

二九二年、ティカルの「石碑二九」にマヤ低地最古の長期暦が刻まれる。

三七六年、チャク・トック・イチャーク一世王の治世中に、ティカルの「石碑三九」に最古の紋章文字が刻まれる。

三七八年、テオティワカンから送られたシフヤフ・カフクという貴族が、ティカルに「到来」。同年、チャク・トック・イチャーク一世王が死去。

三七九年、ヤシュ・ヌーン・アヒーン（通称「巻き鼻」王）が、ティカル王に即位。

四二六年、キニッチ・ヤシュ・クック・モが、コパンで王朝を創始。同年、コパンのキニッチ・ヤシュ・クック・モ王に政治的に従属した、キリグア初代王が即位。

四七五年、オシュキントックの「リンテル一」に、ユカタン地方最古の長期暦を含む、マヤ文字の碑文が刻まれる。

五〇〇年頃、カラコルで都市の建設が開始。

五六二年、カラクムル王が、ティカル二一代目ワック・チャン・カウィール王を捕獲・殺害。ティカル王朝は六九二年までの一三〇年間、「停滞期」に陥る。
五七八―六二八年、一一代目ブッ・チャン王がコパンを統治。

古典期後期（六〇〇―八〇〇年）

マヤ低地北部のエツナ、ハイナ島、リオ・ベック地方のベカン、リオ・ベック、シュプヒル、チカンナ、オルミゲーロ、チェネス地方のサンタ・ロサ・シュタムパック、タバスケーニョやホチョブなどで特徴的な建築様式が発達する。
六〇三―三九年、ピエドラス・ネグラス初代王の統治。
六一五―八三年、一二才のパカルが、パレンケの王位を継承し、六八年におよぶ長き治世を誇る。
六一八―五八年、カン二世王の治世中に、カラコルは最盛期を迎え、ベリーズ最大の古典期マヤ文明の大都市へと発展。
六二八―九五年、一二代目カフク・ウティ・ウィッツ・カウィール王が統治し、コパンが全盛期を迎える。
六三一年、ナランホがカラクムル軍の攻撃を受け、その後低迷。
六三二年、バフラフ・チャン・カウィールとその従者たちが「停滞期」のティカルを離れ、ペテシュバトゥン地域にドス・ピラス＝アグアテカ王朝を創設。

六三九―八六年、ピエドラス・ネグラス二代目王の統治。

六八一―七四二年、イツァムナーフ・バフラム三世王（「盾ジャガー三世」王）の統治中に、ヤシュチランが発展する。

六八二年、ハサウ・チャン・カウィール王（「支配者A」）が、ティカル二六代目に即位し、ティカル王朝を「停滞期」から復興する。同年、ドス・ピラス＝アグアテカ王朝の初代バフラフ・チャン・カウィール王が、王女「六つの空」をナランホに送り込み、ナランホ王朝が再興。

六八四―七〇二年、キニッチ・カン・バフラム王が、パレンケを統治。

六九三年、「六つの空」が五才の息子をナランホ王に即位させ、古典期マヤの「摂政政治」を開始する。

六九五年、ティカルのハサウ・チャン・カウィール王が、カラクムルとの戦争に勝利。

七〇〇年頃、チチェン・イツァで都市の建設が開始。マヤ低地北部のコバー、ヤシュナ、エック・バラム、ツィビルチャルトゥンなどが栄えはじめる。

七一〇年、ナランホのカフク・ティリウ・チャン・チャーク王がヤシュハ王を捕虜にする。

七一一年、トニナ三代目王が、パレンケのキニッチ・カン・ホイ・チタム二世王を捕虜にする。

七二四―八五年、カフク・ティリウ・チャン・ヨパート王が、キリグアを統治。

七三一年、コパンの「石碑A」に、コパン、ティカル、カラクムル、パレンケの紋章文字が刻まれる。

七三四年、イキン・チャン・カウィール王（「支配者B」）が、ティカル二七代目に即位し、父の偉業を受け継ぎ、ティカルを古典期後期最大の都市として発展させる。

七三五年、ドス・ピラス＝アグアテカ王朝の三代目王が、セイバル王を捕虜にする。

七三八年、キリグアのカフク・ティリウ・チャン・ヨパート王が、コパン一三代目ワシャクラフーン・ウバーフ・カウィール王を捕獲・殺害し、コパンから独立。

七四二―五二年、ヤシュチランの王位継承を巡る熾烈な「お家騒動」による、一〇年間の政治的な空白期間。

七四三年、ティカルのイキン・チャン・カウィール王が、エル・ペルーとの戦争に勝利。

七四四年、ティカルのイキン・チャン・カウィール王が、ナランホとの戦争に勝利。

七四五年、ドス・ピラス＝アグアテカ王朝の四代目カウィール・チャン・キニッチ王が、ヤシュチランとモトゥル・デ・サン・ホセの高位の人物を捕獲。

七五〇年頃、ウシュマルが発展しはじめる。

七五二―六八年、「鳥ジャガー四世」王がヤシュチランを統治し、多くの石造記念碑を建立。

七五三年、コパンの一五代目王の命によって、「神聖文字の階段」が完成。

七五四年、アルタル・デ・サクリフィシオスの「建造物A―二」に高貴な女性が埋葬され、ティカル、ヤシュチラン他の都市の訪問者が葬式に参列。

七六一年、ドス・ピラスが、近隣都市タマリンディートからの攻撃によって陥落。

七六三―八二〇年、コパン一六代目のヤシュ・パサフ・チャン・ヨパート王の統治。コパン王朝の衰退。

七九二年頃、ボナンパックの宮殿（「建造物一」）の三つの部屋に壁画が描かれる。
七九二、九四年、ピエドラス・ネグラス七代目王が、二度の戦争でポモナを攻撃し、高位の人物の捕獲に成功。

古典期終末期（八〇〇―一〇〇〇年）

プウク地方のウシュマル、カバフ、ラブナ、サイル、ノフパットなどの都市が全盛期を迎える。マヤ低地北部のコバー、ヤシュナ、エック・バラム、ツィビルチャルトゥン、エツナ、リオ・ベック地方やチェネス地方の諸都市が栄えつづける。多くのマヤ低地南部の都市が衰退するなかで、セイバル、アルタル・デ・サクリフィシオス、プンタ・デ・

チミノ、イシュトントン、ウカナル、サクル、シュナントゥニッチ、ノフムル、ラマナイなどが栄える。

八〇八年、ドス・ピラス七代目王が、ヤシュチラン軍に捕獲される。

八一〇年、ピエドラス・ネグラスやキリグアの碑文に最後の日付が刻まれる。

八一〇年頃、アグアテカが敵襲によって陥落。

八四九年、セイバルの「石碑一〇」に、セイバル、ティカル、カラクムル、モトゥル・デ・サン・ホセの紋章文字が刻まれる。

八六九年、ティカルで最後の石碑の建立。

八八九年、ラ・ムニェカ、ヒンバル、ワシャクトゥンやシュルトゥンで最後の石碑の建立。

九世紀末、カラコルの都市中心部が広範囲に焼かれ、放棄される。

八九九年、カラクムルで碑文と神聖王の図像が刻まれた最後の石碑の建立。

九〇〇—一〇〇〇年、チチェン・イツァが全盛期を迎える。

九〇九年、トニナの「石彫一〇一」にマヤ低地最後の長期暦の日付が刻まれる。

九五〇年頃、プウク地方の諸都市が衰退。

後古典期前期（一〇〇〇—一二〇〇年）

マヤ低地北部のチャンポトン、コスメル島のサン・ヘルバシオ、シュカレ、マヤ低地南部のラマナイやサンタ・リタ・コロサル、ペテン・イツァ湖周辺のモトゥル・デ・サン・ホセ、イシュルー、マカンチェ、プンタ・ニマやタヤサル、マヤ高地のチンクルティク、テナム・プエンテ、テナム・ロサリオ、ラガルテロなどが古典期から継続的に居住される。

一〇〇〇年以降、チチェン・イツァが衰退し、マヤ低地北部で中小都市が林立。

一一五〇年頃、マヤパンが勃興。

後古典期後期（一二〇〇年―一六世紀）

マヤパンを中心とするユカタン地方の諸都市、チャンポトン、ユカタン半島東部のトゥルム、タンカフ、シェルハ、コスメル島のサン・ヘルバシオ、シュカレ、マヤ低地南部のラマナイやサンタ・リタ・コロサルなどが全盛期を迎える。マヤ高地では、ウタトラン、イシムチェ、サクレウやミシュコ・ビエホが栄える。

一二〇〇―一四五〇年頃、八〇〇年頃に放棄されたトポシュテが再居住され、繁栄する。

一四〇〇年頃、クックマッツという偉大なキチェ王が、ウタトランを建設する。

一四七〇年頃、ウタトランのキチェ人から独立したカクチケル人が、イシムチェを建設。

植民地時代（一六世紀―一八二一年）

一五一七年、エルナンデス・デ・コルドバ率いるスペイン人侵略者たちが、チャンポトンでモチ・コウォフという指導者が率いるマヤ人に大敗を喫し、「悪戦の入江」とよぶ。

一五二四年、アルバラード率いるスペイン人侵略者たちが、ウタトランやツトゥヒル・マヤ人の本拠地アティトランを侵略・破壊。

一五二五年、アルバラードらが、ミシュコ・ビエホやサクレウを侵略・破壊。同年、スペイン人侵略者コルテス一行が、タヤサルを訪れる。

一五二七年、モンテホ率いるスペイン人侵略者たちが、ユカタン半島北部の侵略を開始。

一五四六年、モンテホの息子らが、ユカタン半島北部を「平定」。

一五五四―五八年、キチェ・マヤ人の書記が、創世神話・歴史書『ポポル・ウーフ』を、アルファベットを使ってキチェ語で書き残す。

一六九七年、スペイン人が、マヤ文明最後の都市タヤサルを侵略・破壊。

独立国家時代（一八二一年―現在）

現在、三〇のマヤ諸語を話す八百万人以上の現代マヤ人が、マヤ文化を創造しつづけている。

［マヤ文明への理解をさらに深めるための文献目録］

読者がさらにマヤ文明への理解を深めるために役立つ最新文献を、以下に五〇点ほど挙げる。これらは、すでに本文の関連箇所に番号を付して示してある。文献番号は、本文に注した順番にそろえた。以下、主要な文献について簡単な解説をくわえたうえで、番号順に一覧を掲げる。

日本語文献

日本語文献としては、文献3は、日本初の南北アメリカ大陸の古代文明にかんする事典であり、参考書として適している。文献2は、日本語によるメソアメリカ考古学の概説書であり、マヤ文明についても解説している。文献6は、日本語で書かれた最初のマヤ学の総合的な入門書であり、マヤ文明だけでなく、植民地時代や現代マヤ文化を網羅している。文献19は、日本におけるマヤ文字研究のパイオニア八杉佳穂による同名の新書（一九八二年発行）を加筆し訂正を加えた最新の文庫版である。文献33は、興味深いカカオ研究書である。

邦訳書としては、文献1と文献7がマヤ文明の研究史を知るうえで重要である。文献20は、メソアメリカの神話宗教を調べるうえで欠かせない事典である。文献18は、マヤ文字の解読にもとづいて王朝史の復元を試みた本であり、文献17は、マヤ文字解読の研究史を明快に解説した良書である。マヤ文明の研究の進展は早く、たとえば、優れたマヤ文明の概説書として名高い文献5の第六版（一九九九年発行）の邦訳があるが、既に第八版（二〇一一年発行）が出版されている。

マヤ文明にかんする日本語の論文としては、古典期マヤ都市の等間隔分布パターンにかんする文献23や、アグアテカ遺跡の古典期マヤ支配層の手工業生産と日常生活にかんする文献43をはじめ、『古代アメリカ』、『古代文化』、『民族学研究（現文化人類学）』、『考古学研究』などの学術雑誌に掲載されている。

欧文文献

マヤ文明についてより詳しく知るためには、英文やスペイン語の著書・論文を読破していかなければならない。

英文文献としては、文献4が、マヤ文明全般の概説書として最も詳細である。文献15は、図版が豊富で、マヤ文明の美術や建築をハンディにまとめている。文献25は、メソアメリカの主要な都市文明について簡潔かつ明快に解説している。

文献8には、マヤ文明の形成・発展過程における女性の役割にかんする重要な論文が収められている。ジェンダーの研究は、マヤ文明をより良く理解するうえで欠かせない。文献16は、先古典期から植民地時代までのマヤ地域の宮廷人にかんする二巻の論文集である。文献26は、スペインで開催されたマヤ文明の都市性についての国際会議の英文・スペイン語の論文集であり、欧米、メキシコ、グアテマラ、日本（猪俣健）の研究者が力作を発表している。マヤ文明の農業にかんする論文集としては、文献27がある。文献29は、マヤ文明のセトルメント・パターンと農業形態の関係について論じており、頻繁に引用される重要な論文といえよう。文献30は、優秀なメキシコ人研究者がパレンケ地域の農業にかんする面の考古学調査の成果をまとめている。文献28は、マヤの生業に関する多種多様なデータを提示する論文集である。文献37は、グアテマラのマヤ文明の大遺跡ティカルにおける二〇世紀後半の大規模な調査に従事した研究者たちの論文集である。ティカル王朝、周辺地域との相互交流、政治経済組織にかんする多種多様なデータと最新の解釈が提示されている。

その他の重要な論文集としては、マヤ文明の建築の機能と意味を追求した文献10、八世紀の低地マヤ文明を多角的に分析した文献22、メソアメリカにおけるテオティワカン文明の役割についての文献34、古典期前期のコパンを研究した文献35、メソアメリカの遺跡の放棄パターンにかんする文献39、古典期終末期のマヤ低地についての文献45などがある。文献31は、メキシコのチチェン・イツァ遺跡の「聖なるセノーテ」から出土したさまざまな遺物にかんする詳細な研究書で、織物片や木製品をはじめ土中では腐食する有機質の遺物についても豊富な情報を提供する。マヤ地域の塩の生産・交易については、文献32が参考になる。文献40

は、石器を通して古典期マヤの政治経済組織を研究した筆者の博士論文の修正加筆版である。文献41は、土器の図像学研究にかんする重要な研究書である。文献47は、チチェン・イツァとトルテカ文明のトゥーラの関係についてのデータをよくまとめている。文献50は、イツァ・マヤ人の民族史を詳細に分析した研究書である。文献38は、一九七〇年代後半から一九九〇年代後半まで大規模な学際的調査が実施されたホンジュラスのコパン遺跡における著者の二〇年余りの調査研究の成果を集大成している。遺跡の調査研究書としては、他にクエジョ遺跡（文献9）、エル・ミラドール遺跡（文献11）、リオ・アスル遺跡（文献36）、コバー遺跡（文献46）、イシムチェ遺跡（文献49）など多数ある。マヤ文明にかんする英語・スペイン語の論文は、文献12、13、14、21、24、42、44、48をはじめとして、*Latin American Antiquity*、*Ancient Mesoamerica*、*Mexicon*、*Mayab*、*Mesoamérica*、*Res*、*Antiquity*、*Journal of Field Archaeology*、*Current Anthropology*、*American Anthropologist* などの学術雑誌に掲載されている。

文献一覧

1 Sabloff, Jeremy A. 1994 *The New Archaeology and the Ancient Maya*. Revised Edition. W. H. Freeman, New York.（『新しい考古学と古代マヤ文明』青山和夫訳、新評論、1998年）

2 青山和夫・猪俣健『メソアメリカの考古学』同成社、1997年。

3 関雄二・青山和夫『岩波 アメリカ大陸古代文明事典』岩波書店、2005年。

4 Sharer, Robert 2006 *The Ancient Maya*. Sixth Edition. Stanford University Press, Stanford.

5 Coe, Michael D. 2011 *The Maya*. Eighth Edition. Thames and Hudson, London.（第六版の邦訳は、『古代マヤ文明』加藤泰健・長谷川悦夫訳、創元社、2003年）

6 八杉佳穂編『マヤ学を学ぶ人のために』世界思想社、2004年。

7 Baudez, Claude, and Sydney Picaso 1987 *Les Cités Perdues des Mayas*. Gallimard, Paris.（『マヤ文明：失われた都市を求めて』齋藤晃訳、落合一泰監訳、創元社、1991年）

8 Ardren, Traci（ed.）2002 *Ancient Maya Women*. AltaMira Press, Walnut Creek, CA.

9 Hammond, Norman（ed.）1991 *Cuello : An Early Maya Community in Belize*. Cambridge University Press, Cambridge.

10 Houston, Stephen（ed.）1998 *Function and Meaning in Classic Maya Architecture*. Dumbarton Oaks, Washington, D. C.

11 Matheny, Ray 1993 *El Mirador, Petén, Guatemala : Introduction*. Papers No. 59. New World Archaeological Foundation, Provo.

12 Valdéz, Juan A., and Federico Fahsen 1995 The Reining Dynasty of Uaxactún during the Early Classic : The Rulers and the Ruled. *Ancient Mesoamerica* 6 : 197–219.

13 Folan, William, Joyce Marcus, Sophia Pincemin, M. Rosario Domínguez Carrasco, Laraine Fletcher, and Abel Morales López 1995 Calakmul : New Data from an Ancient Maya Capital in Campeche, Mexico. *Latin American Antiquity* 6 : 310–334.

14 Hansen, Richard, Steven Bozarth, John Jacob, David Wahl, and Thomas Schreiner 2002 Climatic and Environmental Variability in the Rise of Maya Civilization. *Ancient Mesoamerica* 13 : 273–295.

15 Miller, Mary Ellen 1999 *Maya Art and Architecture*. Thames and Hudson, London.

16 Inomata, Takeshi, and Stephen Houston（eds.）2001 *Royal Courts of the Ancient Maya*. 2 vols. Westview Press, Boulder.

17 Coe, Michael D. 1999 *Breaking the Maya Code*. Revised Edition. Thames and Hudson, New York.（『マヤ文字解読』武井摩理・徳江佐和子訳、創元社、2003年）

18 Martin, Simon, and Nikolai Grube 2008 *Chronicle of the Maya Kings and Queens : Deciphering the Dynasties of the Ancient Maya*. Second Edition. Thames and Hudson, London.（『古代マヤ王歴代誌』長谷川悦夫・徳江佐和子・野口雅樹訳、創元社、2002年）

19 八杉佳穂『マヤ文字を解く』中公文庫、2003年。

20 Miller, Mary, and Karl Taube 1993 *An Illustrated Dictionary of the Gods and Symbols of Ancient Mexico and the Maya*. Thames and Hudson, London.（『図説マヤ・アステカ神話宗教事典』武井摩理訳、増田義郎監訳、東洋書林、2000年）

21 Stuart, David 1996 Kings of Stone : A Consideration of Stelae in Ancient Maya Ritual and Representation. *Res : Anthropology and Aesthetics* 29/30 : 148–171.

22 Sabloff, Jeremy, and John Henderson（eds.）1993 *Lowland Maya Civilization in the Eighth Century A. D.* Dumbarton Oaks, Washington, D. C.

23 猪俣健・青山和夫「先産業社会における空間配置と経済効率原理—古典期マヤ社会についての中心地分析」『民族学研究』61(3)：370–392′ 1996年。

24 Brady, James E. 1997 Settlement Configuration and Cosmology : The Role of Caves at Dos Pilas. *American Anthropologist* 99 : 602–618.

25 Sabloff, Jeremy 1997 *The Cities of Ancient Mexico*. Revised Edition. Thames and Hudson, London.

26 Ciudad Ruiz, Andrés, María Josefa Iglesias Ponce de León, and María del Carmen Martínez Martínez (eds.) 2001 *Reconstruyendo la Ciudad Maya : El Urbanismo en las Sociedades Antiguas*. Sociedad Española de Estudios Mayas, Madrid.

27 Fedick, Scott L. (ed.) 1996 *The Managed Mosaic : Ancient Maya Agriculture and Resource Use*. University of Utah Press, Salt Lake City.

28 White, Christine D. (ed.) 1999 *Reconstructing Ancient Maya Diet*. The University of Utah Press, Salt Lake City.

29 Drennan, Robert D. 1988 Household Location and Compact Versus Dispersed Settlement in Prehispanic Mesoamerica. In *Household and Community in the Mesoamerican Past*, ed. Richard Wilk and Wendy Ashmore, pp. 273–293. University of New Mexico Press, Albuquerque.

30 Liendo, Rodrigo 2002 *La Organización de la Producción Agricola en un Centro Maya del Clásico : Patrón de Asentamiento en la Región de Palenque, Chiapas, México/The Organization of Agricultural Production at a Classic Maya Center : Settlement Patterns in the Palenque Region, Chiapas, Mexico*. Serie Arqueología de México. INAH and University of Pittsburgh, Mexico and Pittsburgh.

31 Coggins, Clemency 1992 *Artifacts from the Cenote of Sacrifice, Chichén Itzá, Yucatan*. Memoirs 10(3). Peabody Museum of Archaeology and Ethnology, Harvard University, Cambridge, MA.

32 McKillop, Heather 2002 *Salt : White Gold of the Ancient Maya*. University Press of Florida, Gainesville.

33 八杉佳穂『チョコレートの文化誌』世界思想社，2004年。

34 Carraso, Davíd, Lindsay Jones, and Scott Sessions 2002 *Mesoamerica's Classic Heritage : From Teotihuacán to the Aztecs*. University Press of Colorado, Boulder.

35 Bell, Ellen E., Marcello A. Canuto, and Robert J. Sharer (eds.) 2004 *Understanding Early Classic Copan*. University of Pennsylvania Museum of Archaeology and Anthropology, Philadelphia.

36 Adams, Richard E. W. 1999 *Río Azul : An Ancient Maya City*. University of Oklahoma Press, Norman.

37 Sabloff, Jeremy A. (ed.) 2003 *Tikal : Dynasties, Foreigners, and Affairs of State*. School of American Research Press and James Currey, Santa Fe and Oxford.

38 Fash, William 2001 *Scribes, Warriors, and Kings : The City of Copán and the Ancient Maya*. Revised Edition. Thames and Hudson, London.

39 Inomata, Takeshi, and Ronald W. Webb (eds.) 2003 *The Archaeology of Settlement Abandonment in Middle America*. University of Utah Press, Salt Lake City.

40 Aoyama, Kazuo 1999 *Ancient Maya State, Urbanism, Exchange, and Craft Specialization : Chipped Stone Evidence from the Copán*

Valley and the La Entrada Region, Honduras. University of Pittsburgh Memoirs in Latin American Archaeology No. 12, Pittsburgh.

41 Reents-Budet, Dorie 1994 *Painting the Maya Universe : Royal Ceramics of the Classic Period.* Duke University Press, Durham, N. C.

42 Inomata, Takeshi, Daniela Triadan, Erick Ponciano, Estela Pinto, Richard E. Terry, and Markus Eberl 2002 Domestic and Political Lives of Classic Maya Elites : The Excavation of Rapidly Abandoned Structures at Aguateca, Guatemala. *Latin American Antiquity* 13 : 305–330.

43 青山和夫「古典期マヤ支配層の手工業生産と日常生活―グアテマラ共和国アグアテカ遺跡出土の石器分析を通じて―」『古代アメリカ』6 : 1–33′ 2003年。

44 Inomata, Takeshi 2001 The Power and Ideology of Artistic Creation : Elite Craft Specialists in Classic Maya Society. *Current Anthropology* 42 : 321–349.

45 Demarest, Arthur, Prudence Rice, and Don Rice（eds.）2004 *The Terminal Classic in the Maya Lowlands.* University Press of Colorado, Boulder.

46 Folan, William, Ellen Kintz, and Laraine Fletcher 1983 *Cobá : A Classic Maya Metropolis.* Academic Press, New York.

47 Jones, Lindsay 1995 *Twin City Tales : A Hermeneutical Reassessment of Tula and Chichén Itzá.* University Press of Colorado, Niwot.

48 Milbrath, Susan, and Carlos Peraza Lope 2003 Revisiting Mayapán : Mexico's Last Maya Capital. *Ancient Mesoamerica* 14 : 1–46.

49 Nance, C. Roger, Stephen L. Whittington, and Barbara E. Borg 2003 *Archaeology and Ethnohistory of Iximché*. University Press of Florida, Gainesville.

50 Jones, Grant D. 1998 *The Conquest of the Last Maya Kingdom*. Stanford University Press, Stanford.

増補版の出版に伴い、以下の文献を挙げる。

51 青山和夫『古代メソアメリカ文明　マヤ・テオティワカン・アステカ』講談社、2007年。

52 青山和夫『マヤ文明　密林に栄えた石器文化』岩波書店、2012年。

53 青山和夫『〝謎の文明〟マヤの実像にせまる』ＮＨＫ出版、2012年。

54 増田義郎・青山和夫『古代アメリカ文明　アステカ・マヤ・インカ』山川出版社、2010年。

55 Aoyama, Kazuo 2009 *Elite Craft Producers, Artists, and Warriors at Aguateca : Lithic Analysis*. University of Utah Press, Salt Lake City.

56 Houston, Stephen, and Takeshi Inomata 2009 *The Classic Maya*. Cambridge University Press, Cambridge.

57 Thompson, J. Eric. S. 1966 *The Rise and Fall of Maya Civilization*. Second Edition. University of Oklahoma Press, Norman.（『マヤ文明の興亡』青山和夫訳、新評論、2008年）

図版を引用した右記以外の文献

Aoyama, Kazuo 2001 Classic Maya State, Urbanism, and Exchange : Chipped Stone Evidence of the Copán Valley and Its Hinterland. *American Anthropologist* 103 : 346–360.

青山和夫「専門手工業生産と古代マヤ文明の都市性―ホンジュラス西部コパン遺跡の打製石器生産を通じて」『考古学研究』49(3) : 85–105、2002年。

Cobos, Rafael, and Terance Winemiller 2001 The Late and Terminal Classic-Period Causeway Systems of Chichen Itza, Yucatán, Mexico. *Ancient Mesoamerica* 12 : 283–291.

Coe, William 1967 Tikal : *A Handbook of the Ancient Maya Ruins*. The University Museum, University of Pennsylvania, Philadelphia.

Culbert, T. Patrick 1993a *Maya Civilization*. St. Remy Press and Smithsonian Institution, Montreal and Washington, D. C.

Culbert 1993b *The Ceramics of Tikal : Vessels from the Burials, Caches and Problematic Deposits*. Tikal Report 25A, The University Museum, University of Pennsylvania, Philadelphia.

Demarest, Arthur, Matt O'Mansky, Claudia Wolley, Dirk Van Tuerenhout, Takeshi Inomata, Joel Palka, and Héctor Escobedo 1997 Classic Maya Defensive Systems and Warfare in the Petexbatun Region : Archaeological Evidence and Interpretations. *Ancient Mesoamerica* 8 : 229–253.

Graham, Ian 1967 *Archaeological Explorations in El Peten, Guatemala*. Publication 33, Middle American Research Institute, Tulane University, New Orleans.

Hansen, Richard 1990 *Excavations in the Tigre Complex, El Mirador, Peten, Guatemala*. Papers No. 62, New World Archaeological Foundation, Provo.

Hansen, Richard 1991 The Maya Rediscovered : The Road to Nakbe. *Natural History*, May : 8–14.

Hansen, Richard 1998 Continuity and Disjunction : The Pre-Classic Antecedents of Classic Maya Architecture. In *Function and Meaning in Classic Maya Architecture*, ed. Stephen Houston, pp. 49–122. Dumbarton Oaks, Washington, D. C.

Harrison, Peter D. 1999 *The Lords of Tikal : Rulers of an Ancient Maya City*. Thames and Hudson, London.

国本伊代『改訂新版　概説ラテンアメリカ史』新評論、2001年。

Manzanilla, Linda and Luis Barba 1990 The Study of Activities in Classic Households : Two Case Studies from Coba and Teotihuacan. *Ancient Mesoamerica* 1 : 41–49.

Marcus, Joyce 1993 Ancient Maya Political Organization. In *Lowland Maya Civilization in the Eighth Century A. D.*, ed. Jeremy Sabloff and John Henderson, pp. 111–183. Dumbarton Oaks, Washington, D. C.

Marcus, Joyce 1998 The Peaks and Valleys of Ancient States : An Extension of the Dynamic Model. In *Archaic States*, ed. Gary M. Feinman and Joyce Marcus, pp. 59–94. School of American Research Press, Santa Fe, New Mexico.

Matheny, Ray T., Deannel L. Gurr, Donald W. Forsyth, and F. Richard Hauck 1983 *Investigations at Edzná, Campeche, Mexico. Vol. 1, Part 1 : The Hydraulic System*. Papers No. 46, New World Archaeological Foundation, Provo.

Mathews, Peter 1991 Classic Maya Emblem Glyphs. In *Classic Maya Political History*, ed. T. Patrick Culbert, pp. 19–29. CambridgeUniversity Press, Cambridge.

McAnany, Patricia A. 1990 Water Storage in the Puuc Region of the Northern Maya Lowlands : A Key to Population Estimates and Architectural Variability. In *Precolumbian Population History in the Maya Lowlands*, ed. T. Patrick Culbert and Don S. Rice, pp. 263–284. University of New Mexico Press, Albuquerque.

Milbrath, Susan 1999 *Star Gods of the Maya : Astronomy in Art, Folklore, and Calendars*. University of Texas Press, Austin.

Morley, Sylvanus G. and George W. Brainerd 1956 *The Ancient Maya*. Third Edition. Stanford University Press, Stanford.

Proskouriakoff, Tatiana 1974 *Jades from the Cenote of Sacrifice Chichen Itza, Yucatan*. Memoirs 10(1), Peabody Museum of Archaeology and Ethnology, Harvard University, Cambridge, MA.

Robertson, Merle Greene 1983 *The Sculpture of Palenque, Vol. 1*.Princeton University Press, Princeton.

Sabloff, Jeremy 1975 *Excavations at Seibal, Department of Peten, Guatemala : The Ceramics*. Memoirs 13(2), Peabody Museum of Archaeology and Ethnology, Harvard University, Cambridge, MA.

Saturno, William 2009 High Resolution Documentation of the Murals of San Bartolo, Guatemala. *Maya Archaeology* 1 : 8–27.

Sharer, Robert 1991 Diversity and Continuity in Maya Civilization : Quirigua as a Case Study. In *Classic Maya Political History*, ed. T. PatrickCulbert, pp. 180–198. Cambridge University Press, Cambridge.

Stuart, David 1993 Historical Inscriptions and the Maya Collapse. In *Lowland Maya Civilization in the Eighth Century A. D.*, ed. Jeremy Sabloff and John Henderson, pp. 321–354. Dumbarton Oaks, Washington, D. C.

Taladoire, Eric 2001 The Architectural Background of the Pre-Hispanic Ballgame : An Evolutionary Perspective. In *The Sport of Life and Death : The Mesoamerican Ballgame*, ed. E. Michael Whittington, pp. 97–115. Thames and Hudson, London.

Tate, Carolyn 1992 *Yaxchilán : The Design of a Maya Ceremonial City*.University of Texas Press, Austin.

Willey, Gordon R. 1972 *The Artifacts of Altar de Sacrificios*. Papers 64(1), Peabody Museum of Archaeology and Ethnology, Harvard University, Cambridge, MA.

Willey, Gordon R., Richard M. Leventhal, Arthur A. Demarest, and William L. Fash 1994 *Ceramics and Artifacts from Excavations in the Copan Residential Zone*. Papers 80, Peabody Museum of Archaeology and Ethnology, Harvard University, Cambridge, MA.

索　引

［た］

青山　和夫(あおやま　かずお)

茨城大学人文学部教授（マヤ文明学，人類学専攻）
1962 年京都市生まれ，1985 年東北大学文学部史学科考古学専攻卒業．1996 年米国ピッツバーグ大学人類学部大学院博士課程修了．人類学博士（Ph. D.）．1986 年以来，ホンジュラス共和国ラ・エントラーダ地域，コパン谷，グアテマラ共和国アグアテカ遺跡やセイバル遺跡で，マヤ文明の調査に従事している．「古典期マヤ人の日常生活と政治経済組織の研究」で日本学術振興会賞，日本学士院学術奨励賞を受賞．日本を代表するマヤ学の推進者．

【主な著書】
『マヤ文明　密林に栄えた石器文化』(岩波書店)，『“謎の文明”マヤの実像にせまる』(NHK 出版)，『古代メソアメリカ文明　マヤ・テオティワカン・アステカ』(講談社)，『古代アメリカ文明　アステカ・マヤ・インカ』(共著，山川出版社)，『メソアメリカの考古学』(共著，同成社)，『岩波　アメリカ大陸古代文明事典』(共編著，岩波書店)，『マヤ学を学ぶ人のために』(分担執筆，世界思想社)，訳書に『新しい考古学と古代マヤ文明』(単訳，新評論)，『マヤ文明の興亡』(単訳，新評論)．他に欧文による研究書・論文多数．

学術選書

シリーズ：諸文明の起源 11

古代マヤ　石器の都市文明［増補版］学術選書 059

2005 年 12 月 15 日　初版第 1 刷発行
2013 年 3 月 25 日　増補版第 1 刷発行
2014 年 4 月 15 日　増補版第 2 刷発行

著　　者…………青山　和夫
発 行 人…………檜山　爲次郎
発 行 所…………京都大学学術出版会
京都市左京区吉田近衛町 69
京都大学吉田南構内（〒 606-8315）
電話（075）761-6182
FAX（075）761-6190
振替 01000-8-64677
URL http://www.kyoto-up.or.jp

印刷・製本…………㈱太洋社
カバー写真…………青山和夫
装　　幀…………鷺草デザイン事務所

ISBN 978-4-87698-859-4

定価はカバーに表示してあります
Printed in Japan

学術選書 ［既刊一覧］

＊サブシリーズ 「心の宇宙」→心 「諸文明の起源」→諸
「宇宙と物質の神秘に迫る」→宇

037　新・動物の「食」に学ぶ　西田利貞

038　イネの歴史　佐藤洋一郎

039　新編 素粒子の世界を拓く　湯川・朝永から南部・小林・益川へ　佐藤文隆 監修

040　文化の誕生　ヒトが人になる前　杉山幸丸

041　アインシュタインの反乱と量子コンピュータ　佐藤文隆

042　災害社会　川崎一朗

043　ビザンツ　文明の継承と変容　井上浩一　諸 8

044　江戸の庭園　将軍から庶民まで　飛田範夫

045　カメムシはなぜ群れる？　離合集散の生態学　藤崎憲治

046　異教徒ローマ人に語る聖書　創世記を読む　秦　剛平

047　古代朝鮮　墳墓にみる国家形成　吉井秀夫　諸 13

048　王国の鉄路　タイ鉄道の歴史　柿崎一郎

049　世界単位論　高谷好一

050　書き替えられた聖書　新しいモーセ像を求めて　秦　剛平

051　オアシス農業起源論　古川久雄

052　イスラーム革命の精神　嶋本隆光

053　心理療法論　伊藤良子　心 7

054　イスラーム　文明と国家の形成　小杉　泰　諸 4

055　聖書と殺戮の歴史　ヨシュアと士師の時代　秦　剛平

056　大坂の庭園　太閤の城と町人文化　飛田範夫

057　歴史と事実　ポストモダンの歴史学批判をこえて　大戸千之

058　神の支配から王の支配へ　ダビデとソロモンの時代　秦　剛平

059　古代マヤ　石器の都市文明［増補版］　青山和夫　諸 11